Helmuth Steenken

Die frühe Südsee

Lebensläufe aus dem „Paradies der Wilden"

Helmuth Steenken

Die frühe Südsee
Lebensläufe aus dem „Paradies der Wilden“

Mit den ersten Stereofotos von Heinrich Fellmann

bearbeitet von Wolfgang Knust

Texte und Bilder zu einer multimedialen Ausstellung

ISENSEE VERLAG
OLDENBURG

Herausgegeben vom Staatlichen Museum für Naturkunde und Vorgeschichte Oldenburg

Gefördert durch

Stiftung Kunst und Kultur der Landessparkasse zu Oldenburg

Umschlag: Klaus Beilstein, Oldenburg

Das Stereobild des Einbands fotografierte Joachim Stanek in der Sammlung der Naturhistorischen Gesellschaft Nürnberg. Ich verdanke das Bild dieses Ahnenschädels aus dem unteren Sepik dem Leiter der ethnologischen Abteilung, Herrn Feist.

Die Deutsche Bibliothek - CIP-Einheitsaufnahme

Die **frühe Südsee** : Lebensläufe aus dem „Paradies der Wilden" :
Texte und Bilder zu einer multimedialen Südsee-Ausstellung /
Helmuth Steenken. Mit den frühen Stereofotos von Heinrich Fellmann.
Bearb. von Wolfgang Knust. - Oldenburg : Isensee, 1997
ISBN 3-89598-460-4

Gedruckt bei Isensee in Oldenburg

Liselotte Fellmann und Sybille Steenken
den
Hebammen dieses Buches gewidmet

Inhalt

Vorwort über ein verlorenes Paradies

Schriftliche Quellen zur Geschichte Papua-Neuguineas gibt es seit 1871 aus der Astrolabe-Bay, schriftliche und fotografische von der Gazelle-Halbinsel seit 1875. Dies Buch und die Ausstellung fügen der angloeuropäischen Geschichtsschreibung Papua-Neuguineas neue Schrift- und Bildquellen hinzu. Es sind unveröffentlichte Fotos, Stereobilder, Tagebücher und Briefe von Missionaren der Astrolabe-Bay und der Gazelle-Halbinsel. Auf dieser siedelten sich neben der australisch-methodistischen Mission die Kolonialverwaltung Deutsch-Guineas an, deren Beobachter sechzehn Jahre lang der Missionar Heinrich Fellmann war.

Viele der ersten Angloeuropäer in der Südsee suchten dort die edlen Wilden und das verlorene Paradies der Menschheit. „Euch Ureinwohner wird man aus dem sorglosen Genuß eines paradiesischen Lebens reissen, man wird Euch lehren, Kleider zu tragen und Wünsche zu hegen.“ Dieser Satz enthält den Südseetraum des großen Händlers Eduard Hernsheim, der 1875 genau das tat, was er 1880 bedauerte.[1] Zum Glück gab es solche Ureinwohner gar nicht. Sie sind weder sorglos gewesen, noch hatten sie ein paradiesisches Leben genossen, bevor die Weißen kamen. Hernsheim brauchte sie auch nicht zu lehren, Kleider zu tragen oder Wünsche zu haben, die hatten sie selber. Besser durchschaute Emil Stephan 1905 seinen Südseetraum bei der Vermessung einer Südseeinsel: „In Neu-Mecklenburg sah ich zum ersten Mal in meinem Leben wirklich nackte - nicht bloß ausgezogene - Menschen. Ich hatte denselben gewaltigen Eindruck wie beim Anblick eines Urwalds. Leider lieben die Einwohner jetzt europäische Kleidung.“[2] Im folgenden Jahr holte der deutsche Richter Wolff das „Paradies der Wilden“ auf den Boden der Tatsachen: „Ohne Sentimentalität rollt der Lauf der Weltgeschichte über unseren Südseetraum.“[3]

Die Menschen in Papua-Neuguinea hatten andere Träume. Sie träumten nicht vom einfachen Leben, sondern von Europäisierung und Akkulturation. Sie wollen nicht, was ihnen die Freunde Rousseaus hierzulande mit missionarischem Eifer noch immer empfehlen, weil sie es selber gern möchten: Zurück zur Natur. Sehen Sie sich das Plakat aus dem Jahre 1978 an. Es enthält die Botschaft eines Papua: Wir sind nicht eure Zootiere.[4]

Diese Ausstellung hat nichts gemein mit diesen alten Südseeträumen. Es gibt kein Zurück hinter die Feststellung des Ethnologen Claude Lévi-Strauss von 1972: „Heute erkennen alle Zivilisationen nach und nach die Überlegenheit der westlichen Zivilisation an. Erleben wir nicht, wie die gesamte Welt ihre Techniken, ihre Lebensweise, ihre Zerstreuungen, ja sogar ihre Kleidung übernimmt? So beweist die Entwicklung der Kulturen von den riesigen Völkermassen Asiens bis zu den verlorenen Stämmen in Brasilien oder Afrika durch eine einhellige, in der Geschichte noch nie dagewesene Option für die westliche Zivilisation, daß diese allen anderen Zivilisationsformen überlegen ist. Die „unterentwickelten“ Länder werfen den anderen ja nicht vor, daß sie sie verwestlichen, sondern daß sie ihnen nicht schnell genug die Mittel zur Verwestlichung geben.“[5]

Bild 1. *Wir sind nicht eure Zootiere.*

Warum handelt aber das, was Sie hier sehen und lesen dann immer noch von Südseeträumen? Weil wir immer noch träumen.[6] Diese Ausstellung handelt also von uns, von unserer Sehnsucht nach den letzten Verstecken Gottes, von unserer Jagd nach den Trophäen des Anfangs, die heute unsere Museen schmücken wie Reliquien, sie handelt von all unseren Bekehrungs- und Belehrungsversuchen im Paradies der Wilden. Sie werden sehen, wie selbst Missionare der nackte Ursprung faszinierte, den sie fotografierten wie die leibhaftige Sünde. Sie sehen Bilder der ersten Händler, Pflanzer und Ethnologen und lesen, was sie aufschrieben über die melanesischen Steinzeitmenschen. Sie sehen auch Bilder von Papuakindern, die Heinrich Fellmann damals ermutigte, ihre Umwelt und die ersten Weißen zu zeichnen. Durch glückliche Umstände sind Stereoaufnahmen erhalten geblieben. Sie sehen sie hier zum ersten Mal als Stereo-Dias und in Spiegelstereoskopen. Mit dem Museumsfotografen Wolfgang Knust baute ich sie nach einem Muster, das ich in New York fand. Ein Teil dieser Stereobilder wurde von Heinrich Fellmann auf den Inseln New Britain/Neu-Pommern und Neu-Mecklenburg/New Ireland und den Salomon-Inseln aufgenommen, auf denen Fellmann 1897 vor hundert Jahren eintraf. Sie werden diesen begabten Missionar kennenlernen, dem der kleine Stamm der Tolai seine wichtige Rolle im heutigen Staat Papua-Neuguinea mitverdankt. Ich habe ihm einen der sechs Lebensläufe gewidmet. Die anderen Stereobilder stammen aus der Astrolabe-Bucht Papua-Neuguineas. Es dürften die ersten sein, die dort aufgenommen wurden, und zwar von dem lutherischen Missionar Wilhelm Diehl, der Ende 1902 nach Bogadjim kam. Ein Nachkomme stellte sie für diese Ausstellung zur Verfügung. Einige weitere Stereo-Glasnegative fand ich im Völkerkunde-Museum in Berlin und durch Herrn Prof. Senf im alten Kaiser-Panorama.

Wenn Sie also nachher - bewaffnet mit Ihrer Lesebrille, falls Sie eine brauchen - Ihren Kopf in diese magische Welt der Spiegelstereoskope stecken, oder sich die Stereobilder des Begleitbuches mit der beiliegenden Lorgnette ansehen, werden Sie auf eine unheimliche Weise mit sich allein sein. Das Bild, das Sie sehen, gibt es nämlich gar nicht. Es existiert nirgends, außer in Ihrem Gehirn, aber es ist das gleiche Raumbild, das vor hundert Jahren Heinrich Fellmann sah. Näher können Sie dem Fotografen und unseren steinzeitlichen Ahnen nicht sein. Diese Melanesier lebten damals in der Steinzeit wie unsere Großsteingräberleute, deren Kultur das Oldenburger Naturkundemuseum bewahrt.

Die Stereobilder und viele der Fotos von Heinrich Fellmann und Wilhelm Diehl sind noch nie öffentlich gezeigt worden. Einige Fotos stammen von Ernst Boettcher, dem zeitlichen Nachfolger Heinrich Fellmanns auf der Insel New Ireland. Sie hinterließen mehrere Hundert Fotografien. Die besten haben wir ausgestellt, einige in Lebensgröße. Und um die Realisierung noch weiter zu treiben: Unter uns sind heute die letzten beiden Kinder dieser methodistischen Missionare. Frau Liselotte Fellmann und Herr Dr. Siegfried Boettcher, der uns zu Anfang etwas aus Papua-Neuguinea getrommelt hat, sind zur Eröffnung dieser Ausstellung gekommen. Aber auch mehrere Enkel Fellmanns sind hier, darunter zwei Söhne von Fellmanns Tochter Novema, die so heißt, weil sie 1906 in Raluana im Monat November geboren wurde, was samoanisch „Novema" heißt. Novema heiratete den Komponisten Karl Marx, den Schüler Orffs und Freund Hindemiths. Karl Marx und seine Frau waren vor dreißig Jahren noch einmal in Raluana, wo die alten Papua-Spielkameraden Novema begeistert begrüßten. Ihr Mann hat damals ihre Musik in sich aufgenommen und daraus ein Klaviertrio komponiert. Zu ihres Vaters hundertstem Geburtstag spielen es gleich seine Söhne Günter und Prof. Klaus Marx. Oben können Sie dann in einem der Ausstellungsräume originale Papuamusik hören, von einem Stamm, den es inzwischen nicht mehr gibt. Ich danke Ihnen für Ihre Mithilfe, besonders auch Herrn Dr. Ulrich Fellmann und der Stiftung Kunst und Kultur der Landessparkasse zu Oldenburg für die Unterstützung des Begleitbuches der Ausstellung, wozu Herr Dieter Klein den Lebenslauf Engelhardts beisteuerte.

Meine Damen und Herren, wir sind oft von Menschen umgeben, ohne zu wissen, wie ungewöhnlich manche ihrer Lebensläufe sind. Siegfried Boettcher zum Beispiel wurde in Papua-Neuguinea geboren und hat später als Arzt Stalingrad überlebt. Der Vater schrieb seine Erinnerungen an die Südsee auf, aber veröffentlicht hat er sie nie. Nach dem Zweiten Weltkrieg stand vor der Haustür des Sohnes plötzlich ein unbekannter Papua. Es war Bischof Saimon Gaius, dessen Vater von Dr. Boettchers Vater getauft wurde. Saimon Gaius sagte: Mein Vater hat mir erzählt, daß dein Vater alles über uns aufgeschrieben hat. Ich komme als Dein Bruder und bitte Dich um unsere Lebensläufe. Das war 1965. Das Typoskript dieser Lebensläufe können Sie ebenfalls in dieser Ausstellung sehen.

Bald darauf, im Jahre 1972, wurde der Ethnologe Hans Fischer von einem Eingeborenen in Papua-Neuguinea gefragt:[7] „Ich bin Jagobi. Ich möchte fragen: Wieso bist du gekommen? Was ist der Grund? Mögt ihr uns, und kommst du deshalb?... Du hast alles aufgeschrieben, und was machst du nun mit uns? Du bist gekommen und hast alle möglichen Geschichten von uns bekommen, und was machst du jetzt mit uns?"

„Lebensläufe", um die Saimon Gaius bat, heißt denn auch der Titel dieser Ausstellung, frühe Papua-Lebensläufe, ihr Thema ist die Akkulturation. Bruchstücke von Lebensläufen stecken in manchen Quellen aus der Zeit der ersten Kontakte. Bei der Suche nach Geschichten hinter den Bildern konnte ich oft Fotos Lebensläufen zuordnen. Über die Zeiten hinweg begegnen Ihnen in dieser Ausstellung also Steinzeitmenschen, die Zeitgenossen unserer Groß- und Urgroßväter waren, die Namen hatten und Schicksale: Tui, Talili, Gumbo, Tonkinkin, Lea. Wieder Menschen zu machen aus dem Panoptikum der Ethnologen ist das Ziel dieser Ausstellung.

Der Erlös des Buches mit seinen Fotos und Stereobildern soll dazu beitragen, diese Lebensläufe für die heutigen Bürger Papua-Neuguineas in deren Sprache zu übersetzen. In dieser Absicht lege ich das Buch in Ihre Hände.

Meine Damen und Herren! Als Felix Krull den Direktor des Lissaboner Naturkunde-Museums fragte: „Aber wo bleibt der Mensch?" antwortete Professor Kuckuck: „Im Souterrain, mein Lieber." Professor Fansa dagegen gab mir seine besten Räume im Obergeschoß für diese Ausstellung, ich danke ihm dafür und wünsche Ihnen allen das gleiche Bibbern, das mich überkam, als ich zum ersten Mal diese Dokumente sah, vor allem die Stereobilder.

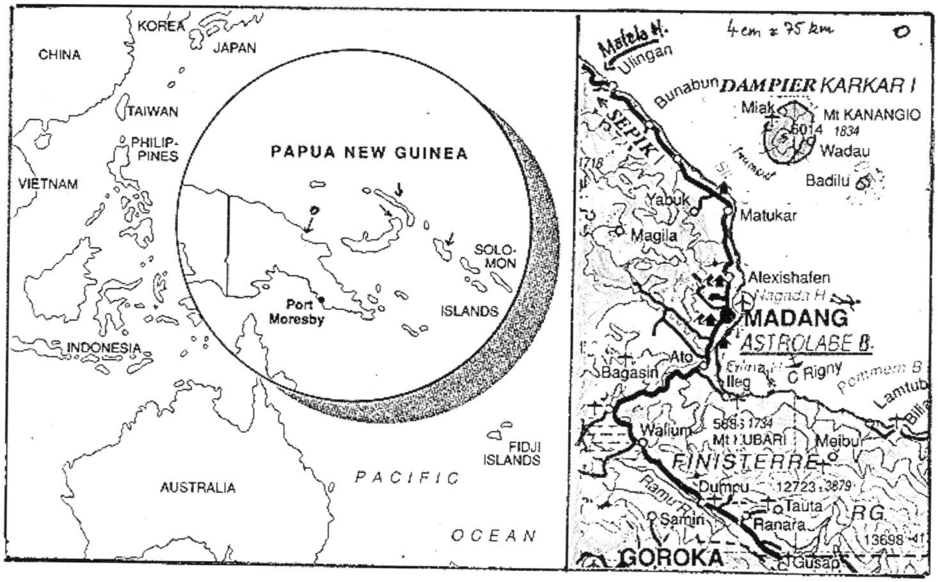

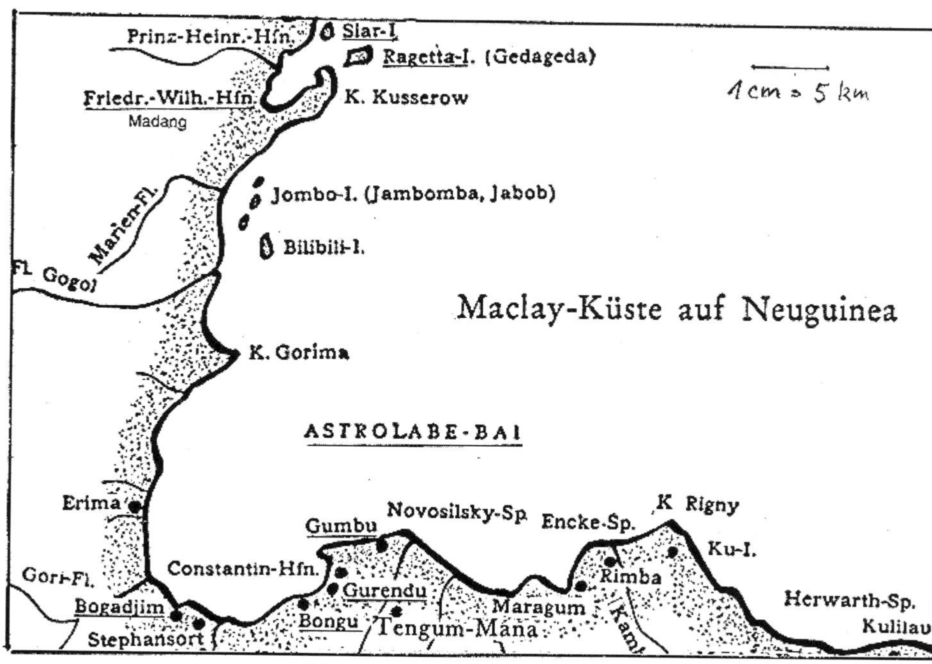

Die Orte der Maclay-Küste von Bogadjim bis Maragum gibt es nicht mehr.

Lebensläufe I
Tui oder das „Paradies der Wilden"

Als der Kapitän James Cook 1774 während seiner zweiten Weltumseglung das Eiland Eromanga betrat, das zwischen Neuguinea und den Fidji-Inseln liegt, gab es Mord und Totschlag. Weil dabei Cooks Flinte versagte, ließ er mit Kanonen auf die Wilden schießen. Diesen ersten Kontakt zwischen weißen Europäern und schwarzen Melanesiern folgte ein hundertjähriger Krieg auf Eromanga. Nach Cook kamen die Sandelholzhändler, lockten Eingeborene auf ihre Schiffe und hielten sie solange fest, bis ihre Angehörigen das wohlriechende Holz herbeigeschafft hatten. Danach fischten seit 1830 besonders zwischen Oktober und März viele Walfänger in den reichen Fanggründen um Neuguinea, damit in Europa und Amerika die Talglichter nicht ausgingen. Unter ihnen waren auch deutsche Schiffe mit insgesamt sechzig Fangreisen. Einer der Walfänger war die „Averick Heineken" aus Bremen. Sie segelte zwischen 1837 und 1842 zweimal in die Südsee mit sechsunddreißig Mann an Bord und der Frau des Kapitäns.[8] Dazu kamen zehn Eingeborene, die man sich vor Ort von den Inseln holte. Die Auswertung der Logbücher amerikanischer Walfänger ergab, daß man sich in bestimmten Buchten von Bougainville, New Ireland und den Duke of York-Inseln verproviantierte. Diese Inseln gehören heute zum Staat Papua-Neuguinea. Auf New Ireland gab es 1859 sogar eine Siedlung von Deserteuren eines Walfängers.[9] Dokumente über Erstkontakte mit Eingeborenen sind nicht erhalten.

Erhalten haben sich aber weitere Nachrichten aus Eromanga. Nach dem Sandelholzhandel kam damals der Menschenhandel über die Südsee. Die großen Farmen an der Ostküste Australiens brauchten Arbeitskräfte. Diese durften nur freiwillig mit befristeten Arbeitsverträgen von den Inseln geholt werden. Weil es aber einen erheblichen Arbeitskräftemangel gab, erhielten die Kapitäne von den Händlern für jeden Eingeborenen etwa tausend Mark nach heutigem Geldwert. Infolgedessen gibt es zahlreiche Augenzeugenberichte über Menschenraub oder „Blackbirding", Schwarzdrosselfang, wie man das nannte. Dagegen entstand eine Protestbewegung, die besonders von den Kirchen ausging. Sie schickten Missionare auf die Inseln, nicht nur, um die Eingeborenen zu missionieren, sondern auch, um ihnen zu zeigen, daß es noch andere Weiße gab. So traf der Missionar Williams am 19. November 1839 unbewaffnet auf Eromango ein. Noch bevor der Tag endete, hatten die Eingeborenen ihn und seinen Begleiter erschlagen. Den Nachfolgern, bekehrten Christen aus Samoa, sagte der Bikman Kauiaui, daß Weiße wie Williams seinen Sohn erschossen hätten. Kauiaui versuchte, die Samoaner auszuhungern. Sie wurden nach einem Jahr von einem Missionsschiff gerettet. Das Schiff nahm später vier Eingeborene aus Eromanga mit nach Samoa. Nach ihrer Bekehrung kehrten sie zurück. Dieser Versuch gelang. Aber als der Missionar George Gordon, der Sohn eines kanadischen Farmers, mit seiner jungen Frau 1858 in Eromanga landete, brachte er die Pocken mit. Etwa die Hälfte der zweitausend Eingeborenen starb. Die Melanesier zerstückelten das Ehepaar, die Samoaner konnten fliehen.[10]

Da machte sich Jakob, der leibliche Bruder von George Gordon, auf den Weg nach Eromanga, nicht um Ordnung zu schaffen, wie es viele verlangten, sondern um zu versöhnen, um die Kette von Mord zu Mord zu brechen. Er konnte im Laufe der Jahre sechzehn Eingeborene taufen, aber er konnte am Ende zwei todkranke Kinder nicht heilen. Das wurde ihm zum Verhängnis. Deren Vater beschuldigte ihn: Kannst du es nicht, dann willst du es nicht und erschlug Jakob Gordon am 25. Februar 1872. Das war genau fünf Monate, nachdem der russische Forscher Nicolai Mikloucho-Maclay von der Korvette „Witjas" in der Astrolabe-Bucht abgesetzt worden war, um in Papua-Neuguinea den Urkommunismus zu erforschen. So jedenfalls steht es 1947 im Vorwort zur Übersetzung von Maclays Tagebüchern aus dem Verlag der sowjetischen Militäradministration in Berlin.[11] Tatsächlich waren Maclays Papua gar nicht so wild, wie inzwischen alle Welt glaubte. Einige, wie der Bikman Tui aus Gorendu, waren sogar ziemlich edel, jedenfalls nicht soviel anders als Maclay, der infolgedessen am Leben blieb, sowohl 1871-1872, 1876-1877 als auch bei seinem letzten Aufenthalt 1883. Maclays Tagebücher wurden das bedeutendste Zeugnis aus der vorkolonialen Frühzeit unserer Kontakte mit der Papuawelt. Daß die Papua Urkommunisten waren, bezeugt das Tagebuch allerdings nicht. Manchmal hat man eher den Eindruck, sie seien die ersten Kapitalisten gewesen. Der Verfasser jenes Vorwortes von 1947 - er gab sich namentlich nicht zu erkennen - sah das anders: „Das Tagebuch Mikloucho-Maclays gibt uns die photographische Aufnahme ... eines Volkes im Urzustand ... Erzeugung und Konsum waren kollektiv, Handel trieben sie keinen ... Auf diese Weise konnten wir zuverlässiges Material eines Stadiums der menschlichen Gesellschaft gewinnen, das Marx und Engels ‚Urkommunismus' nannten."

Lassen wir solche Deutungen beiseite, sie zeigen ohnehin eher unsere Probleme als die der Papua. Jedenfalls sind Maclays Tagebücher eine eher spannendere Lektüre als Defoes „Robinson", mit dem Maclay oft verglichen wurde. Sie sind sachlich wie Operationsberichte. Maclay war ein nüchterner Notator. Selbstsicherheit umgab ihn wie ein Tabu, wohl deshalb überlebte er solange in der Astrolabe-Bucht.

Für uns enthalten seine Notizen erste Bruchstücke des Lebenslaufes eines Papua. Der Mann hieß Tui. Wir haben sogar ein Bild von ihm. Maclay zeichnete viel mit Hilfe einer Camera lucida, bei der man wie im Sucher des Fotoapparates einen Gegenstand sieht, der auf Zeichenpapier projiziert wird zusammen mit der Spitze eines Bleistiftes. Mehrere seiner Zeichnungen sehen Sie in der Ausstellung.[12] Wir übersehen etwa zehn Jahre von Tuis Leben, von 1871 bis er zwischen 1881 und 1883 starb. Die Teile, in denen Tui und seine Familie aus dem Dorf Gorendu vorkommen, sind die Kernstücke von Maclays Tagebüchern.

Am 20. September 1871 näherte sich die russische Korvette „Witjas" also dem Land der Papua. Lassen wir jetzt Nicolai Mikloucho-Maclay das Wort: „Gegen 12 Uhr befanden wir uns in der großen Astrolabebai. Auf die Frage von Korvettenkapitän Nasimow, an welcher Stelle ich ausgesetzt zu sein wünsche, wies ich auf das höhere linke Ufer hin. Der erste Offizier Nowossilskij rief, er sähe dort Wilde. Ich befahl meinen beiden Dienern, Olson und Boy, in die Schaluppe zu steigen und fuhr los."

Olson und Boy hatte Maclay in Samoa in seine Dienste genommen. Olson war ein schwedischer Matrose, Boy ein polynesischer Jüngling. Mit Olson sprach Maclay deutsch. Die folgenden Notizen Maclays sind gekürzt und 1947 aus dem Russischen übersetzt von E. Seidel:

„Am Ufer zeigte sich, indem er aus dem Buschwerk trat, ein Eingeborener mit einem Speer. Mit diesem gab er mir ein Zeichen, daß ich mich entfernen sollte. Als ich mich in der Schaluppe aufrichtete und ihm kleine rote Tücher zeigte, sprangen aus dem Wald ein Dutzend mit Keulen bewaffnete Eingeborene hervor. Ich warf die Geschenke ins Meer und befahl wegzurudern. Die Eingeborenen stürzten sich ins Wasser und fischten sie auf. Ich kehrte zur Korvette zurück. Wir suchten das Ufer ab und fanden einen kleinen Sandstrand. Hier ging ich an Land, unbewaffnet. Ein hübsches Fleckchen Erde, von dem ein Pfad in das Walddickicht führte. Nach dreißig Schritten sah ich zwischen den Bäumen Dächer, dann einen Platz mit Hütten. Die Dächer reichten bis zur Erde. Der Wald bestand aus Luftwurzelbäumen, Areca- und Kokospalmen, Brotfruchtbäumen und Bananen. Keine Menschenseele war zu sehen. In einer Hütte glimmte zwischen Steinen ein Feuer, unter dem Dach hing ein Menschenschädel. Ich drehte mich um, da stand ein Mensch. Als ich ihn ansah, stürzte er in die Büsche. Ich war allein und hielt einen roten Lappen hoch, denn ich sah den Mann noch. Er hatte eine platte Nase, krauses Haar und war schwarz. Ich dachte, daß er mir gehorchen würde, ging zu ihm, nahm ihn bei der Hand und führte ihn ohne Widerstand auf den Dorfplatz zurück, gerade, als dort meine Diener Olson und Boy ankamen, gefolgt von acht Papua mit Steinbeilen über den Schultern und Bögen von Menschengröße in den Händen.“

Der erste Mensch, den Maclay an diesem ersten Tag in Papua-Neuguinea traf, war Tui, der angesehenste Mann des Dorfes Gorendu, der Bikman. In seiner Nähe baute Maclay seine Hütte auf einer Landzunge, eine Viertelstunde von Gorendu entfernt. Die Stelle wurde Konstantinshafen getauft. Im Umkreis einer Stunde lagen die Küstendörfer Gumbo und Bongu, dann Bogadjim. Dort errichtete fünfzehn Jahre später die Barmer Mission ihre erste Missionsstation. Es gab auch Bergdörfer hinter der Küste, aber sie lebten mit den Küstendörfern in einem fast ständigen Kriegszustand. Auch die Küstendörfer untereinander verstanden sich nicht immer. Jedes Dorf hatte eine eigene Sprache, mindestens einen Dialekt. Die Dörfer waren klein, zwanzig bis vierzig Papua wohnten in jedem.

Der Kapitän der „Witjas“ setzte dreißig Mann an Land. Sie bauten in fünf Tagen die 2 x 5 m große Hütte Maclays. Bäume wurden gefällt, Bretter gesägt, Kokosmatten für das Dach geflochten. Leutnant Tschirikow, der Artillerieoffizier, ließ einen Platz von 70 x 70 m um die Hütte abholzen und legte darum einen Gürtel von Minen. Der Grund war das erste „Gespräch“ mit Tui.

Maclay notierte es: „Tui bemühte sich durch Mimik zu erklären, daß, sobald die Korvette abgefahren sei (er zeigte auf die Korvette und dann auf den Horizont) und wir hier allein blieben (er zeigte auf mich, Olson und Boy, danach auf die Erde), aus den Nachbardörfern Eingeborene kämen (er zeigte auf den Wald und nannte Dorfnamen),

Bild 2. *Tui von Gorendu, gezeichnet von Maclay, 1872 mit einer Camera lucida.*

Bild 3. *Nicolai Mikloucho-Maclay 1886 in St. Petersburg.*

um die Hütte zu zerstören (er ging an die Pfosten heran und tat so, als wenn er sie abhackte) und uns töten würden (er richtete sich gerade, stellte einen Fuß zurück und nahm die Haltung eines Speerwerfers ein, danach trat er auf mich zu, stieß mir mit dem Finger gegen die Brust, öffnete den Mund, streckte die Zunge heraus und ließ sich zur Erde fallen). Auf all das antwortete ich mit gleichgültiger Handbewegung und schenkte ihm einen Nagel.“ Soweit Maclay. Als Leutnant Tschirikow diese Geschichte abends in der Messe erzählte, ordnete der Kapitän den Minengürtel an. Er trat nie in Funktion.

Am 27. September 1871 dampfte die „Witjas“ ab. Am 18. Dezember 1872 sollte sie wiederkommen. Maclay bemerkte, daß Olson beim Abschied die Hände zitterten. Auch er rechnete jede Minute mit einem Überfall. Papua schlichen um die Hütte. Tui zeigte sich. Es war nicht mehr Gutmütigkeit, mit der er mich anblickte, schreibt Maclay, er wollte die Hütte betreten. Ich hielt ihn mit dem Wort „tabu“ ab. Ich weiß nicht, was wirkte, das Wort oder ich, er blieb draußen und fragte mit Zeichen, ob das Schiff zurückkehren würde. Ich bejahte. Dann ging er mißtrauisch um die Minen herum und sah sich die Hebel an. Ich schenkte ihm ein rotes Tuch. Er entfernte sich. Um 4 Uhr ertönte ein gedehnter Pfiff, und aus dem Wald kamen die Einwohner des Dorfes Gumbo, die ich bei meinem ersten Versuch, an Land zu gehen, am Ufer sah. Sie waren bewaffnet, teilten sich in zwei Gruppen, die Unbewaffneten kamen zur Hütte und brachten Kokosnüsse. Ich gab ihnen Kleinigkeiten, zeigte ihnen, daß ich schlafen wollte und schickte sie fort.

So vergingen die ersten drei Tage. Maclay schreibt: „An Händen und Stirn bilden sich bereits Polster von Moskitobissen.“ Den Zusammenhang mit Malaria kannte man noch nicht. Am 1. Oktober beschließt Maclay, in eines der Dörfer zu gehen. Er muß sich entscheiden: „Ich erwachte vor Sonnenaufgang, und bevor ich fortging, überlegte ich, ob ich den Revolver mitnehmen sollte oder nicht. Sollte ich ihn im Notfall benutzen, das heißt maximal sechs Mann treffen, so wäre ich fürs erste sicher durch die Furcht der Papua, aber wie lange? Am Ende würde ich ihrer Rache zum Opfer fallen. Schon eine Kugel wird mich ihr Vertrauen kosten, und meine Forschungen wären zu Ende. Ich ließ den Revolver also von Anfang an zu Hause und steckte mir statt dessen Notizbuch und Bleistift ein. Ich ging wieder nach Gorendu. Als die Eingeborenen mich sahen, stellten sich einige in Kriegspose. Zwei Pfeile flogen sehr nahe an mir vorbei, ich weiß nicht in welcher Absicht. Danach wurde ich beobachtet. Ich blickte in finstere Gesichter, als ob sie sagen wollten: Warum bist du gekommen. Irgendwie war mir das peinlich, wahrhaftig, warum war ich gekommen? Meine Lage war dumm: Ich konnte mich noch nicht mit ihnen unterhalten. Aber ich war zufrieden, daß ich meinen Revolver zu Hause gelassen hatte.“

Der Tag ging zur Neige und Maclay konnte nicht mehr zurück in seine Hütte. Er zeigte den Dorfbewohnern, daß er zu schlafen wünschte, entrollte eine Bastmatte und zog seine Schuhe aus. Schweigend beobachteten ihn die Papua. Sie waren erstaunt, daß er seine Schuhe ausziehen konnte, die sie für seine Füße gehalten hatten. Maclay hatte also doch Füße wie sie. Sie saßen noch lange um ihn herum. Maclay schreibt: „Vor dem Einschlafen rief ich mir alles noch einmal ins Gedächtnis. Es hätte sehr ernst

Bild 4. *Der Ai des Dorfes Gumbo.*

Bild 5. *Bonem, der älteste Sohn Tuis.*

Bild 6. *Männerhaus in Tengum-Mana, Zeichnungen von Maclay.*

enden können. Ich dachte, vielleicht ist das der Anfang und das Ende kommt noch. Doch dann war es ja gleich, ob ich dabei stehen, sitzen oder auf der Bastmatte liegen und schlafen würde."

Am 4. Oktober kehrt Maclay zurück in seine Hütte, in der Olson und Boy voll Angst warteten. Das Verhältnis zu den Papua war entspannt. Aus verschiedenen Dörfern traf jetzt Besuch ein. Am 5. Oktober bekam Boy den ersten Fieberanfall, fünf Tage später traf es auch Maclay. Sein Kommentar: „Es war gräßlich." Am 12. Oktober schreibt er: „Heute war Olson an der Reihe. Als ich aufstand, knickten meine Beine ein. Meine Hütte ist ein Lazarett. Als Tui kam, fragte ich nach den Dörfern. Ich schrieb die Namen auf. Meine Landzunge hieß Garagassi. Ich machte eine Skizze und las die Namen vor. Tui berichtigte mich. Ich wunderte mich, daß ihn das Vorlesen nicht erstaunte. Nachdem ich ihn fortgeschickt hatte, machte ich mich daran, die beiden stöhnenden Kranken zu pflegen."

Vier Tage später schreibt Maclay: „Nachdem ich meinen Leuten je eine Dosis Chinin verabreicht hatte, ging ich in den Wald, um das Stöhnen nicht mehr hören zu müssen und um Vögel zu beobachten. Die beiden fesseln mich an Händen und Füßen. Die Eingeborenen gehorchen ihnen kaum. Merkwürdig, daß sie es nicht lieben, wenn ich sie ansehe. Schaue ich sie finster an, laufen sie sogar weg."

Drei Tage später besuchen dreißig Papua von der dreißig Kilometer entfernten Insel Yambomba (heute Yabob) Maclay: „Sie mußten viel über mich gehört haben. Von meinen Geschenken schätzten sie die Nägel am meisten. Danach beobachtete ich lange, wie Bonem, der Sohn Tuis, ein Junge von etwa fünfzehn Jahren, mit dem Bogen nach Fischen schoß. Er traf nicht einen einzigen. Die Pfeile verschwanden für einige Sekunden unter Wasser, tauchten dann wieder auf, wobei sie senkrecht im Wasser stehenblieben. Darauf wurden sie wieder eingesammelt. Die Pfeile haben statt einer Spitze, wie die gewöhnlichen, vier oder fünf Spitzen. Die sind aus hartem Holz geschnitzt."

Später sah Maclay Bonem noch einmal in einem Auslegerboot stehen. Er nennt ihn den ältesten Sohn Tuis und schreibt: „Er war an diesem Morgen besonders geschmückt. In die Mütze aus hochgekämmten Haaren hatte er eine Unmenge von Federn und purpurroten Blüten der chinesischen Rose gesteckt. Es war tatsächlich sehr hübsch, wie er da stand mit einem großen Bogen und Pfeilen in den Händen, die Bewegungen des kleinen Auslegerbootes graziös ausbalancierend. Er hielt nach Fischen Ausschau. Bonem hatte grüne und rote Blätter in seine Arm- und Kniereifen gesteckt sowie hinter seinen Gürtel, der frisch bemalt und leuchtend rot war." Maclay lockte Bonem mit einem Spiegel zu sich und zeichnete ihn, während er sich betrachtete.

Von Tui, seinem Vater, ließ sich Maclay das Bogenschießen zeigen. Der Pfeil flog 65 Schritt weit, Wind lenkte ihn ab. Maclay bemerkte, daß Pfeile nur bis 20 oder 30 Schritte ernsthafte Wunden verursachen können. Tui zeigte ihm ein ganzes Kampfmanöver, ein Freund spielte den Feind. Maclay schrieb alle dazugehörenden Wörter auf, las sie vor, berichtigte sie.

Am Abend schreibt er: „Olson fällt mir mit seinen ständigen Erzählungen über sein früheres Leben auf die Nerven. Manche Leute haben dauernd das Bedürfnis zu reden. Ohne Geschwätz können sie nicht leben. Heute morgen war es mir übrigens geglückt, ein recht gutes Porträt von Tui zu zeichnen."

Am 6. Dezember 1871 schreibt Maclay: „Boy leidet sehr. Ich glaube nicht, daß er noch lange lebt. Olson läßt ebenfalls den Kopf hängen. Tui kam zu Besuch. Er setzte sich auf die neue Veranda und teilte mir mit, daß Boy bald sterben würde, Olson vielleicht auch. Ich bliebe dann allein. Es würden Leute aus Bongu und Gumbo kommen. Er zeigte dabei alle seine Finger und Zehen: Sie werden Maclay erschlagen. Ich lachte und sagte, niemand wird sterben. Tui sah mich an und sagte mit klagender Stimme zweimal langsam meinen Namen. Dann fragte er: Wird das Kriegsschiff wiederkommen? Ich konnte in seiner Sprache noch nicht sagen: Es wird kommen." Maclay fügte hinzu: „Olson ist ein solcher Feigling, daß die Papua in seiner Gegenwart die Hütten plündern könnten. Er haßt Tui, den er für einen Spion hält."

In der Nacht zum 13. Dezember wird Maclay durch Stimmen aus dem Schlaf geweckt. Sechs Eingeborene mit Fackeln riefen seinen Namen. Sie waren bewaffnet. Olson jammerte und steckte Maclay von hinten die Doppelflinte zu. Lassen Sie sie nicht herankommen, rief er. Maclay ging auf die Veranda. Am Abend dieses Tages notiert Maclay in sein Tagebuch: „Ungeachtet dessen, daß ich sehr müde bin, möchte ich die Ereignisse dieses Tages noch heute aufschreiben. Es ist 23 Uhr 50. Ich sitze in meinem Lehnstuhl und schreibe unter der flackernden Lampe. Gestern Nacht waren die Eingeborenen wieder abgezogen. Am Morgen bereitete ich alles vor, um meine Tagebücher, das meteorologische Journal und die Zeichnungen zu vergraben. Da kam Tui, ging um die Hütte herum und schaute hinein. Oh Boy, oh Boy! sagte er und bat mich, Boy nach Gumbo bringen zu lassen. Er ging mir auf die Nerven, und ich schickte ihn fort. Mittags kam ein leichter Fieberanfall. Ich hatte eine quälende Gähnsucht, Kältegefühl und ein Zittern im ganzen Körper. Ich legte mich hin. Da kamen drei Eingeborene aus Gorendu und fragten, ob Boy noch lebte.

„Nachdem ich zu Mittag gegessen hatte, schickte ich Olson an den Strand, um meine Schaluppe zu überprüfen. Boy wälzte sich vor Schmerzen auf dem Fußboden. Ich nahm ihn wie ein Kind auf den Arm und legte ihn in die Koje. Er war in der letzten Woche stark abgemagert. Die kalten, knochigen Hände, die meinen Hals umschlangen, waren naß, und seine eingefallenen Augen überzeugten mich davon, daß ihm nicht mehr viel Zeit zum Stöhnen bleiben würde. Der Schmerz in der Bauchhöhle rührte wohl von einer Bauchfellentzündung her, die noch zu allen anderen Übeln dazugekommen war. Er fiel noch einmal aus der Koje. Jetzt wurde der Puls flach. Ich holte Olson vom Strand und informierte ihn. Boy litt sehr. Ich hielt ihm die Chloroformflasche an die Nase. Nach fünf Minuten war er ruhig."

„Olson war fassungslos. Ich erklärte ihm, daß wir den Leichnam nach Eintritt der Dunkelheit ins Meer befördern müßten und schickte ihn an den Strand, um Steine zu sammeln. Die Fäulnis beginnt hier rasch und ich wollte nicht, daß die Eingeborenen Boy sehen. Ich blickte auf den Leichnam. Boy lag in der gleichen Lage, in der er gewöhnlich schlief. Als Olson zurückkam, sagte ich ihm, daß wir den Schädel Boys auseinandersägen und das Gehirn zu Forschungszwecken aufheben wollten. Olson flehte, es nicht zu tun. Tui würde bald wiederkommen. Ich suchte nach einem passenden Gefäß, fand aber keines. Da es dunkel wurde, verzichtete ich auf das Gehirn. Wir brachten die Leiche nach unten zum Strand. Auf dem Weg rutschte Olson, der voranging, aus. Die Leiche fiel hinter ihm her."

„Es war schwer, die Schaluppe im Dunkeln ins Wasser zu ziehen, denn es war gerade Ebbe. Die Leiche hatten wir mit den Steinen in einen Sack getan. Ich wollte weit genug hinausrudern, damit sie nicht wieder anschwemmte. In der Ferne sah ich Lichter. Wir zählten elf Auslegerboote. Die Eingeborenen fischten mit Fackeln. Wir legten uns in die Riemen, denn wir konnten ihre Stimmen schon hören. Die Nacht war still und sehr dunkel. Im Licht der Fackeln glitzerten bei jedem Ruderschlag Tausende von Tropfen. Das Bild faszinierte mich, und ich dachte, wie schnell doch im Menschen ein Gefühl von einem anderen abgelöst wird."

„Schließlich ließen wir den Sack mit der Leiche über Bord rutschen. Ich bin sicher, die Haie haben sie rasch vertilgt. Eben sind wir in unsere Hütte zurückgekehrt. Olson bereitet den Tee. Gleich, wenn ich diese letzten Worte geschrieben habe, werde ich ihn trinken."

Maclay bedauerte, daß er Boys Gehirn nicht nach Berlin zu Professor Virchow schicken konnte, denn es war damals eine vieldiskutierte Frage, ob es Rassenunterschiede beim menschlichen Gehirn gäbe. Von ihrer Zusammenarbeit zeugen manche Sitzungsberichte in Virchows „Zeitschrift für Ethnologie". Auch Ernst Haeckel hatte ihn um das Gehirn eines Polynesiers gebeten. Daß in Europa in diesen Wochen gerade Darwins „Abstammung des Menschen" erschienen war und großes Aufsehen erregte - gemeint war die Abstammung aus dem Tierreich -, konnte Maclay noch nicht wissen.

Am nächsten Tag gelang es ihm, erst einmal den hartnäckigen Tui abzulenken. Tui hatte nämlich am Morgen einen Heiler mitgebracht für Boy. Maclay schreibt: „Um ihre Gedanken von Boy abzulenken, kam ich auf den Gedanken, ein Experiment zu machen vor ihren Augen. Ich nahm die Tasse, aus der ich am Abend Tee getrunken hatte, wischte sie trocken und tat etwas Spiritus hinein, den ich eigentlich für Boy vorbereitet hatte. Dann nahm ich ein Glas Wasser, trank etwas und gab auch jedem meiner Gäste einen Schluck. Sie folgten meinen Bewegungen. Dann goß ich aus dem Wasserglas einige Tropfen Wasser in die Tasse und zündete das Ganze an. Die Eingeborenen zogen pfeifend die Luft ein und traten zurück. Ich verspritzte den brennenden Spiritus vor ihre Füße. Sie flüchteten ins Dorf. Später kamen sie wieder. Diesmal waren es vierzig. Tui bat mich, noch einmal zu zeigen, wie Wasser brennt. Wieder rannten einige davon, andere blieben wie angewurzelt stehen und baten mich, nicht das Meer anzuzünden. Wir trennten uns als Freunde."

Vier Tage später aber kam Tui und andere Eingeborene zu Maclay und fragten, wo Boy sei. Maclay sagte, der sei nicht da. Wo ist er denn? Maclay schreibt: „Ich wollte nicht die Unwahrheit sagen und zeigte auf das Meer. Sie müssen daraus geschlossen haben, daß Boy in meiner Heimat in Rußland sei, denn sie fragten, ob er fortgeflogen sei. Ich wußte nicht, was sie unter diesem Wort verstanden und schwieg."

Ein halbes Jahr später verstand Maclay die Sprache Tuis aus Gorendu und auch die Dialekte Bongus und Gumbos schon viel besser. Als er am 29. Mai 1872 nach Gumbo kam, erfuhr er, was die Eingeborenen sich unter dem Wort „fliegen" vorstellten. Maclay schreibt: „Nach dem Abendessen versammelte sich das ganze Dorf um mich. Es war völlig dunkel. Kein Feuer brannte, und der Mond ging erst spät auf. Man stellte mir Fragen über Rußland, über unsere Häuser, Schweine und Dörfer. Danach kamen sie auf den Mond zu sprechen, den sie irgendwie mit Rußland verbanden. Man wollte wissen, ob es auf dem Mond Frauen gibt, und wieviel Frauen ich dort besitze. Sie fragten auch nach den Sternen und wollten wissen, auf welchem ich schon gewesen sei und so weiter. Jedes meiner Worte erwogen sie aufmerksam. Schließlich wurde es kalt und feucht, und ich wollte schlafen."

„Einige Männer begleiteten mich in das Buamramra, in die Männerhütte, die allen gehörte. Ich hatte mich schon daran gewöhnt, daß Dutzende von Augen mich anstarrten. Ich breitete meine rote Decke aus, die Erstaunen hervorrief. Die Männer plauderten noch, bis ich ihnen ein Zeichen gab, daß ich schlafen wollte. Sie entfernten sich und ich schlief ein. Um Mitternacht weckte mich ein Geräusch. Es kam aus der Hütte. Sehen konnte ich nichts. Ich drehte mich um und schlief wieder ein. Kurz darauf legte sich jemand neben mich."

„Ich streckte meine Hand aus und hatte mich nicht getäuscht. Ich fühlte einen Körper. Es war eine Frau. Ich war überzeugt, daß Absicht dahinter steckte. Man wollte mich an das Dorf Gumbo binden. Ich beschloß, mir den ungebetenen Gast, der meine Hand festhielt, rasch vom Halse zu schaffen, stand auf und sagte: Ni gle, Maclay nangeli awar aven. Das heißt: Geh fort, Maclay braucht keine Frauen. Am nächsten Morgen merkte ich, daß alle Dorfbewohner wußten, was sich ereignet hatte."

Dreißig Jahre später, im Jahre 1903, wurde aus diesem Dorf der erste Christ von rheinischen Missionaren getauft. Sechzehn Jahre mußten sie warten, bis sich ein Papua dazu entschloß. Bis dahin war mehr als die Hälfte der Missionsleute umgekommen. Von Gumbo, diesem ersten Christen der Astrolabe-Bucht, handelt der nächste Lebenslauf.

Im Februar 1872 verletzte sich Tui beim Fällen eines Baumes an der Schläfe. Maclay schnitt die Wunde aus, aber sie infizierte sich. Lialia, Tuis jüngster, siebenjähriger Sohn holte Maclay nach Gorendu. Maclay notierte: „Beim Licht der letzten Sonnenstrahlen verband ich Tuis Wunde und legte mich neben den Kranken, um den sich eine große Gesellschaft versammelt hatte, sogar Leute aus Bongu und Gumbo. Die Frauen hatten sich wie immer versteckt. Doch diesmal stand eine alte Frau, die gutmütig lächelte, neben Tui. Sie war häßlich, voller Runzeln und hatte lange, schlaffe Brüste. Die Haare hingen ihr in eingefetteten Büscheln um den Kopf. Es war Tuis Frau. Hinter ihr sah ich junge Mädchen, sie kicherten und versteckten sich eine hinter der

Bild 7. *Saul aus Bongu.*

Bild 8. *Assel aus Gorendu.*

Bild 9. *Djagusli aus Tengum-Mana.*

Bild 10. *Koroi aus Gorendu.*

anderen. Tui konnte nicht mehr sprechen, der ganze Kopf war geschwollen. Man hielt ihn für einen Sterbenden. Ich legte auf die Schläfe ein heißes Tuch. Die Wunde brach auf, und viel Eiter ergoß sich. Ich drückte sie kräftig. Tui überlebte das. Die Frauen gingen am nächsten Morgen wieder zur Arbeit in ihre Pflanzungen. Ich muß sagen, für die Wilden sind die Frauen noch nützlicher als in unserer zivilisierten Welt, denn bei den Wilden hier arbeiten die Frauen für die Männer, nicht umgekehrt. Deshalb bleibt bei den Wilden aber auch keine Frau unverheiratet."

Maclay kehrte zurück nach Garagassi in seine Hütte. Am nächsten Morgen machte er sich wieder auf nach Gorendu. Tui war mit auf die Pflanzung gegangen. Maclay verband ihn und notierte: „Die Felder der Papuas sind sehr gut bearbeitet, die Beete bestehen aus sorgfältig zerkleinerter Erde. All das wird unter großen Mühen mit zwei primitiven Geräten gemacht, einem zugespitzten Pfahl von gut zwei Metern Länge und einer Holzschaufel. Ich ging am Zaun der Pflanzung entlang. Dort wuchs Zuckerrohr. Man muß den Unternehmungsgeist und die Arbeitsamkeit der Eingeborenen bewundern. Tui teilte mir mit, daß in Gorendu ein Teil der Kokospalmen einzelnen Personen gehört, ein anderer Teil gehört dem Dorf. So verhält es sich auch mit den Hütten." Hierzu steht in der Ausgabe der sowjetischen Militäradministration von 1947 die Anmerkung: Der modernen Wissenschaft ist bekannt, daß die Bevölkerung eines jeden Papua-Dorfes aus den Mitgliedern einer Sippe besteht. Die Sippe ist die Besitzerin der Pflanzungen, der Kokospalmen und der Hütten. Maclay bemerkte: „Die Eingeborenen haben etwas gemeinsam: Sie lieben, einen zu belehren. Wer es nicht genauso macht wie sie, den unterbrechen sie und zeigen ihm, wie er es machen muß. Selbst Kinder tun das."

Maclay probierte ihr Gerät aus. Er notierte: „Die Eingeborenen klettern auf die Kokospalmen mit zusammengebundenen Füßen, die sie dabei erst zusammendrücken und dann wieder spreizen. Oben angekommen, warf Dingo Nüsse herunter. Ich, Olson und die achtjährige Tochter Buas sammelten sie auf. Das Mädchen hatte am Ende mehr gesammelt als wir beide zusammen, so scharf waren seine Augen, und so geschickt kletterte es trotz ihres nackten Leibes überall durch die dornigsten Lianen und die stacheligsten Büsche."

Eines Morgens hörte Maclay Trommelschläge, deren Tempo ihm neu war. Man sagte ihm, daß Leute aus dem höher gelegenen Maragum-Mana Gorendu überfallen und einige Bewohner erschlagen hätten, darunter Bonem. Maclay lud seine Gewehre und wartete. Auch er hatte das Geschrei gehört. Die Sache klärte sich rasch auf. Die Einwohner von Bongu hatten in einem Streit ihre Frauen verprügelt und die schrien dabei so laut, daß die Einwohner von Gumbo an einen Überfall durch die Bergleute aus Maragum glaubten. Sie liefen nach Gorendu, wo sich der Irrtum herausstellte. Immer befürchteten die Küstendörfer Angriffe aus den Bergen. Oft baten sie Maclay um seine Hilfe. Zu ihrer Beruhigung feuerte Maclay einmal vor ihnen aus seinem Gewehr einen Schuß ab. Sie erschraken vor dem Knall. Maclay notiert: „Das Gewehr erhielt heute von den Eingeborenen den Namen „tabu", vielleicht, weil ich es sie nie anfassen ließ. Seitdem hatten sie eine hohe Meinung von meiner Macht. Das war mir im höchsten Grade unangenehm. Am Ende wird man in fremde Angelegenheiten verwickelt."

Stereobild 11/1. *Frau zwischen Sepik und Astrolabe-Bay.*

Stereobild 12/2. *Mann mit Grabstock. (Zu Seite 24)*

Tui, der Bikman Gorendus, feierte eines Tages ein großes Fest, zu dem er Maclay einlud. Tui fühlte sich als Mittelsmann zwischen den umliegenden Papuadörfern und Maclay. Wahrscheinlich war es ein Mannbarkeitsfest. Maclay ist das wohl entgangen. Er war beim anschließenden Festmahl dabei. Mehrmals im Verlaufe des Festtages merkte er, daß die Eingeborenen ihn Tui nannten oder Tui-Maclay. Tui erklärte ihm, daß sie beide, seit Maclay ihn geheilt habe, Freunde seien und die Namen tauschen könnten.

Über Olson schreibt Maclay: „Die Einsamkeit auf Garagassi ist wunderschön. Unser einförmiges Leben wirkt sich aber auf Olson ungünstig aus. Er ist mürrisch geworden. Seine Klagen und Monologe werden mir so lästig, daß ich ihm erklärt habe: Bäume gibt es hier genug, das Meer liegt vor der Tür. Wenn du wirklich das Leben hier so schrecklich findest, so hänge dich doch auf oder stürze dich ins Meer. Ich glaube manchmal, daß sein Gehirn sich verwirrt. Es hat keinen Zweck, daß ich ihm immer wieder rate, sich mit irgend etwas zu beschäftigen. Er ist überzeugt, daß wir hier doch nicht überleben. Mir ist dieser faule Feigling widerwärtig. Er liegt den ganzen Tag herum."

Im April teilte Maclay den Küstenleuten mit, daß er das Bergdorf Tengum-Mana besuchen wolle. Er begann mit Reisevorbereitungen und bemühte sich um Reisebegleiter. Am besten kannten die Leute aus Bongo die Wege. Aber sie wollten nicht über Nacht dort bleiben. Schließlich hatte Maclay sieben Papua zusammen. Er schrieb über diese Expedition: „Nachdem wir den Gebirgszug an der Küste von etwa 130 Metern überschritten hatten, stiegen wir zum Fluß Gabeneau hinunter. Der Abstieg war sehr steil; der Pfad verlief nicht zickzackartig, sondern gerade nach unten. Der Abstieg ist nur dank dem Speer, den ich mir von einem meiner Begleiter geliehen hatte, glatt verlaufen. Unsere Karawane machte am Ufer des Flusses halt. Sein trübes Wasser jagte geräuschvoll dahin, die Steine klapperten und rollten über den Grund."

„Ich stieg in den Fluß hinein. Das Wasser erschien mir sehr kalt, obwohl das Thermometer 22 Grad Celsius anzeigte. Es reichte mir höher als bis zur Brust und an einer Stelle sogar bis an die Schultern. Die Steine bombardierten die Füße. Anstatt auf das rechte Ufer hinaufzuklettern, gingen wir stromaufwärts im Bett des Flusses. Auf diese Weise marschierten wir etwa zwei Stunden unter der sengenden Sonne. Um der Gefahr eines Fieberanfalles vorzubeugen, hatte ich Chinin eingenommen. An dem großen Stamm einer Sagopalme sagte Lalo zu mir, daß ich mich hier wieder anziehen könnte. Solange ich mich anzog, rauchten die Eingeborenen, kauten Betel und betrachteten meine Schuhe, meine Socken und meinen Hut, wobei sie spöttische Bemerkungen machten. Unser Weg nach oben war steil. Wir näherten uns dem Bergdorf. Keiner der Eingeborenen wagte es, vor mir zu gehen. Endlich, nachdem wir eine größere Zuckerrohr- und Bananenpflanzung passiert hatten, erreichten wir den Gipfel. Ich glaubte, daß wir das Dorf sofort erblicken würden, doch ich hatte mich geirrt."

„Auf den Ruf meiner Begleiter zeigten sich bald Dorfbewohner, aber sie stürzten, sobald sie mich sahen, wieder davon. Ängstlich näherten sie sich aufs neue, doch als ich

Stereobilder13/3-20/10 *Dieses Fest in Gorendu (Seite 26) zu dem der Bikman Tui im März 1872 Maclay einlud, können wir uns vor Augen führen mit den frühen Stereofotos, die rheinische Missionare etwa dreißig Jahre später zwischen Bogadjim und Gorendu machten. Einige dieser Stereofotos schenkten sie bei einem Besuch Heinrich Fellmann im Bismarck-Archipel, verschiedene gelangten durch den Insektenforscher Karl Wahnes nach Deutschland, andere sammelte Dieter Klein. Einzelne wurden von Wilhelm Diehl aufgenommen und sind noch im Besitz seines Enkels. Maclay schreibt über dieses zweitägige Fest: „In der Nacht lagen am Feuer um große Tabire herum Eingeborene auf Matten ... Einige tranken mit zurückgeworfenem Kopf die letzten Keutropfen aus kleinen Schalen ... Es gab auch einige, die sich an den großen Töpfen mit Essen zu schaffen machten. Liebhaber der Musik hielten ihre Bambustrom-*

peten von über zwei Meter Länge hoch über den Kopf und entlockten ihnen gedehnte, aufheulende Töne. Andere bliesen in eine längliche, von oben und von den Seiten durchbohrte Nuß und brachten ein schrilles Pfeifen hervor. Ringsum waren an die Baumstämme Speere gelehnt, Bogen und Pfeile ragten hinter Sträuchern hervor. Das Bild war im höchsten Grade reizvoll, eine Szene aus dem Leben der Wilden in ihrer ganzen Ursprünglichkeit - eine von jenen Szenen, die den Forschungsreisenden für viele Mühen und Entbehrungen entschädigen. Aber

auch für einen Maler wäre dieses Bild interessant, so ungewöhnlich war die Verbindung des Lichtes der ersten Sonnenstrahlen, die bereits die oberen Zweige des grünen Gewölbes vergoldeten mit dem roten Widerschein der nächtlichen Lagerfeuer am Boden.

Das verstärkte Aufheulen der Bambustrompeten verkündigte den Beginn des Frühstücks. Die Einwohner der drei Dörfer Bongu, Gorendu und Gumbo versammelten sich. Sie stürzten sich bald auf das Essen, das in Tabiren von großen Ausmaßen gebracht wurde. Aus einem Tabir hatte man mir in eine frisch gespaltene Kokosnußschale ein wenig von einer gelblich-weißen Masse hineingetan. Dies war „buam", das ist Sago mit geschabter Kokosnuß. Dieses Papuagericht hatte einen angenehmen Geschmack ... Als Tischtuch dienten Bananenblätter, als Geschirr Schalen von Kokosnüssen, als Gabeln gespitzte Bambusstäbchen und Knochen ... Inzwischen war es Tag geworden, und als ich aufbrechen wollte, mußte ich zur Seite treten, um einer Prozession, die Proviant zur Fortsetzung des Festes brachte, Platz zu machen. Tui und Bonem trugen an einem Stock ein großes Bündel „buam", der sorgfältig mit Blättern umwickelt war. Hinter ihnen trugen Eingeborene Kokosnüsse. Ihnen folgten sechs weitere mit drei Schweinen, die fest an Stöcke, deren Enden auf ihren Schultern lagen, angebunden waren. Die Prozession bewegte sich mit einer gewissen Feierlichkeit. Der Proviant wurde an bestimmten Stellen des Platzes niedergelegt. Die Gäste aus den anderen Dörfern besahen das Mitgebrachte und zählten es nach. All das sollte zum Mittagessen, mit dem das Fest, das am Vorabend begonnen hatte, seinen Abschluß fand, verspeist werden ... Auf der anderen Seite des Platzes lagen Baumstämme in zwei parallelen Reihen. Auf ihnen standen große Töpfe von etwa eineinhalb Fuß im Durchmesser. Ich zählte neununddreißig solcher Töpfe. In der Mitte des Platzes wurde „buam" von Blättern und Schmutz gesäubert und Kokosnüsse geschabt. Die Einwohner von Gorendu trugen als Gastgeber Wasser in großen Bambusblättern herbei und schichteten Holz neben den Töpfen auf. Die Aufteilung des Fleisches begann.

Tui rief jeden Gast laut auf, in dem er dessen Namen aussprach und hinzusetzte: „tamo" (Mensch) aus dem und dem Dorf. Der Aufgerufene trat heran und nahm seine Portion in Empfang. Ich hatte mich eben bei einer Gruppe niedergelassen, da rief Tui: „Maklaj, tamo russ!" Ich trat an ihn heran und erhielt auf einem grünen Blatt einige Stücke Fleisch. Ein Bekannter aus Bongu zeigte mir, wo der für mich bestimmte Topf stand ... Er riß von einem Baum zwei große Blätter ab, legte sie über Kreuz auf den Boden des Topfes, nahm aus dem großen Korb einige Stücke „ajan" und tat obendrauf das Schweinefleisch. Als die Töpfe von allen Gästen in dieser Weise vorbereitet waren, nahmen die Einwohner Gorendus, die ihre Gäste bedienten, Bambusgefäße, die mit See- und Süßwasser gefüllt waren und verteilten es auf jeden Topf. Darüber wurde ein Blatt des Brotfruchtbaumes gelegt und alles mit einer „gamba", der Schale einer Kokosmuß, bedeckt. Dies vollzog sich in großer Ordnung, auch das Anfachen des Feuers. Es maß etwa achtzehn Meter in der Länge und ein Meter in der Breite. Immer wieder gingen die Festteilnehmer zu den Musikinstrumenten, die am Rande des Festplatzes lagen: Alle wurden sie von den Papuas nach einem mythologischen Wesen „ai" oder „barak" genannt. Das Hauptinstrument war die Bambustrompete. Indem sie hineinbliesen, oder richtiger gesagt schrieen, riefen sie gellende gedehnte Töne hervor, dem Heulen der Hunde ähnlich. Den Klang dieser Trompeten kann man eine halbe Meile weit hören. Dann gibt es noch den „munki-ai". Das ist eine leere Kokosnuß mit Öffnungen. Die Eingeborenen blasen hinein, der Ton ist

schrill." Auf den Stereofotos sieht man noch beiderseits mit Eidechsenhaut bespannte Kudu-Handtrommeln.

Bald nach seiner Ankunft in Madang auf Papua Neuguinea 1886 besuchte der Arzt Dr. Otto Schellong ein Barlum-Fest der Eingeborenen. Über die Musik schreibt er: „Während der Nacht hörten wir wiederholt gewaltige Gesänge. Ein Vorsänger ließ rhythmische Laute wie Lockrufe ertönen. Sie sind nicht wiederzugeben, erinnerten an die Stimmverrenkungen, die unsere Kinderfrauen vorzunehmen pflegten, wenn sie uns in den Schlaf wiegten, nur muß man sich die-

ses in gröberem Ausmaß denken. Dann erhoben sich zwanzig Männer mit dem Bikman Makiri an der Spitze und umschritten das barlum. Überall wurden Feuer angezündet, und die Bukaua-Leute ließen wieder ihre mächtigen Weisen ertönen, halb Schlachtgesang, halb Kinderchor, in schönem, großstiligem Rhythmus … Es war ein ergreifendes Bild zu sehen, wie die dunklen Gestalten vom Schein des flackernden Feuers beleuchtet dort saßen. Ihre wilden, unheimlichen Moll-Gesänge paßten in diese düstere Szenerie. Es liegt etwas Gewaltiges und Erhabenes in diesen melodischen Rhythmen, die ich mich vergeblich bemühte, im Gedächtnis zu behalten. Von Zeit zu Zeit wurde ein kräftiger Tusch ausgestoßen: e joo jaoo. Er klang wie ein wildes Geheul in immer tiefere Tonarten aus … Am Ende stimmte wir drei Weißen, um nicht zurückzustehen, da Lied an: Oh, wie wohl ist mir am Abend."

einem von ihnen die Hand entgegenstreckte, rannte er Hals über Kopf in die Büsche. Es war zum Lachen, mit anzusehen, wie diese baumstarken Männer zitterten, wenn sie mir die Hand reichten, und wie sie schnell zurückwichen und zur Seite sahen und nicht wagten, mich anzublicken."

„Mein Erscheinen auf dem Dorfplatz rief ebenfalls einen panischen Schrecken hervor, wieder liefen die Männer davon. Die Frauen versteckten sich schnell in den Hütten, die Türen hinter sich schließend, die Kinder schrien, die Hunde zogen den Schwanz ein und begannen zu heulen. Ich setzte mich nieder. Nach einer kurzen Zeit kamen fast alle, die davongelaufen waren, hinter den Hütten wieder zum Vorschein."

„Meine Kenntnis der Mundart von Bongu kam mir hier nicht zustatten. Nur mit Hilfe eines Dolmetschers konnte ich erklären, daß ich die Absicht hätte, heute im Dorfe zu bleiben und hier zu übernachten. Man möge mir eine Hütte anweisen. Ich fügte hinzu, daß ich gegen Messer je ein Exemplar eines Beuteltieres, ‚Kuskus' oder ‚mab' genannt, eintauschen möchte, auch einen Kasuar, einen großen Erdvogel, der einen nackten Hals hat. Dann sah ich mir das Dorf an."

„Tengum-Mana war direkt auf dem Bergrücken angelegt. In der Mitte zog sich ein recht breiter Weg hindurch, an seinen beiden Seiten standen die Hütten, hinter denen die steilen, mit dichtem Grün bewachsenen Abhänge abfielen. Zwischen den Hütten und hinter ihnen reckten sich zahlreiche Kokospalmen in die Höhe, am Abhang weiter unten waren Arecapalmen gepflanzt, die hier, zum großen Neid aller Nachbardörfer, zahlreich sind. Auf ihnen wachsen die Betelnüsse."

„Die Mehrzahl der Hütten war von bedeutend geringeren Ausmaßen als in den Küstendörfern. Alle sind sie auf eine Art gebaut: sie haben einen ovalen Unterbau und bestehen fast ausschließlich aus dem Dach allein. Vor einer kleinen Tür befindet sich ein halbrunder Platz unter einem ebensolchen Dach, das sich auf zwei Pfähle stützt. Auf diesem Platze kochen, essen und arbeiten die Frauen, durch das Dach vor der Sonne geschützt. Man führte mich zu einem solchen Platz. Ich zeichnete die Hütte mit den großen geschnitzten Ahnenbildern."

„In einiger Entfernung lagerten sich viele Einwohner, und ich hatte eine günstige Gelegenheit, ihre Gesichter zu betrachten, da sie sich mit den Bongu-Leuten in lebhaftem Gespräch befanden. Unter ihnen gab es einige Physiognomien, die der üblichen Vorstellung von Wilden vollauf entsprachen. Inzwischen erzählten meine Begleiter über mich offenbar soviel Schreckliches - ich könnte Wasser verbrennen und mit Feuer töten, Menschen würden von meinem Anblick krank und so weiter -, daß es den Einwohnern von Tengum-Mana anscheinend angst und bange wurde. Viele wollten nicht bleiben, solange ich mich im Dorf aufhielt. Ich war über meine Begleiter wegen einer solchen Einschüchterung der Bergbewohner entrüstet, bis mir einfiel, daß sie mich vielleicht nur zu meiner Sicherheit als einen sehr gefährlichen und mächtigen Menschen beschrieben. Später aber habe ich begriffen, daß sie von meiner Macht nur zu ihrem eigenen Nutzen erzählten und mich als ihren Freund und Beschützer herausstellten."

„Ich war der Fragen, ob ich in Tengum-Mana bleibe oder nach Hause zurückkehren wolle, schließlich so überdrüssig geworden, daß ich mich auf die Pritsche unter dem halbrunden Vordach der Hütte legte und einschlief. Im Halbschlaf hörte ich das Abschiednehmen der Eingeborenen Bongus von denen Tengum-Manas. Nach ein oder zwei Stunden hatte ich mich von der Wanderung des heutigen Morgens ausgeruht und ging in die Umgebung des Dorfes. Man hätte eine sehr weite Aussicht haben können, doch sie war durch die Vegetation behindert. Im Nordosten dehnte sich in der Ferne das Meer, im Osten erhob sich, getrennt durch ein tiefes Tal, Jenglam-Mana, im Westen sah man hinter einer Reihe von Hügeln das steinige Bett des Flusses Kolle, im Südwesten dehnte sich ein Labyrinth von Bergen.“

„Vor dem Eingang vieler Hütten hingen Knochen, bei einigen auch Menschenschädel, allerdings ohne Unterkiefer. Als ich vor eine der Hütten meinen Tisch hinstellte, mich auf die zusammenklappbare Bank setzte, die Mappe mit dem Papier und die Camera lucida herausnahm, wichen die Eingeborenen zurück, einige liefen davon. Da ich ihren Dialekt nicht kannte, versuchte ich gar nicht erst, mit ihnen zu sprechen und begann schweigend, wieder die Hütte zu zeichnen. Einige Eingeborene näherten sich von neuem, so daß es mir gelang, zwei Porträts zu zeichnen, eines von ihnen ist das Porträt jenes Menschen, von dem ich sagte, daß sein Äußeres unserer Vorstellung von Wilden besonders entspricht. Doch da die Wildheit nicht in den Gesichtszügen liegt, sondern in dem Ausdruck und dem schnellen Wechsel des Ausdrucks, sowie in der Beweglichkeit der Gesichtsmuskeln, so hatte ich, nachdem die Linien des Profils auf das Papier übertragen waren, eine sehr unbefriedigende Kopie des Originals erhalten.“

„Unter ihnen saß in der Nähe des Feuers ein Eingeborener, den ich schon vorher bemerkt hatte, er rief und kommandierte und redete mehr als die anderen, und man gehorchte ihm. Er war es auch, der hauptsächlich das Gespräch mit den Bongu-Leuten geführt hatte. Obwohl er sich von den übrigen durch keinen äußeren Schmuck unterschied, so ließ mich doch sein Verhalten vermuten, daß er die wichtigste Persönlichkeit in Tengum-Mana sei. Solchen Menschen, die übrigens, soweit es mir bekannt ist, keine besondere Bezeichnung haben, begegnet man in allen Dörfern. Ihnen gehören häufig Buamramren. Um sie gruppiert sich eine gewisse Zahl von Eingeborenen, die ihre Befehle ausführen. Der Mann hieß Minem. Am Abend wollte ich den Gesang der hiesigen Eingeborenen hören, um ihn mit dem der Küstenbewohner zu vergleichen, doch keiner konnte sich dazu entschließen. Ich hielt es daher für das Vernünftigste, mich früh schlafen zu legen.“

„Mit den ersten Sonnenstrahlen des nächsten Morgens stand ich auf. Auf dem Platz saßen alle Dorfbewohner im Halbkreis. In ihrer Mitte hielten zwei Eingeborene auf den Schultern einen langen Bambusstab, an dem ein Schwein hing. Minem trat mit einem grünen Zweig in der Hand an das Schwein heran und hielt unter allgemeinem Schweigen eine Rede, der ich entnahm, daß dieses Schwein von den Einwohnern Tengum-Manas mir zum Geschenk gemacht würde. Die Leute dieses Dorfes würden es in mein Haus hinuntertragen. Ich solle es dort mit einem Speer erstechen. Das Schwein würde schreien und dann sterben. Ich solle die Borsten absengen, es aufschneiden und aufessen.“

„Minem beendete seine Rede damit, daß er den grünen Zweig hinter die Lianen steckte, mit denen das Schwein an den Stock gebunden war. Alle bewahrten tiefes Schweigen und warteten auf etwas. Mir war es klar, daß sie auf meine Antwort warteten. Ich trat also an das Schwein heran, und nachdem ich meine ganzen Kenntnisse der Mundart von Bongu zusammengerafft hatte, antwortete ich Minem, wobei ich die Freude hatte, daß man mit meinen Worten zufrieden war. Nach kräftigem Händeschütteln beeilte ich mich, aus dem Dorf herauszukommen, da die Sonne bereits hoch am Himmel stand."

„Als ich an der letzten Hütte vorüberging, sah ich ein Mädchen, das in den Händen eine mit den Enden zusammengebundene Schnur drehte. Ich blieb stehen und sah mir das an. Mit einem selbstzufriedenen Lächeln wiederholte es seine Kunststücke. Es stellte sich heraus, daß es die gleichen waren wie jene, mit denen sich die Kinder in Europa beschäftigen. Ich ging zum Fluß hinunter, zog mich wie gestern aus, und wir marschierten los, dem Flußbett abwärts folgend. Beim Übergang über den Fluß bemerkten die Eingeborenen eine Menge kleiner Fische. Sie warfen mit Steinen nach ihnen, die oft ihr Ziel nicht verfehlten. Die getöteten Fische wurden aufgesammelt, in Blätter gewickelt und für das Abendbrot aufbewahrt. Bei Sonnenuntergang war ich wieder in meiner Hütte ..."

Kurz nach dieser Expedition zu dem Bergdorf Tengum-Mana waren die tamo boro, die angesehensten Männer der umliegenden Küstendörfer, zu Maclay gekommen mit einer - wie er schreibt - seltsamen Bitte: Sie wollten, daß er für immer bei ihnen bleibe, sich ein, zwei, drei oder soviele Frauen nehme, wie er wünschte. Sie sagten das sehr ernst und feierlich und wiederholten einer nach dem anderen immer dasselbe, so daß Maclay merkte, daß sie nach langen Beratungen zu ihm gekommen waren. Er antwortete ihnen: Sollte er fortgehen, würde er auf jeden Fall wiederkommen. Ehefrauen brauche er nicht. Maclay fügte hinzu: „Frauen reden zu viel und zu laut." Seine Antwort hat sie nicht befriedigt.

Die Aufregung, die dieser Expedition folgte, legte sich bald. Maclays Notizen enthalten wieder Alltägliches: „Ich blieb heute in Gorendu. Es war still. Frauen suchten auf dem Kopfe ihrer Kinder nach Flöhen. Plötzlich ertönte ein durchdringendes Klagegeheul. Es war eine weibliche Stimme. Eine Frau kam aus ihrer Hütte, beide Hände vor den Augen ging sie langsam mit singender Stimme. Hinter ihr folgten weitere Frauen und Kinder, die ebenfalls den Kopf hängen ließen. Ich fragte: Worüber weint denn Kolol? Es stellte sich heraus, daß nachts ihr größtes Schwein krepiert war, als es versucht hatte, sich zwischen den Pfählen des Gartenzauns hindurchzuzwängen. Sie hatte das Schwein aufgezogen und an ihrer Brust genährt."

Im Herbst 1872 notiert Maclay: „Regen, immer Regen, es tropft auf den Tisch, das Bett, die Bücher, das Chinin geht zur Neige. Das Fieber entkräftet mich langsam. Heute nacht stürzte die Veranda krachend zusammen. Die Ameisen haben die Pfeiler ausgehöhlt. Am Morgen kam Tui. Es goß immer noch in Strömen. Er bat mich, dem Regen Einhalt zu gebieten. Sie und auch die Bongoleute hätten es vergeblich versucht, ihr ‚onim' wirke zur Zeit nicht. Ich erfuhr wieder viel Interessantes aus seinem Denken. Ich bat ihn, er sollte mir seine Beschwörungen vormachen. Tui ist überzeugt, daß ich den Regen beenden kann, aber nicht auf ihre Bitte eingehen will.“

Hundert Jahre später erlebt der deutsche Ethnologe Hans Fischer[13] folgende Geschichte in einem Dorf, zweihundert Kilometer von Gorendu entfernt. Ein Mann erzählt ihm, es sei einmal ein Weißer gekommen, ohne Lebensmittel mitzubringen. Er habe bei ihnen gelebt und sein Essen von den Toten erhalten, nachts. Dieser Weiße sei in Wirklichkeit ein Geist gewesen, ein Geist ihrer Ahnen. Er sei mit einer einmotorigen Cessna gekommen. Fischer sagte zu Dziru, so hieß der Mann : Aber das kann doch nur ich gewesen sein, als ich 1958 zu Euch kam, du hast doch selber meine Sachen, auch die Lebensmittel, von der Cessna ins Dorf getragen. Ja, sagte Dziru, das stimmt, aber wenn unsere Leute sterben, dann werfen sie ihre schwarze Haut ab und bekommen eine weiße wie deine. Darauf fragte Fischer: Du denkst also, ich bin ein Mann, der früher hier starb und dann zurückgekommen ist? Dziru, ein Christ und früherer Missionslehrer sagte: Ja, so ist es, wir denken das.

Am 20. September 1872 schreibt Maclay in sein Tagebuch: „Heute ist genau ein Jahr vergangen, seit ich die Küste Neuguineas betreten habe. In diesem Jahr habe ich den Boden für viele Jahre der Erforschung dieser interessanten Insel vorbereitet und das volle Vertrauen der Eingeborenen gewonnen. Ich bin mit Freuden bereit, einige Jahre an dieser Küste zu bleiben. Doch drei Tatsachen zwingen mich zum Nachdenken: erstens geht der Vorrat an Chinin zur Neige, zweitens trage ich das letzte Paar Schuhe und drittens sind mir nicht mehr als etwa zweihundert Zündhütchen geblieben.“

Am 18. Dezember kündigte eine Rauchfahne am Horizont die Ankunft eines Schiffes an. Maclay fährt dem Schiff entgegen. Es ist der russische Klipper ‚Isumrud‘. Mehrere Papua begleiten ihn. Die Matrosen stehen auf den Rahen. Als sie in ein dreifaches Hurra ausbrechen, springen die Papua vor Schreck aus Maclays Schaluppe. Mit Mühe kann er sie schließlich bewegen, mit ihm die ‚Isumrud‘ zu besuchen. An Bord hielten sie sich an ihm fest. Maclay ließ sich ein Tau bringen, band es um seinen Leib und überließ die Enden seinen Papua. So führte er sie über Deck. Erst als sie zwei lebende Bullkälber entdeckten, tauten sie auf. Sie gehörten zum Proviant der Besatzung und sollten ein Nachspiel haben, als Maclay 1883 zum dritten und letzten Mal in die Astrolabe-Bucht zurückkehrte.

In den Erinnerungen des Leutnants Rakowitsch, der schon mit der „Witjas“ 1871 in der Astrolabe-Bucht war, werden übrigens die Papua am Tau Maclays und ihr Überbordspringen nicht erwähnt, obwohl Rakowitsch alles andere ausführlich beschreibt.

Maclays Freunde aus den Küstendörfern beschworen ihn nun ein letztes Mal, bei ihnen zu bleiben. Maclay sagte daraufhin dem Kapitän, er habe als Ethnologe noch viel hier zu tun und bat um Proviant, Chinin und Kleidung. Statt seiner solle er Olson mitnehmen. Maclay merkte, daß man an seinem Verstand zweifelte. Der Kapitän schlug ihm eine Erholungszeit in Australien vor. Maclay ging schließlich darauf ein. Seit damals will jene Meinung der Ethnologen nicht verstummen - in Deutschland wurde sie noch 1989 in der „Zeitschrift für Ethnologie“[14] geäußert - aus Nikolai Mikloucho-

Maclay sei eine Art Wilden-Heiliger geworden. Natürlich hatten es alle seine Nachfolger unter dem Schutzdach der Kolonialmächte leichter, Feldforschung zu betreiben.

Dreieinhalb Jahre später, im Juni 1876, kehrte Maclay zurück zu seiner Küste. Er blieb dort bis November 1877. In dieser Zeit starben im Dorf Gorendu zwei Menschen, offensichtlich an Krankheiten, einer war Tuis älterer Bruder. Schuld an diesen Todesfällen hatten für die Gorendu-Leute die Bergbewohner. Nur mühsam konnte Maclay einen Kriegszug verhindern. Schließlich verbot er ihn. Tui verstand das nicht. Er überlegte, ob das Verbot überirdischer Herkunft sei und fragte Maclay, ob er sterben könne. Maclay dachte nach. Ihm war die Herausforderung bewußt. Schließlich nahm er seinen Hut ab, sah in die Runde, gab Saul, den er sehr schätzte, einen Speer und blickte ihn lange an. Dann sagte er: „Sieh zu, ob Maclay sterben kann.“ Saul rührte sich nicht.

Die archaische Gesellschaft, in der Maclay damals lebte, ist vielleicht noch ein Abbild der menschlichen Urgesellschaft. Herrschaft hat darin nicht ökonomische Gründe, eher ökonomische Folgen. Bikmen wie Tui sind Vertreter ihrer Verwandtschaftsgruppen gegenüber Göttern und Ahnen. Ihre Macht ist nicht erblich oder mit Zwangsmitteln ausgestattet. Sie beruht auf dem persönlichen Charisma sich wiederholender Erfolge gegenüber irdischen und überirdischen Kräften. Dieses Charisma heißt in Melanesien ‚mana‘. Das polynesische ‚mana‘ ist bereits von seinem Inhaber ablösbar, kann übertragen und vererbt werden. Macht und Ansehen eines melanesischen Bikman bestand solange, wie ihm Charisma oder ‚mana‘ anhaftete.

Der Rivale um Tuis ‚mana‘ wurde Maclay. Dabei dämmerte es Tui schließlich, daß Maclay weniger ein Vertreter seiner Dorfgemeinschaft war, als umgekehrt ein Vertreter überirdischer Kräfte. Auch Maclay bemerkte das am Verhalten Tuis. Darum war er sich seiner sicher, als er Saul den Speer in die Hand gab und sagte: „ Sieh zu, ob Maclay sterben kann.“ Hier wiederholte sich vielleicht zum letzten Mal das Wetterleuchten einer neuen Herrschaftsform aus den frühen Tagen der Menschengeschichte: Der Übergang von der Stammesgesellschaft zum archaischen Staat.[15]

Als am 10. November 1877 der Schoner „Flower of Jarrow“ kam, um Maclay zum zweiten Male abzuholen, verließ er die Küste, die inzwischen seinen Namen trug, mit zwiespältigen Gefühlen. Er hatte bemerkt, daß auch dort jetzt die Zahl der Händler zunahm. Er hatte erlebt, wie sie mit den Eingeborenen umgingen. Vor seiner Abreise warnte er sie, daß wahrscheinlich Menschen kommen würden, Weiße wie er, und viele von ihnen entführen würden. Wenn ihre Schiffe kämen, sollten sie in die Berge gehen. Maclay fühlte sich inzwischen als Schutzherr der Eingeborenen. Ihr Verhalten bestärkte ihn darin. Beim zweiten Aufenthalt an seiner Küste muß ihm die Idee einer Schutzherrschaft gekommen sein. Er beschloß, das Gebiet zu erwerben.

In Sydney erfuhr er von dem Plan, aus Neuguinea eine Kolonie zu machen. Er schrieb an den britischen Hochkommissar Sir Arthur Gordon: „Ich habe mich entschlossen, meine Stimme im Namen der Menschenrechte zu erheben ... für Tausende von Menschen, die einer anderen Rasse als unserer angehören und denen, weil sie schwach sind, die Vernichtung droht." Es dauerte fast sechs Jahre, bis er nach Neuguinea zurückkehren konnte. Was er dann in diesen fünf Tagen an der Maclay-Küste erlebte, wird er noch einmal selber erzählen:

„Am 18. März setzten der Admiral, einige Offiziere und ich zum Ufer bei dem Dorf Bongu über. Es kam mir dieses Mal irgendwie kleiner und verwahrloster vor als in den Jahren 1876-1877. Mein alter Freund Saul erzählte mir lange Geschichten. Ich merkte, daß ich Tui noch nicht gesehen hatte, und unterbrach das Gespräch mit der Frage nach ihm. ‚Tui muen sen', Tui ist gestorben, antwortete mir Saul."

„Unter den Eingeborenen Bongus rief es eine große Aufregung hervor, als ich erklärte, daß ich für sie einen Stier, eine Kuh, einen Ziegenbock und Ziegen mitgebracht hätte. Alle sprachen die Namen dieser Tiere nach, alle wollten die Tiere sofort sehen. Ich erklärte, daß sie für das mitgebrachte Vieh einen Flechtzaun bauen müßten, damit die Tiere nicht auseinanderliefen. Die Eingeborenen redeten viel, doch keiner machte sich an die Arbeit."

„Bereits früher hatte ich mich davon überzeugen können, daß es ein Fehler ist, wenn man den Eingeborenen irgendeine Sache zur allgemeinen Nutzung, also allen zusammen, gibt und nicht ausschließlich einem einzelnen. Keiner von ihnen wird sich nämlich um gemeinschaftliches Eigentum kümmern. Es schien mir aber ebenfalls nicht richtig zu sein, das mitgebrachte Vieh irgendeinem einzelnen zu schenken oder aber ein Tier mehreren Personen zu geben. Ich sagte, daß ich den Stier, die Kuh und die Ziegen bei Sonnenuntergang bringen würde, und ging dann zu der Stelle, wo in den Jahren 1876-1877 mein Haus gestanden hatte."

„Dort angekommen, erkannte ich die Gegend fast nicht wieder. Unter den Bäumen, die einst mein Haus umgaben, wuchs jetzt überall hohes Strauchwerk. An Stelle der breiten Wege, die wir immer in großer Sauberkeit gehalten hatten, befanden sich jetzt nur noch zwei Pfade, auf denen man nur mühsam vorwärts kommen konnte."

„Ich ging direkt zu der Stelle, wo früher meine Hütte stand. Zwischen den Sträuchern fand ich noch Reste von Pfählen. Das war alles. Als ich daran zurückdachte, mit welcher Mühe ich mir das Haus baute, mit welcher Geduld ich die Plantage anlegte, konnte ich nur schwer glauben, daß fünf bis sechs Jahre genügten, um alles wieder in einen Urwald zu verwandeln. Ich befahl den begleitenden Eingeborenen, jenen Platz zu säubern, wo ich im Jahre 1877 Mais angepflanzt hatte. Ich schickte die Eingeborenen nach Wasser und begann selbst, die jungen Pflanzen auszusetzen und die Samen, die ich mitgebracht hatte, auszusäen. Die Eingeborenen scheinen sich wieder für all das zu interessieren, aber ich war mir nicht mehr sicher, ob meine Experimente gelingen würden."

„Als ich endlich die Stelle erreicht hatte, an der vor sechs Jahren noch das Dorf Gorendu stand, war ich über ihr verändertes Aussehen überrascht. An Stelle eines großen Dorfes sind nur zwei bis drei Hütten übriggeblieben, alles ist bis zur Unkenntlichkeit zugewachsen. Mir wurde plötzlich so traurig zumute, daß ich mich beeilte, wieder an das Meer zu kommen und auf der Korvette zurückzufahren. Das Ausbleiben jeder freundschaftlichen Demonstration mir gegenüber von seiten der Papua erschien mir seltsam. Die Einwohner von Bongu, Gorendu und Gumbo standen alle schweigend am Ufer, als wir das Vieh an Land brachten. Zwei Matrosen hielten die Enden der Stricke, die an die Hörner des jungen Stieres angebunden waren. Der Stier sprang aus der Barkasse ins Wasser, dann schwamm und trabte er dem Ufer zu, so daß es für die Matrosen nicht leicht war, ihn festzuhalten. Der Stier lief am Ufer entlang und zog die laufenden Matrosen hinter sich her. Es war äußerst spaßig, mit anzusehen, wie etwa hundert Eingeborene beim Anblick eines für sie neuen Tieres nach allen Seiten auseinanderstoben. Die einen kletterten auf die Bäume, die anderen stürzten sich in das Meer."

„Dem jungen Stier folgte die Kuh, die sich bedeutend ruhiger als dieser verhielt. Hinter ihr erschien der Ziegenbock in Begleitung der Ziegen. Die Matrosen führten sie an Stricken. Diese ganze Prozession nahm ihren Weg ins Dorf. Ich eilte, um die notwendigen Anordnungen zu erteilen. Im Dorfe war für den Stier und die Kuh der Flechtzaun errichtet, der eine etwa 15 Quadratmeter große Fläche einschloß."

„Ich hatte den Eingeborenen vorgeschlagen, den Ziegenbock und die Ziegen in einer ihrer Hütten unterzubringen. Ein Matrose bemerkte, man solle doch den Eingeborenen zeigen, wie Ziegen gemolken werden. Als ein Matrose die Ziege zu melken begann, liefen alle Eingeborenen zusammen, um dieses Wunder mit anzusehen. Aber keiner wagte, die Milch zu probieren, die zu guter Letzt von den Matrosen getrunken wurde."

„Die Sonne ging bereits unter, als Rufe der Eingeborenen mich veranlaßten, meine Aufmerksamkeit dem jungen Stier zuzuwenden. Ich eilte zum Flechtzaun und sah, daß es dem Stier gelungen war, den oberen Teil des Zaunes an einer Stelle mit den Hörnern aufzureißen. Die zusammengelaufenen Eingeborenen versetzten den armen Teufel in Wut. Er rannte mit gesenktem Kopf gegen den Zaun, und es flogen weitere Stücke aus dem Flechtwerk. Da der junge Stier sich immer wieder auf den Zaun stürzte, mit dem sichtlichen Vorsatz, ihn zu überspringen, so gelang es ihm endlich. Er jagte wie toll durch das Dorf. Die Eingeborenen versteckten sich. Ich blieb allein zurück und sah, wie es der Kuh ebenfalls gelang, die Umzäunung zu überspringen und dem Stier hinterherzulaufen. Ich schickte die Eingeborenen hinterher, um zu verhindern, daß der Stier im Wald verschwand. Ich werde mich kurz fassen. Die ganze Geschichte endete damit, daß unser Experiment nicht gelang. Es war schon dunkel, als wir auf die Korvette zurückkehrten."

Maclay war enttäuscht. Man spürt es aus seiner Beschreibung der letzten Stunden, die er an seiner Küste verbrachte: „Am 19. März lichtete die Korvette ‚Skobelew' bei Tagesanbruch den Anker und fuhr mit Kurs auf die kleine Insel Bili-Bili davon. Es war beabsichtigt, eine kartographische Aufnahme des Großfürst-Alexej-Hafens zu machen. Dabei war es wichtig, Dolmetscher zu haben. In Bili-Bili rechnete ich damit, irgendeinen Bekannten zu finden, der bereit wäre, mit uns zu fahren. Ich begab mich in das Dorf. Am Ufer erwartete uns eine große Menge, die mich erkannt hatte. Um keine Zeit mit unnötigen Verhandlungen zu verlieren, machte ich ihnen den Vorschlag, mir auf die Korvette zu folgen, und versprach ihnen Tabak und Nägel. Als die Eingeborenen sich dann an Deck befanden, waren sie verwirrt und baten mich, sie nach Hause zu lassen. Ich sagte aber, daß ich ihre Hilfe brauchte. Ich teilte freigebig aus, was ich ihnen versprochen hatte, und entließ alle mit Ausnahme von Kain, Gassan und Maramaj. Als die Korvette sich aber in Bewegung setzte, mußte ich Kain fast mit Gewalt zurückhalten, Gassan aber, der einen günstigen Augenblick abgepaßt hatte, kletterte auf das Schanzdeck und sprang von dort ins Meer. Kain und Maramaj folgten seinem Beispiel." Soweit Maclay, der vielleicht mit Recht vermutete, daß inzwischen Sklavenhändler die Eingeborenen mißtrauisch gemacht hatten.

Bei seiner Rückkehr nach Australien heiratete Maclay die Tochter des Gouverneurs Robertson in Sydney. Er verfaßte Eingaben an den englischen Premierminister Gladstone und an den Reichskanzler Bismarck, Neuguinea nicht zu annektieren. Er schrieb ihnen im Namen der Eingeborenen. Ernst wurde er nicht genommen. Als Neuguinea im folgenden Jahr 1884 englisches und deutsches Schutzgebiet wurde, versuchte er, Zar Alexander III. für seine Maclayküste zu interessieren. Der Zar empfing ihn persönlich, lehnte aber eine russische Kolonie in Neuguinea ab. Maclay warb nun in Zeitungsanzeigen für eine Siedlerkolonie an ‚seiner' Küste. Zweitausend Landsleute meldeten sich. Wie er sich deren Verhältnis zu den Eingeborenen vorstellte, wissen wir nicht. Vermutlich wollte er die Führung einer solchen Kolonie selber übernehmen. Alle seine Pläne scheiterten schließlich. Maclay war nahezu mittellos. Seiner Frau und den beiden Söhnen gewährte nach seinem Tod die Zarin eine Pension.

Am 25. September 1886 schrieb Leo Tolstoi an Nicolai Miklouchо-Maclay: „Ich las mit Freude Ihre Reiseberichte. Es begeistert mich, daß Sie bewiesen haben, daß der Mensch überall ein Mensch ist, dem man nicht mit Kanonen und Wodka begegnen sollte ... Mit Gewaltanwendung zu regieren, ist überlebter Humbug. Deshalb, bei allem, was mir heilig ist, schildern Sie mit größter Genauigkeit alle die Beziehungen von Mensch zu Mensch, die Sie dort eingegangen sind. Schreiben Sie diese Geschichte. Sie erweisen der Menschheit einen Dienst!"[16]

Maclay folgte Tolstois Rat, obwohl ihn in den letzten achtzehn Monaten die Malaria und ein Lungenleiden verzehrten. Er holte noch persönlich seine Papiere, Präparate und die Sammlungen aus Sydney nach St. Petersburg. Er begann noch mit der Ordnung seiner Tagebücher. Aber während er die ersten Korrekturbögen las, starb Nikolai Miklouchо-Maclay am 15. April 1888 im zweiundvierzigsten Lebensjahr.

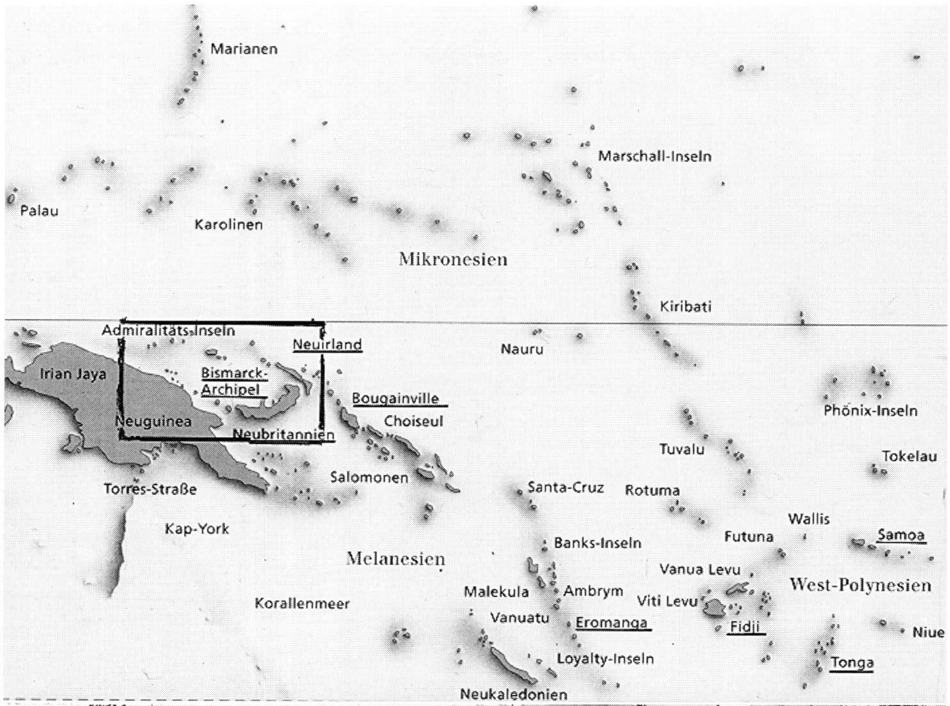
Marianen
Marschall-Inseln
Palau
Karolinen
Mikronesien
Kiribati
Admiralitäts-Inseln
Neuirland
Nauru
Irian Jaya
Bismarck-Archipel
Bougainville
Choiseul
Phönix-Inseln
Neuguinea
Neubritannien
Tuvalu
Tokelau
Salomonen
Torres-Straße
Santa-Cruz
Rotuma
Kap-York
Wallis
Banks-Inseln
Futuna
Samoa
Melanesien
Vanua Levu
Malekula
Ambrym
West-Polynesien
Korallenmeer
Viti Levu
Vanuatu
Eromanga
Fidji
Niue
Loyalty-Inseln
Tonga
Neukaledonien

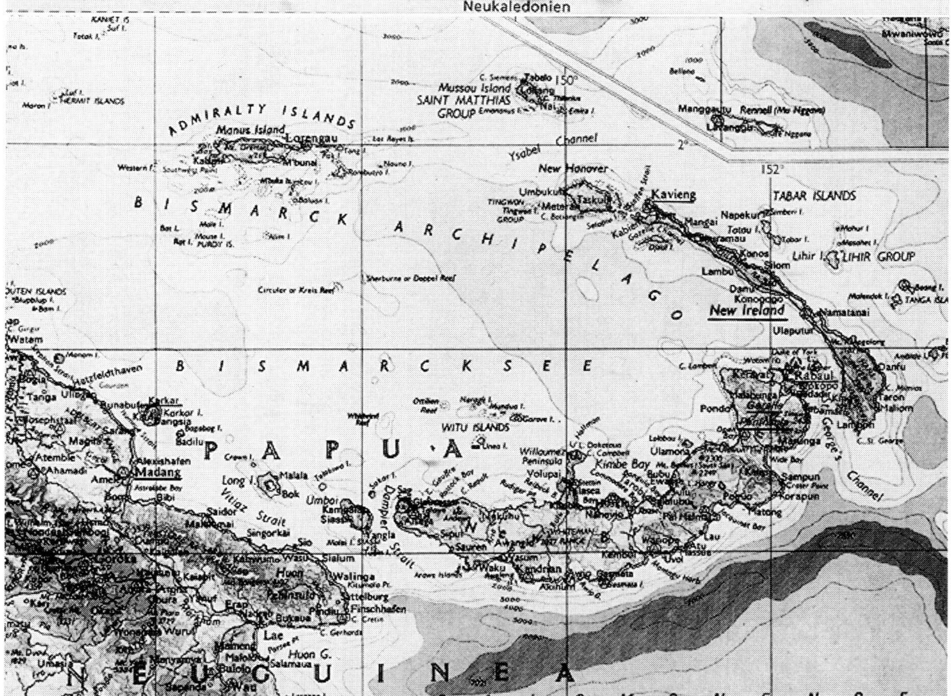
ADMIRALTY ISLANDS
Manus Island
Lorengau
SAINT MATTHIAS GROUP
Mussau Island
New Hanover
Kavieng
TABAR ISLANDS
Lihir I.
LIHIR GROUP
BISMARCK ARCHIPELAGO
New Ireland
BISMARCKSEE
Rabaul
Karkar
Madang
PAPUA
WITU ISLANDS
Kimbe Bay
Long I.
Umboi
Vitiaz Strait
Dampier Strait
Huon Peninsula
Finschhafen
Lae
Salamaua
NEUGUINEA
SALOMONENSE
St. George's Channel

Lebensläufe II
Talili: Kennen wir Kannibalen?

Anfang 1878 kam es auf Neubritannien, der größten Insel Papua-Neuguineas, zu einem folgenschweren Mord. Auf Veranlassung des Clan-Chefs Talili, einem Bigman[17] des Tolai-Stammes, wurden oberhalb der späteren Hauptstadt Rabaul vier Missionare gespeert. Die Papuas zerlegten die frischen Leichen und verteilten die Leichenteile auf verschiedene Dörfer. Dort wurden sie auf heißen Steinen geröstet und als Reliquien verzehrt. Dies geschah zur Einverleibung ihrer offenbar überlegenen Kräfte. So erklären es sich die Missionare. Die getöteten Missionare gehörten der methodistischen Mission an und waren keine Weißen, sondern Eingeborene der 3000 Kilometer entfernten Fidji-Inseln. Dort wurden sie zehn Jahre zuvor von dem australischen Missionar George Brown zum Christentum bekehrt. Ob auch Brown an den Kannibalismus der Papua glaubte, ist unklar.

Zwanzig Monate vor ihrer Tötung, am 15. August 1875, landeten diese Missionare mit Brown vor der Küste Neubritanniens auf den Duke of York-Inseln An diesem 15. August 1875 begann in Papua-Neuguinea eine neue Zeit. Am gleichen Tag nämlich lag nur zwanzig Kilometer entfernt die „Gazelle", ein deutsches Forschungsschiff, denn auf den Duke of York-Inseln gab es bereits einige Cocos-Händler der Hamburger Firmen Godeffroy und Hernsheim. Die Händler hatten seit 1873 vergeblich versucht, in Neubritannien Fuß zu fassen. George Brown und seine Fidjianer waren die ersten, denen das gelang. Damit begann hier ein Jahrhundert der Europäisierung und Akkulturation. Es endete 1975 mit der Proklamation des freien Staates Papua-Neuguinea, in dem Talilis Tolai heute eine bedeutende Rolle spielen.[18]

Im ersten Jahr, 1876, errichteten Browns Missionare elf Missionsstationen bei den Tolai-Stämmen der Gazelle-Halbinsel. Wie damals ein solcher Erstkontakt mit Steinzeitmenschen aussah, hat George Brown so beschrieben: Wir waren wohl die ersten Weißen an diesem Strand. Es gab viele Eingeborene in dieser Bucht, alle waren bewaffnet. Wir versuchten sie freundlich zu stimmen. Ich zeigte auf ihre Yamswurzeln. Plötzlich wollte mir ein Mann mein rotes Tuch aus der Brusttasche reißen. Mir entfuhr unfreiwillig ein Schrei, und im gleichen Augenblick richteten sich vierzig oder fünfzig Speere auf uns. Hätten wir jetzt mit dem geringsten Zeichen von Angst reagiert, oder mit einem Fluchtversuch, wäre uns nicht mehr zu helfen gewesen. Ich zog mein Tuch aus der Brusttasche und zeigte es dem Mann. Die anderen senkten darauf ihre Speere und drängten den Mann beiseite. Der Handel kam zustande. Soweit der gekürzte Text aus George Browns Tagebuch.[19]

Die Tötung der Missionare ein Jahr später geschah nicht spontan, sie beruhte nicht auf Mißverständnissen, sondern sie war geplant vom Clan-Chef Talili. Brown erkannte sofort, daß Talili damit auf die Absicht seiner Missionare reagierte, jetzt auch die Baining-Stämme des Hinterlandes zu missionieren. Zwei Gruppen von

Bild 21. *Bikman Talili von Kabakada. Foto von George Brown.*

Fidjianern verließen am 6. April 1878 die Missionsstationen Kabakada im Westen und Raluana im Osten der Gazelle-Halbinsel, um sich bei den Bergbewohnern zu treffen. Sie waren unbewaffnet. Warum George Brown nicht teilnahm, wurde nie geklärt.

Kurz bevor beide Gruppen sich trafen, überfielen die Bergbewohner die Kabakada-Gruppe und töteten den Missionar Sailase und zwei Missionslehrer. Ein weiterer, Peni Luvu, entkam und flüchtete zu Talili, wo er sich sicher glaubte. Talilis Wohnsitz lag nahe bei der Missionsstation Kabakada. Der Clan-Chef gab dem erschöpften Fidjianer Cocosmilch zu trinken und schnitt ihm dabei die Kehle durch. Missionar Heinrich Fellmann hat später die Lichtung fotografiert, in welcher der Mord geschah. Auf dem Foto korrigierte Fellmann handschriftlich die fehlerhafte Bildunterschrift in Browns Autobiographie.

Dieser Mord war der Beginn eines Tolai-Aufstandes gegen die Fremden. Es ist George Brown zu verdanken, daß sie nicht alle umkamen. Seine Reaktion auf den Mord war ungewöhnlich. Sie zeigt, daß er der einzige war, der Talilis Gedankengänge nachvollziehen konnte. Neben dem Christentum - das aber Talili nie annahm - hatte Brown ihm Eisen, Tabak und rote Tücher gebracht. Talili handelte damit. So hatte sich sein Einfluß auf die Bewohner des Hinterlandes erhöht. Jetzt wollten die Missionare zu diesen Bergstämmen. Also hatte Talili die Missionare töten lassen. Dafür verlangte Brown von Talili nun eine Ausgleichszahlung. Das verstand Talili. Brown forderte das übliche Muschelgeld für die Einverleibung der Misssionare auf Drängen seiner Fidjianer und forderte auch die Knochen ihrer Landsleute, um sie zu beerdigen. Er verlangte das von allen Dörfern, die sich daran beteiligt hatten. Er werde persönlich kommen, um das Diwara abzuholen. Bei Zahlungsverweigerung kündigte er eine Strafexpedition an. Brown verhandelte also mit Talili wie mit einem Geschäftspartner. Damit gewann er Zeit, denn Brown befand sich, als er die Mordnachricht erhielt, gerade auf den Duke of York-Inseln, so daß die Witwen und Kinder der Ermordeten in Neubritannien Geiseln Talilis waren.

Brown erreichte Kabakada mit dem Schiff am 11. April. Am Tag darauf schickte Talili ihm folgende Botschaft: „Ich habe eine Kostprobe deiner Missionare für dich aufbewahrt." Der Sinn dieses Satzes war schwer zu verstehen. Niemand wußte, ob das Wort „Kostprobe" in der Tolai-Sprache nicht auch „Knochen" heißen konnte. Brown gelang es, noch am 13. April die Angehörigen der ermordeten Fidjianer auf die Duke of York-Inseln in Sicherheit zu bringen, und dort versammelte er alle Europäer zu einer Gegenaktion.

An dieser Stelle muß ich etwas über die Weißen sagen, die in diesen traurigen Tropen lebten. Eine Hälfte starb bald nach der Ankunft an Malaria, Ruhr oder Frambösie. Über das Leben der Überlebenden können wir uns wieder aus Browns Tagebuch ein Bild machen. Kurz vor dem Missionarsmord hatte er sie auf ihrer Handelsstation besucht. Damals notierte er: „Auf der Station waren alle krank. Herr Blohm von der Firma Hernsheim lag auf dem Flur in Fieberdelirien und redete laut mit seiner toten Frau. Meine Fidjianer fürchteten sich vor deren Geist und mieden Blohm. Old Jack lag

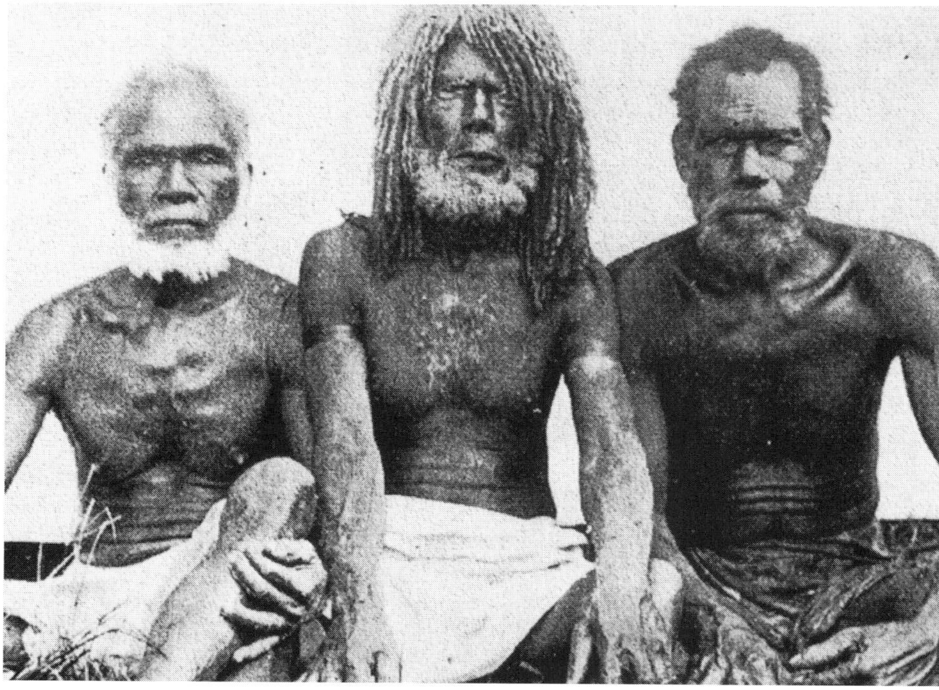

***Bild* 22.** *Drei Bikmen des Iniet-Geheimbundes bei Raluana.*

***Bild* 23.** *George Brown.*

ebenfalls im Delirium. Die anderen hatten ihn in einen Kasten gelegt. Er lachte dauernd. Mister Young lag auf einer Matte, bewußtlos. Alle hatten gleichzeitig Malariafieber. Draußen hockten der Kapitän der Ketsch „Star of the East" und ein deutscher Zimmermann, ebenfalls krank, aber bei Bewußtsein. Diese fünf Weißen konnten sich nicht einmal Tee kochen. Schließlich tauchte am Horizont ein kleines Schiff auf. Die Flagge stand auf Halbmast. Ein Händler brachte seine tote Frau. Ich begrub sie am gleichen Abend."

Am 16. April 1878, neun Tage nach dem Mord, landeten diese Weißen, dazu zwei weitere und ein Halbweißer, alles Angehörige der Firmen Godeffroy und Hernsheim, in Neubritannien zusammen mit George Brown und seinen vierzehn Fidji- und Samoamissionaren. Die Strafexpedition teilte sich in zwei Gruppen. Brown, Blohm, Mister Young und ein Samoaner segelten in zwei Booten zu Talili, die andern gingen unter Führung von Herrn Hicks von der Firma Godeffroy in die Berge.

Die Tolai an der Küste und die Bainings in den Bergen lebten in einem komplizierten Gleichgewicht der Kräfte. Handel und Ausgleich von Konflikten geschah an neutralen Plätzen, Friedensorten, die kleinen Supermärkten glichen. In der Bereitstellung solcher Tabubezirke lag Talilis Bedeutung. Die weißen Händler benutzten diese Orte ebenfalls, so daß Talili befürchtete, sein Monopol zu verlieren. Er hatte deshalb die Hütten der Händler verbrannt. Talilis Respekt vor den Hamburger Händlern reduzierte sich auf ihre Gewehre. Bei George Brown war das anders. Brown war vor seiner Bekehrung zur See gefahren und sah in Talili den Kapitän, der jetzt eine Meuterei befürchtete. Wahrscheinlich hatte es Meinungsverschiedenheiten zwischen Brown und seinen Fidjianern über deren geplante Expedition in die Berge gegeben. Nach dem Mord warf ihm die Fidji-Regierung fahrlässige Tötung ihrer Landsleute vor. Sie ließ diese Anklage aber nach einer Untersuchung an Ort und Stelle fallen. Talilis Aktion traf jedenfalls nicht Brown, sondern die Fidjianer.

Brown hatte sich von Beginn an um Talilis Einverständnis bemüht. Seine Meinung war: Mission kann man nur unter Freunden, nicht mit Gewehren betreiben. Fügen wir hinzu, auch Akkulturation ist nur unter Freunden möglich. So kam es zu jener ungewöhnlichen Freundschaft zwischen George Brown und dem Steinzeitmenschen Talili, und ich erzähle Ihnen diese Geschichte, weil sie etwas mit dem Sinn dieser Ausstellung zu tun hat.

Kehren wir zurück zum 16. April 1878. Bei der Strafexpedition unter Hicks wurden alle Dörfer niedergebrannt, die in den Mord verwickelt waren. Kam Widerstand, entschied das Gewehr. George Brown war währenddessen mit seinen zwei Booten in Talilis Bucht bei Kabakada gesegelt. Alle sahen die Rauchfahnen auf den Bergen. Brown verbündete sich mit Talilis Nachbarn, dem Clan-Chef Bulilalai. In der folgenden Nacht aber bestach Talili diesen Nachbarn mit Schweinen und Diwara. Am Morgen sah Brown, wie über hundert Bulilalai-Leute das Anwesen Talilis mit Dracaenablättern magisch unverletzbar machten. Kurz darauf erschienen von See her vierzig Kriegskanus und riegelten die Bucht ab. In jedem saßen vier bis acht Talilileute.

Herr Blohm litt noch unter Fieber. Er lag im Boot von Mister Young. Brown gelang es, mit den Kanus Kontakt aufzunehmen. Die Leute erklärten, sie seien gekommen, weil heute Markttag sei. Brown wußte es besser. Als sie auf Speerweite herangerudert waren, gab Young einen Schuß ab. Ein Tolai wurde verletzt, die Kanus zogen sich etwas zurück. Aber sie näherten sich wieder, als Brown sich dem Strand zuwandte. Young schoß noch einmal, und wieder gab es einen Verletzten. Brown verhandelte mit den Kanuleuten und bot für die Verletzten Muschelgeld an. Sie nahmen es. Schließlich versprach er ihnen das Doppelte, wenn sie abzögen. Das akzeptierten sie. Als die Verbündeten Talilis außer Sicht waren, gingen Brown und Young an Land und brannten Talilis Anwesen nieder. Bulilalai hatte sich mit seinen Anhängern zurückgezogen.

Am Sonnabend, dem 20. April, war die Strafexpedition aus den Bergen zurückgekehrt. Am Sonntag schickte Brown Boten in alle betroffenen Dörfer und bot ihnen Frieden an. Aber er verlangte noch einmal die Zahlung von Muschelgeld für den Tod seiner Missionare und die Rückgabe der Knochen. Diesmal stimmten alle Dörfer zu. Ihre Vertreter trafen sich mit George Brown an einem neutralen Ort. Einer war nicht gekommen: Talili. Ein Festmahl wurde vorbereitet. Dabei wurden die Speisen gemischt, die jeder mitgebracht hatte. Alle konnten nun sicher sein, daß weder Gift noch Zauber darin versteckt war. Man aß gemeinsam. Dann gaben die Clan-Chefs George Brown die Schnüre mit dem Muschelgeld. Am Ende des Festmahles baten einige Dörfer um Missionare. Was Talili betraf, bestand Brown darauf, ihm Zeit zu lassen.

Die Nachricht von der Strafexpedition hatte in Australien ein heftiges Echo.[20] Die meisten Zeitungen stellten sich auf die Seite der Eingeborenen und warfen Brown vor, nach Herrenmanier das Gesetz in die Hand genommen zu haben gegen Wilde, die nur ihre Freiheit verteidigten. Bei der Strafexpedition seien hundert Eingeborene erschossen worden. Die Fidjianer sagten, diese Toten seien angreifende Talilileute gewesen. Brown schätzte ihre Zahl auf sechzig. Eine Nachprüfung ergab zehn Tote. Das Deutsche Reich schickte eine Korvette aus Samoa nach Neubritannien. Konsul Weber verteidigte Brown mit dem Argument, es gäbe dort bisher keine staatliche Exekutive. Brown sagte: „Ich bin der Meinung, daß ich richtig gehandelt habe. Aber ich akzeptiere die Kritik. Ich möchte niemandem wünschen, in eine ähnliche Situation zu kommen."

Im Oktober ging George Brown zu Talili. Sie hatten ein langes Gespräch. Brown schreibt: „Talili stand weit über den Menschen, unter denen er lebte. Führungsqualitäten bewies er gerade in kritischen Situationen. Die Leute fürchteten ihn wegen seiner Schlauheit, achteten ihn aber wegen seiner Standfestigkeit." Einen solchen Mann mochte Brown nicht entmachten, wie es die übrigen Weißen verlangten. Er stellte ihn unter den Schutz der Mission. Die Händler dagegen hatten eine Prämie auf seine Ergreifung ausgesetzt. Sie wußten, daß Talili ein Gewehr besaß. Niemand wußte, wie er dazu gekommen war. Brown übersah das Gewehr, bestand aber auf dem Muschelgeld. Sie einigten sich auf eine Anzahl von Diwara-Schnüren. Als Talili sie überreichte, merkte Brown, daß zwar die Zahl stimmte, aber nicht ihre Länge. Brown schrieb: „Talili hielt mich für dumm. Mir blieb nichts anderes übrig, als sein Diwara zurückzuweisen." Zum Feilschen war Brown nicht zumute. Jetzt gab er die Hoffnung auf, Ta-

Bild 24-25. *Einwohner von Raluana der Gazelle-Halbinsel 1878 und 1885.*

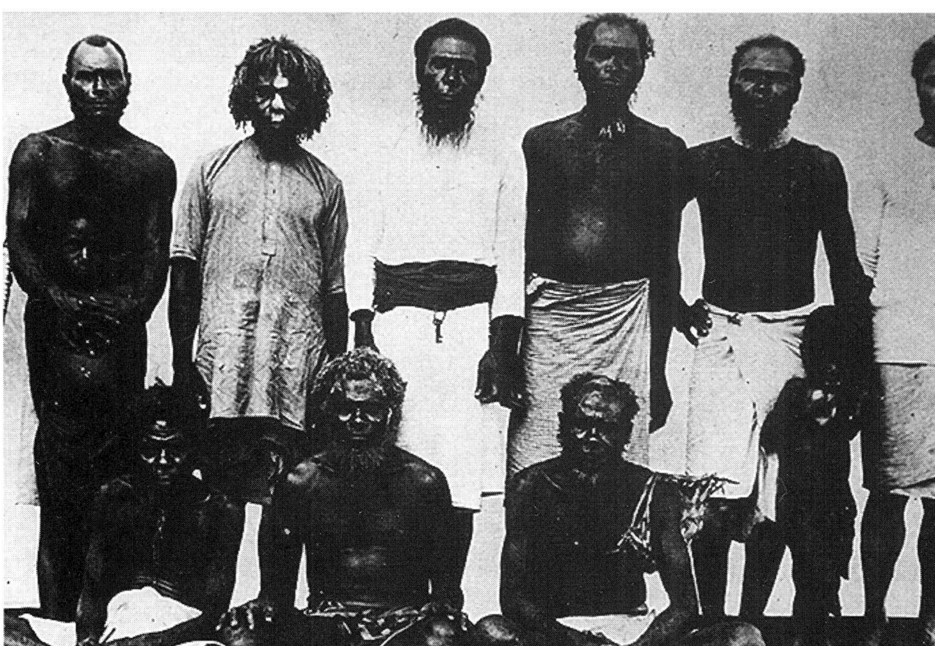

Bild 26. *Aus George Browns Autobiographie. Berichtigung von Fellmann.*

Bild 27. *Die Bikmen (luluai) des Bezirks Raluana 1918.*

lili zu gewinnen. Talili hatte Browns Enttäuschung bemerkt. Er nahm das falsche Muschelgeld zurück und brachte die richtige Länge. Brown ließ es liegen. Er stand auf, nahm einen Stein und warf ihn ins Meer. Wo ist er jetzt? fragte er nach einer Weile. Unten, sagte Talili, ich sehe ihn nicht mehr. Da sagte Brown: Der Stein ist das, was zwischen uns war. Talili vergaß das nie.

Als Brown gegen Ende des Jahres 1878 schwer erkrankte, kam Talili zu ihm. Das war nicht ungefährlich wegen der Prämie, die immer noch auf seine Ergreifung ausgesetzt war. Er kam von weit her. Brown beschreibt diesen Besuch: „Ich lag auf dem Flur, als Talili eintrat. Er setzte sich an meine Seite und fragte, was los sei mit mir. Ich sagte: Ich bin wirklich krank. Wir sprachen eine Weile, dann legte Talili sich dicht neben mich und schlief ein. Das Gewehr, das er immer bei sich trug, lag zwischen seinen Beinen. Ich war stolz auf diese Freundschaft."

Aber damit ist die Geschichte des Jahres 1878 noch nicht zu Ende. Am Weihnachtstag kam es zu einem weiteren Mord in Neubritannien, der bis heute unaufgeklärt blieb und in den ein Oldenburger verwickelt war. Um es genau zu sagen: Ein Osternburger. Der Mord geschah nur wenige Kilometer vom Sterbeplatz der Missionare entfernt. Auf der Brigg „Adolph", die vor Matupit ankerte, war es Heiligabend zu einem Streit gekommen, in den offenbar der Kapitän eingriff. Der schlug dabei einem Besatzungsmitglied, von dem man nur weiß, daß er „Tom" genannt wurde, mit einem armdicken Belegnagel über den Schädel. Der Mann überlebte das und wurde von einem Rettungsboot der „Adolph" dort ausgesetzt, wo später die Hauptstadt Rabaul entstand. „Tom" schleppte sich zu einer halbfertigen Hütte. Dort bat er einen deutschen Zimmermann um Unterkunft. Das war am zweiten Weihnachtstag um sieben Uhr abends. Der Zimmermann sagte, er solle es woanders versuchen. Da legte sich der Mann an den Strand. In der Nacht kam das Rettungsboot noch einmal. Besatzungsmitglieder banden „Tom" einen Stein um den Hals und warfen ihn in den Hafen. Eingeborene sahen später seine Beine im Wasser treiben.

George Brown erfuhr davon und bemühte sich, den Fall aufzuklären. In seinem Tagebuch beschreibt er, wie schwierig das war. Niemand wollte mit dem Fall etwas zu tun haben. Die „Adolph" hatte Matupi längst verlassen. Brown muß der Name des Kapitäns bekannt gewesen sein. Er kürzt ihn mit einem „L" ab. Ob jener „Tom" ein Weißer oder ein Eingeborener war, wissen wir nicht.[21]

Ich bin der Sache nachgegangen. Daß die „Adolph" mit „ph" geschrieben wurde, brachte mich auf die Spur. Mein Vetter Ado Schiff hat eine Familienchronik verfaßt. Einen Band widmete er der Reederei seines Großvaters Adolph Schiff in Elsfleth. Darin ist eine Brigg namens „Adolph" verzeichnet. Sie wurde 1870 gebaut, hatte 256 Registertonnen und war 34 Meter lang. Sie entspricht damit ungefähr dem Schiff, das Sie auf dem Stereobild Heinrich Fellmanns abgetakelt vor Matupi liegen sehen. Kapitän der „Adolph" war von 1875 bis 1879 A. Ladewigs aus Osternburg. Der Name kommt dort heute noch vor. In den Unterlagen der Reederei Schiff gibt es keinen Hinweis auf jenen Mord, aber die Schiffe der Reederei befuhren die Südsee. Eine Bemerkung George Browns spricht dafür, daß „Tom" ein Weißer war: „I give the following extracts from my diary, they will give some idea of the state of society at that time among whites."

Meine Damen und Herren, diese Geschichte ist zwar längst vergangen, aber jene Bemerkung Browns hat mir zu denken gegeben. Manche damals geborene Papuas haben ja den Zweiten Weltkrieg noch miterlebt, in dem Rabaul einer der blutigsten Kriegsschauplätze wurde. Das, was Japaner und Amerikaner sich 1942/43 dort antaten, spricht nicht dafür, daß der „Zustand der weißen Gesellschaft", den George Brown meinte, sich seitdem geändert hätte.

Kehren wir am Ende noch einmal zurück zu Talili. Sein Lebenslauf ist einer der ersten, den wir in Papua-Neuguinea rekonstruieren können. Wegen einer schweren Malaria mußte sein Freund George Brown nach Australien zurückkehren. Im folgenden Jahr brannte Talili die Missionsstation Kabakada wieder. Er soll inzwischen mehrere Rifles-Gewehre besessen haben. Deshalb kam Ende 1879 die HMS Renard aus Australien zu einer Strafexpedition. George Browns Kommentar: Wir waren Freunde, und ich mag ihn immer noch, auch wenn er ein arger Spitzbube ist.

Fünf Jahre später begann in Papua-Neuguinea gleichzeitig die australische und die deutsche Kolonialzeit. Am 3. November 1884 wurde in Matupi die Flagge des Deutschen Kaiserreiches gehißt. Bald darauf ist Talili aus Neubritannien, das jetzt Neupommern hieß, verbannt worden. Er starb im Exil. Was bleibt von diesem Lebenslauf eines Eingeborenen? Vielleicht ist es der Satz George Browns: „Ich war stolz auf diese Freundschaft."

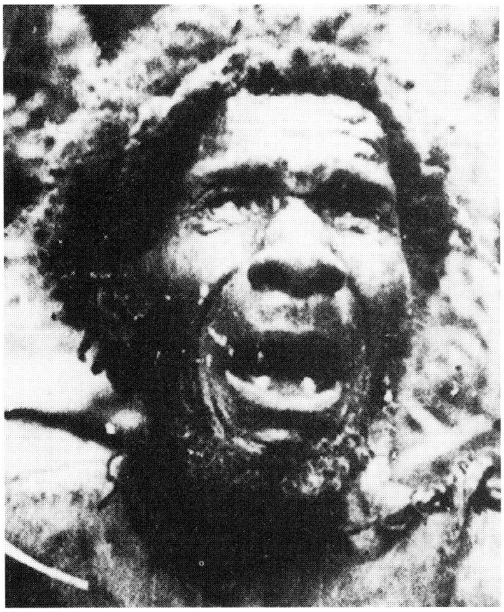

Bild 28. *Ein Mann aus dem Hochland Papua Neuguineas sieht zum ersten Mal Weiße und glaubt, es seien seine toten Vorfahren. (Bild aus dem australischen Film „First Contact" 1932)*

Bild 29. *Ein schwimmender Neu-Irländer sieht um 1880 zum ersten Mal einen Weißen, der sich über die Bordwand beugt, während ein anderer ihn fotografiert.*

Bild 30. *Frauen der Gazelle-Halbinsel, Foto Richard Parkinson, etwa 1884.*

Lebensläufe III
Gumbo und die Missionare der Toteninsel

Fünfzehn Jahre nach der Ankunft des russischen Forschers Nicolai Miklouchо-Maclay in Neuguinea und drei Jahre nach seinem letzten Aufenthalt in der Astrolabe-Bucht, erließ die evangelische Kirche 1886 einen Aufruf an das deutsche Volk: „Seitdem unser Vaterland überseeische Besitzungen erwarb, sind Millionen Heiden, die noch auf einer tiefen Stufe der Gesittung stehen, unter den Schutz des Deutschen Reiches und seines erhabenen Kaisers gekommen, so daß die christliche Glaubensverbreitung zu einer nationalen Pflicht geworden ist ..." Die Evangelisch-lutherische Kirche in Deutschland hatte damals fünfhundertzwanzig ordinierte Missionare, die in Afrika und Asien schon vor der kolonialen Ära wirkten.

Dem Aufruf folgte die Gründung einer Mission in Neuguinea. Dort hatte das Deutsche Reich 1884 die Schutzherrschaft übernommen und der „Neu-Guinea-Compagnie" die Verwaltung der neuen Kolonie übertragen. Diese war jedoch mit der Administration überfordert, so daß 1899 das Deutsche Reich die Verwaltung der Kolonie selbst in die Hand nahm. Die größte deutsche Missionsgesellschaft, die Barmer oder Rheinische Mission (heute Vereinigte Evangelische Mission ‚VEM') schickte 1887 ihre ersten Missionare nach Neuguinea und zwar in die Astrolabe-Bucht. Schon vorher hatte in der Nähe die Neu-Guinea-Compagnie im Konstantinhafen eine Niederlassung.

Friedrich Fabri, seit 1857 maßgeblicher erster Inspektor der Barmer Mission, lehnte die Christianisierung ganzer Heidenvölker ab. Er bestand auf Einzelbekehrungen, auf der Sammlung eines neuen auserwählten Volkes. Fabri, Berater Bismarcks in kolonialen Fragen, warnte seine Missionare vor humanistischen Illusionen. Er gab ihnen diesen Satz mit auf den Weg: „Wenn uns ein Mensch gegenübersteht, schwarz wie Ebenholz, mit krausem Haupthaar, rückwärts gestreckter Stirn, die Lippen breit aufgeworfen, die Nase plattgedrückt, belebt von der tiefsten, sinnlichen Gluth, dann wieder in stumpfer trotziger Gleichgültigkeit, nicht achtend der Ruthe des Peinigers - und Stämme wie die Buschmänner und die Papuas bieten ein noch traurigeres Bild - so bekommt man den unwiderstehlichen Eindruck: Das sind die Züge des durch die Sünde verunstalteten Urmenschen." Fabri starb, bevor die ersten rheinischen Missionare in Papua-Neuguinea eintrafen.[22]

Neuguinea wurde zum Todesland der Barmer Mission. Erst nach sechzehn Jahren gelang es ihr, einen Eingeborenen zu taufen. Bis dahin waren dreizehn Missionare, Missionarsfrauen und vier ihrer Kinder zu Tode gekommen. Nur sieben blieben übrig. Sechs kehrten als Invalide nach Deutschland zurück. Gumbo, der erste Täufling, stammte aus dem Dorf Gumbo, das wir schon durch Nicolai Miklouchо-Maclay kennen. Er wurde etwa 1887 geboren, als die Mission in Bogadjim begann. Zum ersten Mal erwähnt ihn der Missionar Hoffmann 1898. Missionar Hoffmann und seine Frau hatten Gumbo 1894 in ihren Haushalt in Bogadjim aufgenommen. Hoffmann: „Wir

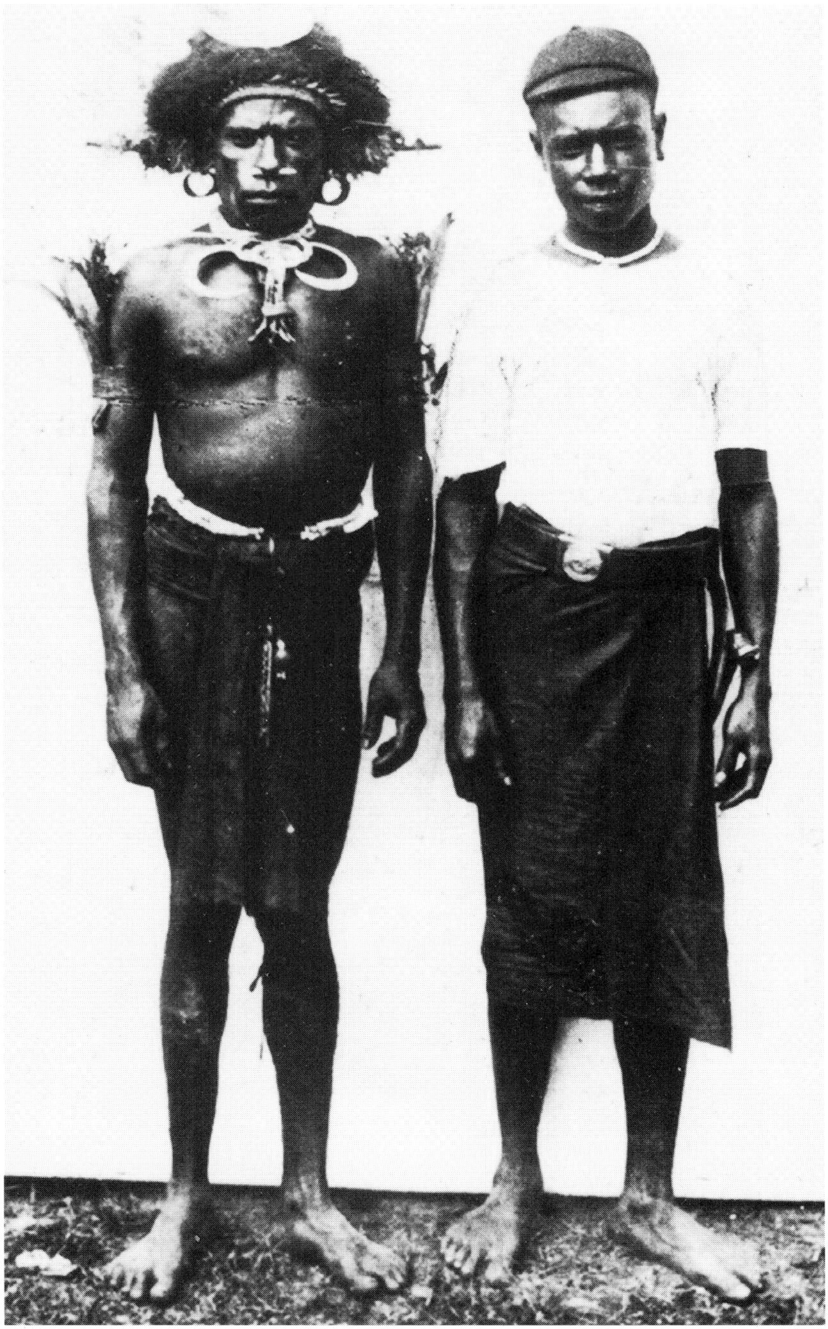

***Bild 31**. Gumbo nach der Taufe am 28. 12. 1903 mit Jul, einem Verwandten.*

haben vor sieben bis acht Jahren einmal einen kleinen Jungen in unser Haus aufgenommen. Er hat uns im großen und ganzen immer Freude gemacht. Wenigstens kann ich nicht behaupten, daß er mehr Untugenden hat, als die Jungen in Deutschland in seinem Alter. Gerne wäre er 1898 mit uns nach Deutschland gereist. Leider ist er dann während unserer Abwesenheit bis 1900 sich selbst überlassen geblieben. Doch gleich nach unserer Rückkehr stellte er sich wieder bei uns ein. Meine Frau hat eine große Hilfe an dem kleinen Burschen. Er mag jetzt vierzehn Jahre alt sein. Im letzten Jahr hat er wiederholt den Wunsch geäußert, ein Christ-Tamo zu werden. Mit Rücksicht auf seine Jugend glaubte ich aber noch warten zu müssen."[23]

Die Eltern Gumbos waren mit der Aufnahme ihres Sohnes in eine weiße Familie einverstanden, nicht aber mit seinen Bestrebungen, Christ zu werden. Wenn Hoffmann an den Missions-Inspektor nach Deutschland schrieb, Gumbo sei während ihrer Abwesenheit leider sich selbst überlassen geblieben, so ist das mißverständlich. Gumbo war zurückgekehrt in sein Dorf, zu seiner Familie.

Seinem Bericht fügt Missionar Hoffmann noch hinzu: „Der Junge ist ehrlich und treu, von Natur keine Papua-Eigenschaften. Er betet morgens und abends ... Neulich mußte ich ihn zur Rede stellen. Da sagte er mir: Ja, ich habe dich auch heute belogen. Das ist mir sonst bei einem Papua noch nicht passiert. Ich will nun Gumbo in speziellen Unterricht nehmen, zugleich aber auch Ihren Rat einholen, lieber Herr Inspektor, ob es richtig ist, dem Jungen, wenn er die zur heiligen Taufe notwendigen Kenntnisse besitzt, diese zu erteilen. Er hat sich das ganze Jahr hindurch von allen heidnischen Gebräuchen ferngehalten. Ich glaube, wenn die Eingeborenen an einem Beispiel sehen, was wir wollen, wird das endlich Eindruck machen."

Endlich. Hinter diesem Wort verbirgt sich die tödliche Geschichte eines Mißerfolges: Sechzehn Jahre dauerte sie bis zur Taufe Gumbos. Es ist die Geschichte des Ringens zweier Religionen. Sechzehn Jahre hielt sich der alte Glaube mit ungebrochenem Selbstbewußtsein. Dann begannen Selbstzweifel und Deprivation. Heute sind neunzig Prozent der Einwohner Papua-Neuguineas Christen. Doch inzwischen taufen sie sich selber. Die Berichte über diese sechzehn Leidensjahre der frühen Missionare enthalten einen Schlüssel für unsere ersten Kulturkontakte mit den Menschen Papua-Neuguineas In den umfangreichen ‚Berichten der Rheinischen Missionsgesellschaft' tauchen zwischen 1887 und 1917 immer wieder Stücke aus dem Lebenslauf Gumbos auf. Vor Gumbo aber zeigen die Berichte von der Toteninsel Dampier am eindrucksvollsten die frühen Kontakte mit den Eingeborenen.

Bevor die Missionare kamen, unterhielt die ‚Neu-Guinea-Compagnie' bereits drei Handelsstationen sowie Plantagen: In Finschhafen am Huon Golf, in Konstantinhafen an der Astrolabe-Bucht, in der Nähe von Mikloucho-Maclays Küste und in Hatzfeldthafen. Von 1885 bis 1891 residierte der Landeshauptmann in Finschhafen, bis er seinen Sitz wegen der Malaria in die Astrolabe-Bucht nach Stephansort bei Bogadjim und vier Jahre später nach Friedrich-Wilhelmshafen verlegte. Daraus entstand die heutige Provinzhauptstadt Madang. Als Neuguinea 1899 deutsche Kolonie wurde, ist die Hauptstadt noch einmal verlegt worden, zuerst nach Herbertshöhe und schließ-

Stereobild 32/11-34/13. *Strand bei Bogadjim.*

Segel-Auslegerboote auf der Insel Siar.

Hausbau in Tami.

***Stereobild* 35/14-37/16.** *Vulkaninsel Dampier (heute Karkar).*

Rückkehr in ein Küstendorf nach dem Schildkrötenfang.

Rückkehr nach Krokodiljagd.

lich nach Rabaul in das Bismarck-Archipel. Erste Missionsstation wurde Bogadjim, ein großes Dorf mit zweihundert Hütten. Der erste Missionar Eich, der aus dem Hereroland Südwestafrikas kam, schrieb an die Missionsleitung: „Ich habe die Leute hier schon ordentlich lieb gewonnen. Es sind zwar noch recht ungezogene Kinder, doch kann man ja von solch rohem Volk nichts anderes erwarten." Zunächst war Hatzfeldhafen als Missionsstation vorgesehen, aber nach Eichs Bericht waren die Spannungen zwischen den Weißen und den Eingeborenen dort sehr schlimm. Einige Dörfer wurden durch deutsche Strafexpeditionen zerstört. Die Konflikte entstanden auf den Kokosplantagen.

Bis 1890 waren neben Missionar Eich und seiner Frau die Missionare Bergmann und dessen Braut, Scheidt, Kunze, Wackernagel, Claus, Arff und Bösch eingetroffen. Alle erkrankten schon im Jahr ihrer Ankunft an Malaria und Ruhr und waren oft arbeitsunfähig. Missionar Wackernagel ertrank und Frau Eich starb während eines Fieberanfalles. Missionar Bergmann, ein ehemaliger Bergarbeiter, gründete die nächsten Missionsstationen auf den kleinen Inseln Siar und Ragetta bei Friedrich-Wilhelmshafen. Als seine Braut eintraf, hatten die Fieberschübe ihn so geschwächt, daß er auf einem Stuhl ihr entgegengetragen werden mußte. Er schrieb, bei den Eingeborenen habe er noch keine Fieberanfälle beobachten können, dagegen sei seine Frau schon nach vier Wochen erkrankt. Von den drei Missionaren auf jeder der beiden Stationen war immer nur einer fieberfrei. Er pflegte dann die anderen, und wenn dann noch Zeit blieb, versuchte er mit den Eingeborenen Kontakt zu bekommen, um ihre Sprache zu lernen. Aber die Eingeborenen waren scheu, sie wußten nicht, was diese Leute eigentlich wollten, die zwar Gewehre hatten, aber nie schossen, jedenfalls nicht auf sie.

Die Missionare schrieben 1889 an den Missionsinspektor nach Deutschland: „Das Verhältnis zu den Bewohnern Bogadjims ist freundlich. Wir irren wohl nicht, wenn wir das teilweise dem guten Andenken zuschreiben, das die Eingeborenen dem ersten Weißen, dem russischen Naturforscher Mikloucho-Maclay bewahrten. Er wohnte hier lange und hatte den Leuten viel Freundlichkeit erwiesen. Es ist eine Fügung Gottes, daß wir, ohne das anfangs zu wissen, gewissermaßen sein Erbe angetreten haben."

Obwohl bald nach ihrer Ankunft Missionar Wackernagel und Frau Eich starben, beschlossen die sieben anderen Missionare, eine dritte Station zu gründen auf der Insel Dampier. Sie heißt heute Karkar und ist mit 20 x 25 km so groß wie München. Fast 2000 Meter hoch erhebt sich in ihrer Mitte ein Vulkan. Die Insel liegt dreißig Seemeilen vor der Küste. Die Überfahrt über die Meeresstraße, die Dampier vom Festland trennt, dauerte damals zwischen sechs und zwölf Stunden. Sie heißt heute noch ‚Isumrudstraße' nach dem russischen Schiff, das Nicolai Mikloucho-Maclay 1872 abholte. Die Missionare hofften, auf Dampier wegen der frischen Seeluft von der Malaria verschont zu bleiben.

Am 2. Juli 1890 segelten die Missionare Kunze, Klaus und Bösch nach Dampier und gingen in einer Bucht an der Südküste beim Dorf Kulobob an Land. So steht es in den Missionsberichten. In den Erinnerungen Kunzes lief das Boot vor der Küste auf ein Korallenriff, und die Missionare mußten ihr Gepäck über Bord werfen, um heil über das Riff und durch die Brandung zu kommen. Sie selber blieben im Boot, da sie nicht schwimmen konnten. Der Inhalt vieler Kisten fand sich im Laufe der Zeit in den Dörfern wieder. Die drei waren die ersten Weißen, die hier landeten und blieben. Es dauerte ein Jahr, bis sie herausfanden, daß es auf der Insel mehr als fünfundsiebzig Dörfer gab mit durchschnittlich fünfundzwanzig Eingeborenen, die meisten waren untereinander verfeindet. Auch hier verlief die Trennungslinie zwischen den Küsten- und Bergdörfern.[24]

Die Bucht bildete einen nach Süden zum Meer geöffneten Halbkreis von vierhundert Metern. Das östliche Ufer ist flach, hier lag das Dorf Kulobob, das westliche Ufer steigt bis zu fünfzig Metern an. Auf dessen Höhenzug bauten die Missionare ihre Hütte. Jenseits des Höhenzuges begann dichter Wald, hinter dem sich der Dampier-Vulkan erhebt. Der war noch tätig, als der Brite Dampier ihn vom Schiff aus entdeckte. Im Süden sieht man übers Meer bis zum Hochland Neuguineas mit seinen schneebedeckten Drei- bis Viertausendern.

Die Missionare brachten sechs Miokesen mit, Melanesier von der Duke of York-Insel Mioko. Hier begann der Kulturkontakt früh. Seit 1830 verproviantierten sich dort australische Schiffe und amerikanische Walfänger. Auf den Duke of York-Inseln begannen seit 1870 deutsche Händler mit Kokosnüssen zu handeln und legten auf Mioko die ersten Pflanzungen an. Dort begann 1875 auch der australische Missionar Brown, der in Talilis Lebenslauf eine so große Rolle spielte. Die Miokesen sprachen als erste Pidgin, jene englisch-melanesische Mischsprache, die heute Staatssprache ist. Das machte sie für die Weißen unentbehrlich, denn in Papua-Neuguinea werden siebenhundert verschiedene Sprachen gesprochen, das sind fünfundvierzig Prozent aller Sprachen unserer Welt. Die Miokesen hatten einen Dreijahresvertrag, waren zwischen zwölf und zweiundzwanzig Jahre alt, konnten mit Booten umgehen und schwimmen. Als Lohn erhielten sie wöchentlich Tabak und jeden Monat ein Lawalawa, eine rotes Stück Kattun, 60 x 160 cm lang, das als Lendentuch ein beliebtes Statussymbol war. Die Miokesen betrieben damit einen schwunghaften Handel, in dem sie die ihnen aufgetragenen Arbeiten an die Einheimischen weitergaben für Tabak und Stoff. Bei der Schutztruppe der ‚Neu-Guinea-Compagnie' lernten sie schießen. Als Kinder der Zukunft zeigten sich die Miokesen auch bei der Behandlung der Kranken. Sie behandelten die Wunden mit Jodoform, das die Dampierleute ‚Kabumbum der Weißen' nannten. Kabumbum ist eine Mispel, die von den Eingeborenen gekaut und auf Wunden gespuckt wird. Jodoform erwies sich als wirksamer. Andererseits schnürten sie bei Kopfschmerzen den Betreffenden eine Liane um den Kopf nach alter Sitte, und wenn das nicht half, drehten sie ihnen einen glühenden Holzdorn in die Stirn, bis der Kopfschmerz verschwand.

Am Morgen des 3. Juli 1890, am Tag nach der Ankunft auf Dampier, verhandelte Missionar Kunze mit Madom, dem Bikman von Kulobob, um einen Platz für eine Hütte zu bekommen. Dabei stellte er mit Hilfe der Miokesen fest, daß Plätze außerhalb des Dorfes allen männlichen Einwohnern zusammen gehörten. Die Missionare wollten ihre Hütte auf dem Höhenrücken im Westen der Bucht bauen, weil dort der frische Seewind vielleicht die Fiebererreger vertreiben würde. Die Kulobobleute wollten ihnen aber nur einen Platz im Dorf verkaufen. Die Verhandlungen zogen sich lange hin. Schließlich erklärten die Missionare, sie gingen am folgenden Morgen zu einem anderen Küstendorf. Jetzt war Madom gesprächsbereit. Die Abhänge des Hügels waren von den Kulobobleuten bebaut. Wieder gab es Schwierigkeiten. Madom entschied, daß die Abhänge mit den Gärten nicht verkauft würden.

Am Nachmittag ging es ans Bezahlen. Die Missionare wurden von jedem einzelnen Kulobobmann mit Wünschen bedrängt. Schließlich legte Missionar Kunze seine Gegenleistungen nebeneinander auf den Dorfplatz: Ein halbes Dutzend Beile, eine Menge Hobel und Bandeisen, sowie Busch- und Küchenmesser, und wandte sich an den Bikman. Madom setzte sich mit den älteren Männern vor die ausgebreiteten Sachen, während sich die jüngeren zu beiden Seiten gruppierten und die Frauen und Mädchen sich dahinter aufstellten. Kunze wörtlich: „Lange schaute Madom schweigend und mit gleichgültiger Miene vor sich hin, wie es seine Würde erforderte. Er rauchte. Dann ließ er prüfend seinen Blick von Gegenstand zu Gegenstand wandern, nahm hie und da einen zur Hand, betrachtete ihn genau und legte ihn schließlich wieder an seinen Platz. Danach begann er, die einzelnen Gegenstände an seine Leute zu verteilen. Dabei richtete er sich offenbar nach deren Ansehen und Alter. Die wertvollen Gegenstände wie Beile und Buschmesser bekamen er und die älteren Männer. Hobeleisen und Bandeisen gab er den jüngeren und die Küchenmesser den Jünglingen. Ich legte noch für jeden Tabak und Perlen auf den Platz, und ich glaube, weil nicht ich, sondern Madom, alles verteilte, waren alle zufrieden. Unsere Mission war dadurch in den Besitz einer fast drei Hektar großen Landfläche gekommen, für die wir nicht mehr als 35 Mark in Tauschwaren hatten zahlen müssen." Das sind nach heutigem Wert 400 DM. Übrigens wußten die Missionare offenbar nicht, daß die Eingeborenen unter Eigentums-Übertragung Verpachtung ihres Landes verstanden. Missionar Eich hatte in Namibia bereits die ersten Schwierigkeiten deswegen erlebt, die 1904 ein Grund für den Hereroaufstand wurden.

Als die Missionare nun die Missionshütte bauten, kamen oft Bergbewohner und boten sich zum Roden von Bäumen an, aber die Kulobobleute verscheuchten sie. Das nächste Bergdorf lag eine halbe Stunde entfernt. Die Kulobobleute handelten bereits mit den Tauschgegenständen der Missionare in den umliegenden Dörfern und wachten eifersüchtig über ihr Handelsmonopol. Seitdem waren sie wohlhabend an Taro, Yams, Schweinen und Schmuck. Ihre von den Missionaren beargwöhnten ‚heidnischen Feste' waren bald in der ganzen Umgebung angesehen und begehrt. Die Missionare merkten schließlich, daß sie mehr mit Beilen und Messern missionierten als mit dem Christentum. Jedenfalls durchschauten sie bald, warum die Kulobobleute sie vor den angeblich so grausamen Bergbewohnern immer beschützen wollten. Vielleicht wäre es ihnen ähnlich ergangen wie George Browns Missionaren, die von sich aus in die Bergdörfer gingen, gegen Talilis Willen.

Dazu kam es nicht, weil schon im August 1890 die Missionare Claus und Bösch an roter Ruhr erkrankten. Kunze mußte sie pflegen und sich zugleich vor Ansteckung hüten. Er schreibt: „Eine Plage für die Kranken waren die großen grünen Aasfliegen, welche nicht nur in die Bettdecken, sondern auch in die Haare und Bärte der Leidenden ihre häßlichen Eier legten. Wenn ich diese nicht rechtzeitig bemerkte und vernichtete, dann entwickelten sich daraus rasch sehr ekelhafte Maden, die sich bald da, bald dort, in die Körper der Kranken einbohrten." Schon in der zweiten Woche der Krankheit flohen die Miokesen mit dem Boot, so daß Missionar Kunze abgeschnitten war. Sie glaubten, die Dampierleute hätten die Missionare mit einem Tamparan, einem Todeszauber, belegt. Als ihre Flucht auf dem Festland entdeckt wurde, erzählten sie, daß die Kulobobleute einen der Missionare erschlagen hätten, während die beiden anderen in Wälder geflüchtet seien. Sie hätten mit dem Boot flüchten können. Missionar Eich in Bogadjim veranlaßte sofort, daß der Missionsarzt Dr. Frobenius und ein bewaffneter weißer Matrose mit den Miokesen in fünfzehn Stunden nach Dampier zurückruderten. Unter Segel bei günstigen Winden hätte es acht Stunden gedauert.

In Dampier herrschte große Erleichterung. Kunze baute mit Dr. Frobenius und dem Matrosen die halbfertige Hütte zu Ende. Die Kulobobleute waren interessiert: „Aus Zuschauern wurden Mitarbeiter", schreibt Kunze, „staunenswert war das Geschick der Leute. Dank der Gelenkigkeit ihrer Zehen, kletterten sie wie die Katzen auf Balken und Pfosten. Unter diesen Umständen war auch das Dach bald fertig. Manche hatten allerdings Bedenken wegen der Höhe unseres Hauses und erinnerten an den ‚Jamrartim' und den ‚Karaktim', den gefürchteten Nordwest- und den Oststurm."

Nach zwei Wochen war das Haus gedeckt. Dr. Frobenius und der Matrose segelten bei günstigem Wind wieder zum Festland hinüber. „Leider konnten sich Claus und Bösch in diesen Wochen nicht an dem fröhlichen Schaffen beteiligen", schreibt Kunze. „Bruder Claus, der schon beinahe geheilt war, liegt jetzt wieder schwer krank danieder. Am Sonntagabend wurde er von einem eigenartigen Frösteln befallen, wie es sich gewöhnlich vor einem Fieberanfall einstellt. Aber dann trat eine Lungenentzündung auf, und am dritten Tag konnten wir nicht mehr zweifeln, daß unser Bruder der ewigen Heimat zuging. Wir flehten zu Gott, aber wir hatten Abschied zu nehmen. Auch dem Kranken war es nicht verborgen, daß seine Erdenzeit zu Ende ging, und er bereitete seine Seele für den Eintritt in die Ewigkeit vor. Er sagte aus dem Gedächtnis das Lied: ‚Geht nur hin und grabt mein Grab', das mit den Zeilen endet: ‚Kind des Vaters zittre nicht'. Schnell trat Bewußtlosigkeit ein, aber erst nach Tagen gab er am 27. September 1890 in fast vollendetem 30. Lebensjahr seinen Geist auf. Neun Monate zuvor war er in Neuguinea eingetroffen ... Wir können des Herrn Wege nicht verstehen."

Missionar Kunze erwähnt auch, wie sich die Eingeborenen diesen Tod erklärten: „Da uns die Bergbewohner wiederholt Kerne von Kangarnüssen gebracht haben, so stand es bei den Kulobobleuten fest, daß sie bezaubert waren und darum in seiner Kehle steckenblieben. Sie empfahlen uns, an den Bergbewohnern Blutrache zu nehmen. Ich sagte ihnen aber: Claus ist gestorben, weil Jesus ihn gerufen hat. Wir werden ihn eines Tages wiedersehen im Himmel." Wo der sei? fragten die Eingeborenen. Es gelang Kunze nicht, ihnen den Ort des Himmels zu beschreiben. Er hatte den Eindruck, sie hielten den Himmel für ein anderes Land.

Nach einem Monat traf für Claus Missionar Scheidt auf Dampier ein. Und es traf noch etwas ein: Die Nachricht, daß sich drei Bräute aus Deutschland zur Aussendung bereitmachten, bestimmt für die Missionare Arff, Bösch und Kunze. Missionar Kunze kannte seine zukünftige Frau bereits. Die Mission bestimmte auch, daß die Missionare Bösch und Scheidt im neuen Jahr eine weitere Missionsstation eröffnen sollten. Das Dorf Malala bei Hatzfeldthafen war dafür vorgesehen. Missionar Scheidt hatte es kurz vor dem Tod von Claus besucht. Malala liegt 120 Kilometer nordwestlich von Friedrich-Wilhelmshafen/Madang. Scheidt schrieb der Mission nach Deutschland: „Von einer feindseligen Stimmung der Papua gegen die Weißen war dort nichts zu merken, selbst nicht in den Dörfern, welche wiederholt von der Station Hatzfeldthafen aus bestraft und zum Teil niedergebrannt waren. Die freundlichste Aufnahme fand ich im Dorf Malala. In seiner Umgebung wohnen zweihundert bis dreihundert Menschen. Dieser Platz würde sich ganz vorzüglich zu einer Missionsstation eignen." Missionar Scheidt blieb vorerst in Dampier, während Bösch mit den Vorbereitungen der neuen Station Malala auf dem Festland begann.

Anfang Januar 1891 ereignete sich auf Dampier ein Zwischenfall, der Missionar Kunze beinahe das Leben gekostet hätte. Er hat darüber geschrieben: „Gestern kamen Leute aus den Bergdörfern und bearbeiteten bei uns Holz. Wir hatten ihnen die erforderlichen Werkzeuge gegeben, darauf gingen Scheidt und ich wieder unserer Arbeit nach. Plötzlich sah ich diese Papua mit unseren Werkzeugen durch den Wald auf- und davonspringen. Rasch lief ich, begleitet von zwei Miokesen, den Dieben nach. Bald hörte ich, wie Trommeln die Männer der Bergdörfer zusammenriefen. Als ich den Dorfplatz erreicht hatte, standen dort eine Menge Papua mit Pfeilen, Speeren und Schilden bewaffnet, mit finsteren, herausfordernden Mienen. Die Menge vermehrte sich zusehends. Ein wüstes Geschrei begann. An Flucht war nicht zu denken, die Leute hätten mich gespeert. Ich blieb, wo ich stand, dabei merkte ich, daß meine Miokesen verschwunden waren. Mir war nicht wohl zumute, aber ich hoffte noch, die Leute zu beruhigen. ‚Seht' rief ich ‚ich habe leere Hände und keine Waffen, ich will nur, daß ihr mir meine Beile und Äxte zurückgebt.' Von Diebstahl hatten aber die Leute eine andere Vorstellung, und so kamen sie näher. Meine Lage wurde mißlich. Ich wußte nicht, ob zu meiner Rechten oder Linken auch aus dem Urwald heraus ein Speer mich treffen könnte. Da entschloß ich mich zum Äußersten. Vor mir war ein dicker alleinstehender Baum. Erreichte ich den, konnte ich wenigstens meinen Rücken decken vor Speerwürfen. Ich setzte Fuß vor Fuß, um in die Nähe des Baumes zu kommen. Es gelang. Doch meine Lage hatte sich damit wenig gebessert. Der wütend grimassierende Papuahaufe umzingelte mich. Bald berührte dieser, bald jener mit der Speerspitze meine Brust. Meine Beine zitterten. Ich bat Gott, meinen Augen einen ruhigen Blick zu geben. Angst durfte ich nicht zeigen."

„Plötzlich schwirrte ein sechs bis acht Fuß langer Speer durch die Luft und riß mir meinen großen Basthut vom Kopf. Ich dankte Gott, allein, schon hob der Mann einen zweiten Speer. Ich fühlte: Zeit und Ewigkeit lagen für mich jetzt dicht beieinander. Da riß eine Papuafrau dem Mann den Arm herunter und drückte den Speer zu Boden. Sie rangen miteinander, die anderen liefen hinzu und ich sprang zu einer Hütte. Schließlich kamen einige ältere Männer zu mir. Einer sagte: Geh in die Hütte, wir bringen dir deine Werkzeuge zurück. Jetzt kam Missionar Scheidt angelaufen, den die Miokesen alarmiert hatten. So kamen wir unbehelligt nach Hause. Tatsächlich erhielten wir die meisten gestohlenen Werkzeuge zurück." Missionar Kunze schließt seinen Bericht mit dem Satz: „Ein Volk, das solche Frauen hat, ist es wert, daß man ihm das Evangelium bringt."

Während dieser Ereignisse trafen im Bogadjim die drei Bräute von Kunze, Arff und Bösch ein. Missionar Kunze heiratete am 1. März 1891 Bernhardine Keudel. Sie war siebenundzwanzig Jahre alt. Kunze beschreibt die Hochzeit. „Es war eine Hochzeit, wie sie wohl nur wenige feiern, glich doch das Missionshaus in Bogadjim einem Hospital. Auf der einen Seite lag Missionar Arff mit seiner jungen Frau krank danieder, auf der anderen Seite unser Missionsarzt Dr. Frobenius. Er hatte Ruhr. Missionar Bergmann mußte aus Siar geholt werden zur Trauung. Hochzeitsfreude empfanden wir nur in der Tiefe unserer Herzen. Selbst einen Hochzeitskuchen, der doch zu Hause bei den Ärmsten nicht fehlt, konnte es nicht geben. Wir pflegten dafür unsere Kranken."

Im April segelten Missionar Kunze mit seiner Frau nach Dampier, wo Missionar Scheidt alleine geblieben war. Scheidt kehrte nach Bogadjim zurück. Von dort brach er dann mit seinem Kollegen Bösch, der inzwischen auch geheiratet hatte, nach Malala auf. Viele Wochen hörte man nichts von ihnen. Dann traf im September bei der Missionsleitung in Barmen diese Nachricht ein, geschrieben von Missionar Arff am 23. Juli 1891: „Unser Herz ist voll Trauer und wir verzagen schier, denn vor einem Jahr waren wir noch acht Brüder, nun ist die Schar auf vier zurückgegangen." Es folgt der Bericht über Anfang und Ende der vierten Missionsstation: Am Montag, dem 11. Mai, fuhren die Brüder Scheidt und Bösch über Siar zum Hatzfeldthafen, um die geplante neue Station anzulegen. Zwei Tage vorher war Bösch aus seiner Einsamkeit von Dampier zurückgekehrt. Im vom Bruder Scheidt empfohlenen Dorf Malala sollte sie errichtet werden ... Am 18. Mai kamen die beiden in Begleitung des Stationsvorstehers von Hatzfeldthafen dort an. Die Eingeborenen waren sehr freundlich. Bösch blieb in Malala allein, die beiden anderen gingen am 22. Mai zurück, um Wellblech zu holen. Am 27. Mai kehrten Bösch und Herr v. Moisy zurück nach Malala. Als das Boot auf den Strand lief, kamen die Eingeborenen, um es heraufzuziehen. Dabei ergriffen sie die vorne im Boot liegenden Gewehre. Dann speerten sie Herrn v. Moisy, der ins Meer stürzte. Bruder Scheidt wurde ebenfalls gespeert. Von den elf im Boot befindlichen schwarzen Arbeitern sind nur zwei mit dem Leben davongekommen, wenn auch verletzt. Sie haben sich zuerst schwimmend, dann am Strande laufend, retten können. Eine sofort ausgesandte Truppe fand nichts mehr, auch nicht Bruder Bösch und seine fünf Miokesen."

Missionar Arff fährt fort: „Am 27. Juni begab sich eine Strafexpedition unter dem Reichskommissar mit vierzehn Weißen und über hundert Schwarzen nach Malala. Sie fanden nichts außer einigen Kleidungsstücken. Die Strafe für die Eingeborenen war Verbrennung einer großen Anzahl Dörfer. Auch wurden achtzehn Menschen getötet. Was den Anlaß zum Mord an Bruder Bösch betrifft, so kann man nichts Bestimmtes sagen. Meine Meinung ist, die Leute haben die Tauschartikel gesehen und wollten sich dieselben zu eigen machen. Dann ist noch eins zu bedenken. Solange die Station Hatzfeldthafen besteht, haben Streitigkeiten mit den Eingeborenen stattgefunden. Das vergessen die Eingeborenen nicht und können keinen Unterschied machen zwi-

Stereobild 38/17-40/19 *Strafexpedition.*

Malalaleute. Die Mörder unter ihnen blieben unbekannt.

Die Tochter des Missionars Wilhelm Diehl.

Stereobild 41/20-42/21.
Zwischen Sepik und Astrolabe-Bay.
Aus dem Sepikgebiet ankommendes Auslegerboot.
Mann aus dem Sepik zeigt seinen Tanzschmuck.

schen Missionaren und den Beamten der Compagnie. Beim zweiten Mord wollten die Eingeborenen wohl ihre erste Tat verdecken."

Wir konnten zwei Bilder diesem Ereignis zuordnen, das eine zeigt Malalaleute, das andere die Strafexpedition. Beide sind Stereobilder. Auch ist der letzte Brief von Missionar Bösch erhalten, worin er am 28. Februar schreibt: „Nachdem beschlossen worden war, daß ich in diesem Jahr nach Malala übersiedeln sollte, fand ich es für die Missionskasse vorteilhafter, für die neue Station ein Haus zu bauen, ganz aus hiesigem Material. So reiste ich von Dampier nach Siar, um das zu erproben, auch für meine zukünftige Frau. Es hat mit allem, was drum und dran ist, nur 40 Mark gekostet, und es gefällt auch meiner Frau besser als ein Wellblechhaus. So Gott will, werde ich in Malala eine ähnliche Hütte bauen." Als Frau Bösch in Siar drei Monate nach ihrer Hochzeit die Todesnachricht aus Malala erfuhr, beschloß sie, in der Hütte zu bleiben und starb dort am 23. Oktober 1891 nach der Geburt eines toten Kindes.

Inzwischen befanden sich Missionar Kunze und seine Frau wieder auf der Dampier-Insel. Die beiden waren die ersten, die von dem Mord in Malala erfuhren, noch bevor die verletzten Miokesen in Hatzfeldthafen eintrafen. Eingeborene aus Dampier waren nämlich gerade auf einer Handelsfahrt in der Gegend von Malala, als der Mord geschah. Jetzt kamen sie zu Kunze mit der Nachricht. Sie wollten wissen, was mit den Mördern geschehen würde. Kunze merkte, daß unter den Dampierleuten Fremde waren, und daß einige Dampierleute ihre Freude über den Mord kaum verbargen.

Der Missionar berichtete: „In den nächsten Nächten wurde unser Haus umschlichen, und meine Frau, die erst drei Monate hier war, konnte nicht mehr schlafen. Unglücklicherweise suchten mich gerade jetzt Fieberanfälle heim, die mich an den Rand des Grabes brachten. In den klaren Augenblicken dachte ich, was wird aus meiner Frau werden, wenn ich sie einsam auf dieser Insel zurücklasse? Es war für sie entsetzlich anzuhören, wenn Eingeborene durch die Tür der Missionsstation fragten: Kunze, stirbst du? Oder wenn sich gar jemand mit den Worten an mich wandte: Kunze, wenn du stirbst, so gehört dein Weib mir. Zum Glück kam dann der Herr Reichskommissar mit dem Compagniedampfer und bot uns an, die Insel zu verlassen. Ich erklärte ihm aber im Einverständnis mit meiner Frau, daß wir bleiben wollten. Ich merkte, daß seine Schutztruppe die Dampierleute kleinlaut gemacht hatte."

Missionar Kunze erklärte später: „Was uns Missionare betraf, so hätten wir die Bestrafung der Malalaleute unter keinen Umständen veranlaßt, ebensowenig geschah sie im Sinne der beiden ermordeten Missionare. Weil aber auch ein Beamter der Landesbehörde zu Tode gekommen war, wollte diese den Angehörigen Genugtuung verschaffen. Damit jedoch war unserer Mission auf Jahre hinaus die Hoffnung genommen, unter den Malalaleuten Fuß zu fassen."

Fast ein Jahr lang begann nun für Kunze eine Zeit fast freundschaftlichen Einvernehmens mit den Eingeborenen auf Dampier. Über diese Zeit haben die beiden eindrucksvolle Berichte nach Hause geschickt. Es entwickelte sich ein Art Kulturkontakt. Man lernte voneinander. Man lernte sogar, übereinander und miteinander zu lachen. Einige Szenen sind noch heute für uns aufschlußreich.

***Stereobild* 43/22.** *Dorfplatz.*

***Stereobild* 44/23.** *Mädchen aus Bogadjim.*

Als am 8. Mai 1891 Frau Kunze auf der Insel Dampier landete, riefen die Eingeborenen: Welche große Frau! Sie hat weiße Zähne, wie unsere Frauen. Dampiermänner färbten sich die Zähne schwarz, sie fanden es unter ihrer Würde, weiße Zähne zu haben wie Frauen und Missionare. Die Frauen mochten Frau Kunze, wenn sie ihr Kleid auch überflüssig fanden, sie gaben aber Missionar Kunze recht, daß Kleider die weiße Haut verstecken, durch die man sich voneinander unterscheidet.

Frau Kunze hatte einen Wecker mitgebracht, dessen Tick-Tack sofort auffiel. Einer drehte ihn in seiner Hand und hielt ihn ans Ohr. Dann sagte er: Es ist ein Zis Ägin, eine Heuschrecke. Als der Wecker klingelte, riefen alle: Aber unsere Heuschrecken schreien nicht so.

Dann packte Frau Kunze ein Bild aus und hängte es an die Wand. Ein Engel war darauf zu sehen mit Flügeln. Die Papua lachten, als sie den Engel sahen. Missionar Kunze versuchte, ihnen Engel zu erklären: „Ihr und wir wohnen auf der Erde, und da brauchen wir keine Flügel, aber im Himmel, bei Jesus, haben die Leute Flügel." Einer fragte: Hast du solche Leute schon gesehen? Kunze mußte das verneinen. „Aber Jesus hat es uns gesagt", erklärte er. „Früher habt ihr ja auch nichts von weißen Menschen gewußt, ihr habt gedacht, alle Menschen sind schwarz. Jetzt sind die weißen Menschen bei euch und ihr lacht über Engel. Aber wenn ihr in den Himmel kommt, werdet ihr sie sehen."

Dann hängte Frau Kunze einen Spiegel an die Wand. Viele sahen hinein, einige schüttelten den Kopf, andere sagten: O malan belbel, welch schöner Anblick! Einer sah, wie sie eine Glasflasche auf den Tisch stellte und meinte: Wir können so etwas nicht machen. Wachsen die bei euch? Missionar Kunze antwortete: Sie werden bei uns gemacht. Nun wollte der Papua wissen, wie sie gemacht werden. Da kamen beide Kunzes in Schwierigkeiten. Wir können sie nicht machen, sagte Missionar Kunze. Aber da machte seine Frau Seifenschaum und daraus Seifenblasen. Sie blies sie in die Luft. Nicht alle waren zufrieden, weil die Seifenblasen platzten, wenn man sie anfaßte. Die Glasflasche dagegen konnte man anfassen. Missionar Kunze brachte nun die Theologie ins Gespräch. Mit uns Menschen sei es auch so, sagte er, hätten wir nicht Jesus in uns, würden wir zur Erde fallen und wären nichts mehr. Mit Jesus aber werden wir in den Himmel fliegen. Da sagte ein Papua zu Kunze, du redest von Jesus, aber wo ist er denn? Ein anderer sagte: Meine Eingeweide schmerzen, daß der zur Erde kommt, wir ihn aber nicht anfassen können.

Am nächsten Tag brachten die Eingeborenen Frau Kunze Fische, die sie in der Nacht gefangen hatten. Einige rochen schon, so daß Missionar Kunze sie aussortierte. Dabei kam ihm die Idee, das Gleichnis von den guten und den faulen Fischen zu erzählen. Als er damit fertig war, sagte ein Papua: Kunze, wir essen aber auch die faulen Fische, die du dahinten hingelegt hast."

Ähnlich erging es Kunze eines Tages, als er die Kulobobleute fragte, warum sie die Auslegerschiffe immer mit soviel Mühe aus dem Wasser zögen. Da sagte einer: Kunze, wie bist du dumm, täten wir es nicht, fräßen sie die Meeresschnecken.

Da sagte Missionar Kunze: So solltet ihr es auch mit eurem Leben machen und zu Jesus an den Strand kommen. Andererseits, sagte Madom, der Bikman, dürfen die Schiffe nicht zu lange am Strand liegen, sonst trocknen sie aus, und Wasser läuft hinein.

Bei einem ähnlichen Gespräch wurde am Ufer eine der Ziegen, die Kunzes mit nach Dampier gebracht hatten und die dort unbekannt waren, von einem Krokodil gepackt und verschlungen. Die Papua lachten darüber. Missionar Kunze fiel dazu die Sünde als Gleichnis ein, aber niemand verstand ihn. Am nächsten Tag gelang es ihm, auf das Gleichnis noch einmal zurückzukommen, als er mit einigen Papua im Garten arbeitete. Einer sagte zu ihm: Kunze, das hier mußt du ausreißen, das ist schlechtes Zeug. Läßt du das stehen, stirbt dein Taro und deine Bananen. Kunze sagte, du hast mich doch gestern gefragt, ob ich die Sünde schon mal gesehen hätte. Da, das schlechte Zeug, das ist wie die Sünde, jeder von euch hat was davon: Wenn ihr anderen etwas wegnehmt, oder andere totmacht, dann ist das Sünde, und die wächst und wächst bei euch. Aber Jesus kann sie ausreißen. „Diese Unterredung", schreibt Missionar Kunze, „war ganz dem Verständnis der Papua angepaßt. Seitdem hörte ich die Kulobobleute häufig reden: Kunze sagt, bei uns wächst das Böse, wächst und wächst." Dabei grinsten die Papua jedesmal. Kunze deutete das so: „Man darf nie vergessen, daß ihnen das Evangelium bisher völlig fremd gewesen ist." Vielleicht grinsten die Papua aber deshalb, weil Kunze mit dem Bösen, das wächst und wächst, das Stehlen seiner Werkzeuge meinte. Das konnte natürlich nicht in seinem Sinne sein, und sie verstanden, daß er dagegen Jesus anrief, den sie dem Bereich der Geister zuordneten. Allerdings hatten sie bis jetzt nicht den Eindruck, daß der viel für Kunze tat.

Denn immer wieder stellte sich das Böse ein. Kunze schrieb: „Einer der Papuajungen hatte uns ein Bettuch gestohlen. Sofort fiel mein Verdacht auf den Sohn von Madom, dem angesehensten Mann des Dorfes. Nach dem Diebstahl ließ sich der Junge einige Tage bei uns nicht mehr sehen. Endlich erschien er wieder, und zwar mit dem unschuldigsten Gesicht der Welt. Zuerst sprach ich freundlich mit ihm, um ihm ein Geständnis zu entlocken. Aber als ich dadurch nichts erreichte, zog ich andere Saiten auf. Ich faßte den Schlingel beim Arm, drückte ihn gegen die Wand, nahm seinen Kopf zwischen meine Hände, öffnete mit gespreizten Fingern seine Augen und sah ihn ernst und starr an. Seine Augen rollten wie zwei Quecksilbertropfen hin und her. ‚Omat', sagte ich zu ihm, ‚du hast mein Tuch gestohlen!' Er leugnete. Da nahm ich ihm seine Schildpattohrringe aus den Ohren, zog ihm seinen Schmuck aus Hundezähnen ab, der an einer Schnur um seinen Hals hing, und sagte: ‚So, das behalte ich, bis du mir das Tuch wiederbringst! Geh' in dein Dorf und sage das deinem Vater.' Ohne seinen Schmuck ins Dorf zurückzukehren, war für ihn eine Schande. Schon nach einer Stunde kam ein anderer Junge und gab mir im Auftrag Omats das Tuch zurück. Ich händigte ihm dafür Omats Schmuck aus."

Im Laufe der Monate fühlte sich auch Frau Kunze sicherer auf Dampier, so daß ihr Mann in Begleitung einiger Kulobobleute die Nachbardörfer besuchen und die Insel umrunden konnte. Am Abend saß er dann mit seinem Notizbuch unter den Leuten und schrieb die ihnen abgelauschten neuen Worte auf. Einkratzen nannten das die

Eingeborenen. Wenn Kunze ihnen das Eingekratzte vorlas, sagten sie: Das Gekratzte redet. Hatte er es falsch vorgelesen, berichtigten sie ihn. Als er es einmal sofort richtig betonte, sagte einer: Kunze ißt unsere Sprache, sie schmeckt ihm.

Oft blieb Kunze über Nacht in einem Dorf. Darüber schreibt er: „Das Schlimmste ist, wenn ich mit einer ganzen Reihe Papua in einer engen Hütte schlafen muß. Dabei liegen wir dann wie die Heringe in einer Tonne. Der Papua ist ein unruhiger Schläfer. Er schlägt nicht selten mit den Armen um sich, legt seinem Nebenmann den Kopf mit den rotgefärbten Haaren auf die Brust, oder wirft ihm ein Bein über den Leib, so daß dieser aufwacht. Dazu kommt, daß in den Hütten ständig ein Feuer brennt, dessen Qualm einen zu Tränen rührt. Einschlafen ist schwierig. Immer wieder kommt einer herein, oder einer flüstert zu seinem Nebenmann: Schläft der Tiwud? Ein anderer fragt: Wo hat der sein Gewehr? Schießt der auf Menschen? Hat er Eisen mit? Bis einer mich fragt: Kunze, schläfst du?“

Bei einer solchen Gelegenheit hatte Missionar Kunze den Jüngling Dallida kennengelernt. Er stammte aus dem Dorf Biu, zweieinhalb Stunden von der Missionsstation entfernt. Eines Tages kam Dallida zu Kunze und bat ihn um eine Heiratsvermittlung. Er wollte ein Mädchen haben, aber deren Eltern wollten es ihm nicht geben. Kunze möge mit seinem ‚fui‘ nach Biu kommen, einmal in die Luft schießen und dann, wenn alle wegliefen, wollte er mit dem Mädchen fliehen. Kunze lehnte so etwas ab und sagte: Das ist böse, das will Jesus nicht. Aber weil ihn Dallida so tieftraurig ansah, gab Kunze ihm zwei Beile und einige Eisenstücke und meinte: Gib das den Eltern deines Mädchens. Kunze sah Dallida nicht wieder. Er hatte das Mädchen nicht bekommen.

Im Dezember erlebten die Kunzes ein großes heidnisches Barakfest. Es dauerte zwei Wochen. Aus vielen Dörfern kamen die Papua nach Kulobob. Die Kunzes beobachteten es genau. Sie nahmen es ernst, hielten es aber doch letzten Endes für Betrug. Missionar Kunze beschreibt das Fest in einem Bericht an die Missionsleitung in Barmen: „Der Barak ist ein Geist, dem der Papua sich während seines Erdenlebens am meisten verpflichtet fühlt. Er schreibt ihm alles zu, was ihm auf Erden an Freude und Trost zuteil wird. An den Barak glaubt der Papua allen Ernstes. Das Barakfest dagegen erscheint ihm mehr als Komödie, Theater. Man würde sich aber sehr täuschen, wollte man die Bedeutung des Barakfestes unterschätzen. Ich glaube, es ist eines der stärksten Bollwerke, hinter denen sich das papuanische Heidentum verschanzt. Der Kern der Sache ist geheim, Frauen sind ausgeschlossen, warum, weiß ich nicht. Unsereiner wird zwar zum Festmahl eingeladen, bekommt aber das Eigentliche kaum zu sehen. Offenbar werden dabei die Jünglinge einer Art Konfirmation unterzogen. Sie werden reif geschlagen. Jedenfalls ist das der erste Akt. Die Jungen dürften neun bis zwölf Jahre alt sein. Das Männerhaus wird zur Barakfesthütte. Sie kriechen dort hinein und begegnen dem Barak. Auf mich macht die Festhütte keinen schlechten Eindruck, sie sah aus wie ein Theater.“ Nicolai Mikloucho blieb zwanzig Jahre früher bei dem gleichen Fest in Gorundu noch verborgen, daß es ein Initiationsfest war.
Missionar Kunze beschreibt auch die verschiedenen Abschnitte der Initiationsfeier mit den prächtigen Masken, dem Auftritt des Barak, der Rede Madoms und schließ-

lich dem buchstäblichen Reifschlagen der Jungen. Der Barak, der die Jungen erst verzehrt, um sie nach Tagen wieder auszuspeien, trug neben Maske und Schmuck einen von Kunze abgelegten Mantel. Kunze schreibt: „Man begreift jetzt: Um den Barakkult hängt ein dickes Lügennetz, Generationen haben daran gewebt. Soll das Evangelium hier zu Einfluß kommen, wird es besonders den Männern schwer werden, dies Lügengespinst zu zerschneiden. Das Schwerste für den Mann wird sein, seinen Frauen und Töchtern zu sagen: Ich habe euch jahrelang belogen." Nach diesem Erlebnis änderte Kunze seine Pläne für das bevorstehende Weihnachtsfest: „Mit den gleichen Leuten eine Weihnachtsfeier unterm Christbaum zu halten, schien mir nicht ratsam. Sie werden sagen: Das ist Kunzes Barak."

Weihnachten ereignete sich dann aber etwas, das in die Menschengeschichte schon immer herrischer eingriff als Kriege und Revolutionen: Eine weltweite Grippewelle kam auch nach Dampier. Ihr folgte später eine Pockenepidemie. Pocken waren ebenfalls noch unbekannt in Neuguinea. Sie töteten alleine auf Dampier ein Drittel der etwa zweitausendfünfhundert Eingeborenen. Kunze berichtete: „Das neue Jahr 1892 hatte eben begonnen, als sich auf unserer Dampier-Insel ein übler Gast einstellte, die Influenza. Nachdem sie ganz Europa und viele andere Länder heimgesucht hatte, kam sie auf ihrer Reise um die Welt auch zu uns. Wochenlang litten die Eingeborenen an Husten, Schnupfen, Fieber und heftigen Genickschmerzen. Sie waren völlig ratlos, denn sie kannten diese Krankheit nicht. Nach zehn Tagen waren auch wir krank. Meine Frau war so elend, daß ich um ihr Leben fürchtete. Im Februar brach sie bewußtlos zusammen. Herzklopfen und Atemnot folgten. Stechender Brustschmerz zeigte, daß ein Herzleiden begonnen hatte. Es war eine Zeit des Betens und Schreiens zu Gott. Eines Tages aber stand sie wieder auf und sagte: Ich bleibe noch bei dir!"

Die Eingeborenen fragten den Missionar: „Kunze, woher kommt diese Krankheit, wir kennen sie nicht. Bringt ihr Fremden sie mit, oder schickt sie Jesus? Einer meinte: Hat Jesus auch Schnupfen? Ich sagte: Nein, aber vielleicht will er uns aufmerksam machen auf sich. Ein einflußreicher Mann fragte: Kunze, kannst du die Krankheit heilen? Ich sagte: Nein, ich bin ein armes Menschenkind wie du. Das gefiel ihm nicht, und ich merkte, das ich in seiner Achtung gesunken war."

Als in Kulobob ein Kind starb, beschuldigten die Eltern einen Mann aus dem Dorf, er habe das verursacht durch einen bösen Zauber. Kurz darauf sah Kunze Madom und einige Männer mit düsteren Mienen eilenden Schrittes durch das Dorf gehen. Kunze fragte, was los sei. Madom rief ihm zu: Ich bin ein böser Mann, ich vernichte! Am Abend war der Beschuldigte tot.

Im April erlitt Frau Kunze einen Rückfall. Fieber stellte sich ein. Ihr Mann schrieb: „Ich rief Gott und bat um ihr Leben, aber ich merkte, daß der Herr anderes über uns beschlossen hatte, so daß ich aufhören mußte, um ihre Genesung zu bitten. Meine Frau fühlte es selber. Sie betete: Herr Jesus, gehe ich oder bleibe ich? Ich bliebe gern, aber ich gehe auch gern! Noch einmal wollte ich um ihre Genesung beten. Sie hörte es und sagte: ‚Halte mich nicht mehr auf, ich geh! Als sie sah, daß mich der Schmerz überwältigte, sagte sie noch: ‚Versprich mir, daß du dich in mein Sterben schicken willst, versprich es mir, ich kann mich sonst nicht freuen!' Bald darauf entschlief sie zum ewigen Leben. Ich war an Leib und Seele zerschlagen. Madom kam, und wir machten einen Sarg. Ich begrub sie neben Missionar Claus. Die Männer und Frauen meiner heidnischen Nachbarn kamen, setzten sich auf meine Veranda und weinten. Einer von ihnen fragte: Ihr Weißen wißt doch, daß ihr hier sterben werdet, warum bleibt ihr nicht in eurem Land?"

Kunze war nun allein auf Dampier. Er hat darüber nur gesagt: „Was Gott mir in der Stille des Herzens sagte, war ernst und demütigend." Nach drei Wochen besuchte ihn der Missionsarzt Dr. Frobenius wegen der Grippe-Epidemie. Draußen wußte man noch nicht, daß Bernhardine Kunze gestorben war. Frobenius brachte Missionar Kunze einen Brief aus Deutschland: Kunzes Mutter war an der Grippe gestorben. Sein Vater war ihr einige Wochen später nachgefolgt.

Kunze schenkte die Kleider seiner Frau einigen Kulobobfrauen zum Andenken, die seine Frau besonders geschätzt hatte. Als er zum ersten Mal nach ihrem Tod wieder in das Dorf kam, sah er einen alten Mann würdevoll über den Markt gehen. Er hatte ein Kleid seiner Frau an und ließ sich damit bewundern.

Im Juli kam ein neuer Missionsmann nach Neuguinea, der etwas von Seefahrt verstand. Er segelte sofort nach Dampier zu dem Einsiedler der Toteninsel. August Pilkuhn, ein Ostpreuße, war Krankenpfleger. Er hatte die Missionsprüfung nicht bestanden, die Sprachbegabung verlangte. Die Barmer Mission ließ ihn daraufhin in Flensburg zum Seemann ausbilden. Pilkuhn war rasch beliebt bei den Eingeborenen. Nach drei Monaten bekam auch er Fieber. Am 14. November kam Kunze aus dem Bergdorf Warat zurück, ebenfalls mit Fieber. Ihm fiel auf, daß Pilkuhn kaum noch sprechen konnte. Am Abend wurde er bewußtlos. Am Morgen des 15. November schrieb Kunze: „Jetzt mußte es sich entscheiden, was der Herr mit dem lieben Bruder vorhatte. Er war schweißnaß. Mit Hilfe der Miokesen kleidete ich ihn frisch ein. Aber da hatten wir den lieben Bruder nur für den Sarg eingekleidet. Wieder mußten wir uns unter die gewaltige Hand Gottes beugen. Am 16. November 1892 begrub ich ihn neben Claus und meiner Frau. Madom war gekommen. Ich sprach ein Gebet in der Kulobobsprache. Nach drei Monaten war ich nun wieder allein."

Den Dampierleuten war jetzt klar, daß Jesus kein starker Mann sein konnte. Wurde er nicht selber getötet, ohne daß seine Freunde es verhindern konnten? Auch hier starben seine Freunde. Kunze hatte keine nennenswerten Missionserfolge mehr. In den Missionsberichten steht dazu: „Das Wort, das er verkündigt, stößt bereits auf Feindschaft, aber Widerstand ist gewiß eher ein gutes als ein schlechtes Zeichen." Ein merkwürdiger Satz, in dem das Wort ‚Feindschaft' sich jedenfalls nicht auf die Person Kunzes beziehen kann. Seit dem Tod seiner Frau und seiner Mitbrüder war Kunze den Eingeborenen eher so etwas wie ein Mitmensch geworden.

Im Dezember wurde Missionar Dassel auf die Dampier-Insel geschickt. Er war mit Missionar Hoffmann nach Neuguinea gekommen. Hoffmann, ursprünglich Zimmermann von Beruf, ging nach Bogadjim, wo er zwei Jahre später den jungen Gumbo traf.

Stereobild 45/24-46/25. *Dorfplatz. Abend mit Leiche.*

Auf Bogadjim, der ersten Station der Barmer Mission, war zu dieser Zeit Missionar Peter Christian Arff mit seiner Frau. Sie bereiteten eine Gesundheitsstation vor. Arff hatte ursprünglich bei einem Rechtsanwalt gearbeitet, war dann Journalist geworden und hatte während einer Predigt über die Berufung Samuels ein Erweckungserlebnis. Er hatte sich in Bogadjim für die Rechte der eingeborenen Arbeiter eingesetzt gegen die Neu-Guinea-Compagnie. Er war ein Mann, dem Respekt gezollt wurde von allen Seiten.

Die Gesundheitsstation sollte nicht weit von Bogadjim in Burumana angelegt werden. Arff und seine Frau trafen am 22. Juni 1893 dort ein. Sein weiteres Schicksal geht aus einem Brief seiner Frau an die Missionsleitung hervor:

„Kaum waren wir einige Stunden auf Burumana, da bekam mein Mann Fieber. Am 30. Juni klagte er über heftige Kopfschmerzen. Ich selber bekam plötzlich einen Anfall von Dysenterie, und zwar sehr heftig. Gegen Abend konnte ich mich nicht mehr aufrechthalten und mein lieber Mann sagte tröstend: Ich stehe jetzt auf. Aber ich sah, wie auch er sich kaum aufrechthalten konnte, er mußte sich wieder legen, und so lagen wir denn beide. In der Nacht bekommt mein Mann heftigen Schüttelfrost. Ich war wieder hergestellt und konnte dem geliebten Kranken beistehen. Zu dem Schüttelfrost gesellte sich Gallenerbrechen. Am nächsten Tag wiederholte sich das. Dabei litt mein armer Mann unter heftigen Rücken-, Milz- und Seitenschmerzen. Jeden Augenblick mußte er in eine andere Lage gebracht werden, von Wassila und mir gestützt. Am Sonntagmorgen, dem 2. Juli, schickte ich Dembo nach Bogadjim, um einige Sachen zu holen, aber schon wenige Stunden später war es mir sehr leid, Bruder Hoffmann nicht um sein Kommen gebeten zu haben. In einer Ecke der Hütte hatten wir ein Bett aufgeschlagen, daneben hing eine Hängematte. Gekocht habe ich vor der Hütte auf dem Boden. Ein kleiner Koffer war unser Tisch. Ein Gallenfieber-Kranker kann absolut nichts essen, aber er muß sehr viel trinken. Frauen kamen und brachten Wasser in Bambusröhren. Sie trauerten mit mir, wenn das Stöhnen des Leidenden zu ihnen drang. Am Montag merkte ich, daß das Fieber wieder stieg. Der Puls flog. In der Nacht geschah plötzlich ein furchtbarer Krach. Es war eine stockfinstere Nacht. Ich rief: Wassila! Aber der ängstliche Junge rührte sich nicht. Und was war geschehen? Die Hütte, welche auf Pfählen stand, hatte sich auf die Seite gesenkt: Dadurch waren einige Fußbodenbretter in die Höhe geschnellt. Flaschen, Küchengeschirr usw. waren durcheinandergefallen. Am nächsten Morgen sah ich, wie das ganze Haus schief stand. Das war zuviel für meinen todkranken Mann. Erst jetzt kam mir der Gedanke, daß mein geliebter Mann von mir ginge. Aber ich konnte es doch nicht fassen. Um ½ 10 Uhr vormittags am 4. Juli stieß er den letzten Seufzer aus. Er hat mit Freuden diese arme Welt verlassen."

„Wassila half mir die Leiche waschen und entkleiden. Dann war ich allein in der Wildnis mit dem Toten. Bald kamen Männer und Frauen aus dem nächsten Dorf. Sie weinten mit mir und streichelten den teuren Leichnam. Das hatte ich nicht erwartet von diesen Heiden. Gegen Mittag boten sich einige Männer an, einen Sarg aus Palmblättern zu machen. Da mußte ich ihnen denn sagen, daß wir unsere Toten anders beerdigen, und wenn Hoffmann käme, würde er es ihnen zeigen. Aber als es Mittag wurde und nichts von Bruder Hoffmann zu sehen war, mußte ich mich schweren Herzens entschließen, selbst Anweisungen zu dem Sarg und Grab zu geben. Das war fast zuviel für mich, ich mußte mich festhalten, um nicht umzusinken. Da sagten die Leute, ich solle es lassen, Hoffmann würde kommen. Aber länger als 3 Uhr nachmittags durfte ich nicht warten in diesem heißen Land. Aus bangem Herzen schrie ich zu Gott um Hilfe. Zum zweitenmal holte ich das Handwerkszeug, mußte die Bretter abmessen und zeigen, was ich denn eigentlich wollte. Das Grab wollten sie erst unter dem Hause, dann in der eben fertiggewordenen Küche machen, wie es ihre Art ist, aber sie waren auch gleich bereit, dasselbe im Garten zu graben. Ich steckte es ihnen ab und zeigte, wie tief sie es machen müßten. Als die Sonne unterging, war alles fertig, um den Leichnam zu bestatten."

„Ich hoffte immer noch auf Bruder Hoffmanns Kommen. An dem offenen Grabe war es mir vergönnt, den Papua etwas von dem Trost zu sagen, den wir an den Gräbern unserer Lieben haben. Aber mein Sprechen war nur ein Stammeln. Da, um ½ 8 Uhr schien eine Laterne durch das Dickicht. Der liebe Bruder war selber fieberisch. Ich war mit seinem Plan, den Toten in Bogadjim zu bestatten, einverstanden. Aber wie sollten wir die Leiche hinunterbringen in der dunklen Nacht? Am nächsten Morgen mußte ja die Beerdigung sein. So machten wir denn den furchtbaren Transport. Es ist schon ein schrecklicher Weg bei hellem Tage, wo einer hinter dem anderen gehen muß, denn rechts und links sind gähnende Abgründe. Oft ist der Weg so steil, daß man mehr hinunterrutscht als geht. Doch wir erreichten um 4 Uhr den Strand, wo uns zwei Boote erwarteten. Um 6 Uhr kamen wir in Bogadjim an. Um ½ 8 Uhr war die Beerdigung."

Die Missionsleitung in Deutschland schien nach diesem Bericht zum ersten Mal ratlos zu sein. Sie veröffentlichte den Brief, und der Inspektor schrieb dazu: „Im Blick auf die jetzige Lage der Neu-Guinea-Mission ist nicht zu verkennen, daß durch den Heimgang unseres lieben Bruders Arff eine Mut- und Hoffnungslosigkeit sich unserer bemächtigen will, auch weil unsere jüngste Hoffnung, die Gesundheitsstation Burumana, gefallen ist. Auch war Bruder Arff ein erfahrener, tüchtiger und treuer Mann, der es verstand, in kritischen Lagen die Situation zu überschauen und danach zu handeln."

Auf Dampier wenigstens überlebten die beiden Missionare Dassel und Kunze die nächsten zwei Jahre. Die Missionsleitung schickte Dassel eine Braut, so daß auch wieder eine Frau auf der Insel war. Ende 1894 aber war Missionar Kunze am Ende seiner Kräfte. Malaria und Ruhr hatten seine Gesundheit zerstört. Ende Dezember kehrte er nach Deutschland zurück. An seiner Stelle traf auf der Insel der junge Missionar Helmich ein und trat an die Seite Dassels.

Missionar Kunze hat die letzten Gespräche mit ‚seinen' Papua aufgezeichnet: „Kunze", fragten sie ihn, „warum willst du fortgehen? Du hast deine Frau hier, und Claus und Pilkuhn, und du hast schon graue Haare hinter den Ohren. Wenn du stirbst, wollen wir dir ein schönes großes Loch machen, wie du es gerne hast und auch deine Kleider dazulegen. Einer gab zu bedenken: Mich schmerzen meine Eingeweide, daß du deine Frau verläßt, aber ich werde ihr eine Hütte bauen, wenn sie wiederkommt." Kunze bemerkte dazu: „Das war zwar immer noch heidnisch gedacht, aber es zeigt doch, daß sie in den Herzen dieser Papua ein Plätzchen gefunden hatte." Mit diesem Satz enden seine Berichte.

Kaum war Kunze fort, begann in Dampier die Erde zu beben. Am 17. Juni 1895 sprang eine Feuersäule aus dem Inselvulkan, schwarzer Rauch folgte ihr. Dann entfuhr dem Krater ein ohrenbetäubendes Zischen, als ob er voller Schlangen wäre. Die Bergbewohner begannen aus ihren Dörfern zu fliehen. Am nächsten Tag war das alles vorbei. Aber jetzt begann ein Donnern und Rollen unter der Erde. Tagelang hielt es an. Mehrmals fiel Aschenregen. Ein starker Wind trieb die Asche weitgehend ins Meer. Dann wurde es wieder still auf der Insel. Viele Boote kamen nun vom Festland herüber. Dort hatten die Menschen den Rauch und die Feuersäule gesehen. So kam am 2. Juli auch Missionar Barkemeyer mit einem starken Boot aus Siar, um nach den Brüdern Helmich, Dassel und seiner Frau zu sehen, und um sie notfalls zu evakuieren. Immer noch schwankte der Boden Dampiers.

Aber nun trat ein Ereignis ein, das die Missionare wie den Einfall apokalyptischer Reiter erlebten: Die Pocken kamen nach Dampier. Nicht lange zuvor waren sie schon über das Festland gezogen. Von der Compagnie angeworbene chinesische Arbeiter hatten sie eingeschleppt. Wieder waren die Eingeborenen ihnen hilflos ausgeliefert. Dagegen erkrankte kaum ein Europäer. Dafür war es umgekehrt bei der Malaria, die in Europa schließlich durch Verringerung der Feuchtbiotope besiegt wurde. Weltweit erkranken heute aber immer noch annähernd fünfhundert Millionen Menschen an Malaria und fast zwei Millionen sterben daran jedes Jahr. An den Pocken starben damals auf Dampier von den zweitausendfünfhundert Eingeborenen in wenigen Wochen mindestens achthundert. Dampier ist halb so groß wie Rügen. Ziellos flohen die Papua vor dem drohenden Vulkanausbruch und vor den Pocken auf der Insel hin und her. Wegen der Monsunstürme konnte niemand die Insel verlassen, auch die Missionare nicht. Fast alle Schiffe der Compagnie wurden vom Sturm zerschlagen.

Die Vorräte der Missionare waren fast aufgebraucht. Barkemeyer ging jeden Tag auf Tauben- oder Waldhuhnjagd, so auch am Morgen des 2. August 1895, einen Monat nach seiner Ankunft. Was nun geschah, hat niemand beobachtet. Missionar Dassel versuchte es in seinem Bericht zu rekonstruieren: „Wir vermißten Barkemeyer gegen Mittag und suchten ihn. Da hörten wir plötzlich einen Knall ganz in der Nähe. Wir liefen hin und fanden Barkemeyer in seinem Blute liegen. Ich rief: Johann, was ist geschehen? Er sagte noch: Ich habe mich geschossen, ich muß sterben. Er hatte noch keinen Vogel geschossen. Die Patrone steckte also noch im Lauf des Gewehrs, das er vielleicht vom Rücken nehmen wollte, wobei es sich entlud. Vielleicht war es auch von der Schulter gerutscht, denn der Tragriemen war offen. Der Schuß war ihm in den Rücken gefahren und auf der Bauchseite wieder herausgekommen. Wir verbanden ihn, aber Hoffnung hatten wir keine. Bei der geringsten Bewegung kamen immer neue Ströme Blutes. Einen zweistündigen Kampf hat er noch gekämpft. Seinen Ruheplatz fand er bei den Gräbern der drei anderen." Sobald der Sturm nachließ, verließen die letzten beiden Missionare mit Frau Dassel die Insel. Als sie auf Siar ankamen, wurde dort Missionar Bergmanns Sohn Theo geboren, den wir als Fünfjährigen auf zwei Stereofotos fanden. Das Ehepaar Dassel mußte wenige Monate später nach Deutschland zurückkehren. Beide waren schwer erkrankt. Noch im Jahre 1895 beschloß die Missionsleitung, Dampier aufzugeben.

Anstelle Dampiers wurde 1896 in der Nähe von Bogadjim die Station Bongu eröffnet. Dort war Nicolai Mikloucho-Maclay fünfundzwanzig Jahre vorher oft gewesen. In Bogadjim und Umgebung gab es jetzt etwa dreihundert, in Bongu zweihundert Eingeborene. Das Missionshaus in Bongu gehörte der Neu-Guinea-Compagnie, sie hatte es für den Schmetterlingsforscher Karl Wahnes bauen lassen. Aus seinem Nachlaß stammen mehrere Stereobilder. Sie wurden wahrscheinlich nicht von ihm aufgenommen, sondern eher von einem Missionar. Karl Wahnes Hütte in Bongu übernahm die Rheinische Mission 1896. Eigenartigerweise hatte auch Heinrich Fellmann Stereobilder aus diesem Teil Neuguineas. Wahnes Stereobilder aus der Astrolabe-Bucht und die Fellmanns sehen Sie in dieser Ausstellung, ebenso wie Fellmanns Stereobilder aus dem Bismarck-Archipel. Kurz nach Fellmanns Ankunft besuchte 1897 Missionar Hoffmann die methodistische Mission im Bismarck-Archipel. Fellmann fotografierte seit Anfang 1898. Hier liegt vielleicht auch eine Erklärung für die Stereobilder, die sich auffallend ähneln in der Aufnahmetechnik. Fellmanns eigene Stereobilder entstanden später. Von Hoffmann ist bekannt, daß er fotografierte. So dürfte das Foto von Gumbo von ihm sein. Andererseits ist sicher, daß Hoffmanns Nachfolger in Bogadjim, Missionar Diehl, eine Stereo-Kamera hatte. Er kam aber erst Ende 1902 nach Neu Guinea, als Karl Wahnes nicht mehr dort war. Neben den Stereofotos von Fellmann sind auch die von Missionar Diehl in der Ausstellung aufgestellt. Auch sie verdanke ich einem Nachkommen.

Missionar Hoffmann berichtete seiner lutherischen Mission in Deutschland ausführlich über die katholische und die methodistische Mission auf der Gazelle-Halbinsel. Hoffmann war auch in Raluana, wohin kurz darauf Fellmann kam. „Die römische Mission", schreibt er an seinen Inspektor, „tritt großartig auf, mit stattlichen Gebäuden, einer großen Kirche und vierzig bis fünfzig Patres. Einfach und bescheiden nimmt sich dagegen die Wesleyanische Mission aus, und doch hat sie Erfolge, welche sich gut mit denen der römischen Mission messen können. Wir sind mit Missionar Chambers, welcher in Raluana stationiert ist, durch die Dörfer gegangen. Die sauberen Wohnungen der Christen, ihr bescheidenes freundliches Wesen, haben uns sehr gut gefallen. Namentlich die eingeborenen Helfer, drei eingeborene Prediger, zwölf Aufseher über die Lehrer und siebzig eingeborene Lehrer, einige aus Fidschi machten einen sehr guten Eindruck. Wie viele Christen die Wesleyaner haben, konnte ich nicht genau erfahren. Sie zählen die Predigthörer. Das sind über achttausend. Sehr schön fand ich die Buschkirchlein und die Schulen, welche dem Bedürfnis der Eingeborenen viel mehr entsprechen als pompöse Gebäude." Hoffmann kam ein Verdacht: Die Papuawelt durch die lutherische geteilt, geht nicht auf. Eine muß dabei untergehen. Bei den Methodisten war es offenbar anders. Über die Katholiken sagt Hoffmann noch: Römischerseits hat man alles getan, um die Wesleyaner bei der Regierung in Mißkredit zu bringen. Doch die methodistischen Missionare rühmen die unparteiische Hal-

***Stereobild* 47/26-48/27.** *Der junge Theo Bergmann auf Siar.*

***Stereobild* 49/28.** *Ehepaar Diehl mit Tochter Beate in Bogadjim.*

tung der jetzigen Regierung. Um aber die häufigen Verhandlungen besser führen zu können, haben sie um einen deutschen methodistischen Missionar gebeten, welcher ihnen jetzt geschickt wird."

Kaum war Missionar Hoffmann aus dem Bismarck-Archipel nach Bogadjim zurückgekehrt, mußte er den deutschen Landeshauptmann v. Hagen beerdigen. Er war von den beiden Plantagenarbeitern Ranga und Upika erschossen worden. Die beiden waren bereits wegen Mordes inhaftiert, konnten aber fliehen. Sie stammten von der Salomon-Insel Buka. Herr v. Hagen suchte sie mit einer Polizeitruppe der Neu-Guinea-Compagnie, welche die Rechtshoheit im deutschen Schutzgebiet besaß. Ihr gehörte auch der kaiserliche Richter Dr. Hahl an, der später Gouverneur der Kolonie wurde, mit Sitz in Rabaul. Bei der Verfolgung wurde v. Hagen durch Ranga erschossen. Wieder konnten die beiden fliehen, aber sie hatten als Fremde bei den Eingeborenen der Astrolabe-Bucht keine Sympathien. Sie wurden gespeert.

Laut Hoffmann sind Leute zur Station gekommen und haben davon berichtet. „Man hat sie aufgefordert, die Köpfe der Mörder zu bringen, aber die Eingeborenen haben erklärt, sie täten das nicht. So haben die Herren die Köpfe selber holen müssen." Missionar Hoffmann galt als Kenner der Rechtsverhältnisse bei den Papua der Astrolabe-Bucht. Auf Bitten des Auswärtigen Amtes in Berlin verfaßte er darüber einen Bericht. Dr. Hahl tat dasselbe für die Gazelle-Halbinsel. Hoffmann betonte den ‚Kommunismus' der Eingeborenen, der im gemeinsamen Besitz des bebauten Landes, der Männerhäuser, der Jagd und Fischerei bestand, auch die gemeinsame Arbeit auf den Dorfplantagen, beschrieb er. Aber er betonte ebenso das Besitzstreben der Eingeborenen. Die Hütten, ihr Inhalt, besonders aber die Schmucksachen, Armbänder, Kopf-, Tanz- und Brustschmuck sind ihr Privateigentum und haben von allen Dingen für sie den größten Wert. In der Astrolabe-Bucht ersetzten sie beim Tauschhandel die Stelle des Geldes. Auf der Gazelle-Halbinsel war dies das Muschelgeld. Ein Bikman muß beides haben, ‚mana', das ist Charisma, und ‚tabu', also Schmuckgegenstände.

Erst wenn das Land gemeinsam bebaut worden ist, fand Hoffmann, wird es aufgeteilt, sogar einzelne Kokospalmen werden dann Privateigentum. Da aber die Ernte gemeinsam genossen wird, besteht der Sinn dieses Eigentums nicht darin, reich zu werden an Gütern, sondern an Ansehen. Die Hütten der Angesehenen waren zwar noch keine Banken, aber doch Schatzhäuser für Schmuck und Muschelgeld. Wer das nicht hatte, hatte auch nichts zu sagen. In dieser Beurteilung stimmten der Jurist Hahl und der Missionar Hoffmann überein.

Damals lebte bei den Hoffmanns schon seit drei Jahren der Papuajunge Gumbo. Er war inzwischen zehn Jahre alt. Als die Hoffmanns von einem Malaria-Erholungsurlaub aus Deutschland nach Bogadjim zurückgekehrt waren, hatte auch Gumbo sich wieder bei ihnen eingefunden. Jetzt hören wir öfter etwas von ihm. Als Gumbo vierzehn Jahre alt war, kam Robert Koch zu Missionar Hoffmann nach Bogadjim, um anschließend nach Raluana zu reisen, wo er bei Fellmanns wohnte. Koch, der durch die Entdeckung des Tuberkulose-Erregers weltberühmt geworden war, regte in Bogadjim Chininkuren bei den Kindern der Eingeborenen an, weil 66 % bis zum fünften Lebensjahr Malaria-Parasiten im Blut hatten, die dann später, wie auch bei Gumbo, verschwanden. Hoffmann berichtete, wie er dreiundvierzig Kleinkinder mit viel List an jedem 8. und 9. Tag flüssiges Chinin verabreichen mußte, auch seinem eigenen Kind. Es zeigte sich, daß nach der Chininkur nur noch 16 % der Kleinkinder Malaria-Parasiten im Blut hatten. Daß sie von Moskito-Mücken übertragen wurden, war damals schon bekannt. Den Grund, warum bei den Eingeborenen die Malaria-Parasiten später von alleine verschwanden, fand Koch ebensowenig wie ein Heilmittel gegen Malaria. Aber er bewies die vorbeugende Wirkung des Chinins. Kurz nach Kochs Ankunft in Neuguinea bekam übrigens seine junge Frau Hedwig Malariafieber. Als sich herausstellte, daß sie kein Chinin vertrug, schickte Koch sie sofort zurück nach Europa. Koch entdeckte aber die Ähnlichkeit des Erregers der Frambösie, einer besonders schmerzhaften Tropenkrankheit, mit dem der Syphillis. Seine Entdeckung der Frambösie-Therapie gehört in das Kapitel Heinrich Fellmanns.

Das Deutsche Reich übernahm 1899 die Verwaltung der Kolonie von der Neu-Guinea-Compagnie, die wirtschaftlich am Ende war. Um 1900, als Robert Koch in der Astrolabe-Bucht war, zog Missionar Hoffmann für die Mission eine Bilanz: „Zu Neujahr habe ich zehn Kinder aus der Schule entlassen. Der einzige, der sich von dem heidnischen Wesen so ziemlich frei gemacht hat, ist unser Hausjunge Gumbo. In ihm reift vielleicht die erste Frucht unserer thränenreichen Neu-Guinea-Mission heran. Ich versuche ihn jetzt auf die Wichtigkeit der heiligen Taufe aufmerksam zu machen. Wenn er weiter so fortfährt, will ich ihn in einen geregelten Taufunterricht nehmen. In dem Jungen arbeitet der Geist Gottes. Ein Beispiel aus den letzten Tagen zeigt das. Ein Onkel Gumbos war vor einiger Zeit gestorben, und es ist Sitte, daß man nach 6-8 Wochen die Leiche wieder hervorholt und ihr die Kinnlade ausbricht. Das geschieht dann unter allen möglichen heidnischen Zeremonien. Eines Tages nun kam Gumbo und fragte, ob er dabei sein dürfe, wenn man der Leiche seines Onkels die Kinnlade entfernen würde. Ich sagte ihm, daß dies eine heidnische Sitte sei, und wenn er ein Christ werden wolle, so müsse er auch dies fahren lassen. Darauf merkte ich, wie es doch einen Kampf im Herzen des kleinen Mannes gab. Als der Tag kam, bat er meine Frau, sie möge ihm alle Wäsche zum Bügeln geben, damit er tüchtig Arbeit habe und seine Gedanken nicht nach seinem Dorfe hingezogen würden. Er verzichtete also damit auf die Zugehörigkeit zu seiner Familie und hat es gern gethan; denn nie war er fröhlicher, als an jenem Tag. Wir werden allerdings noch viel Geduld mit ihm haben müssen. Die Papuaherzen sind wankelmütig und unbeständig."

„Am letzten Sonntag hatte ich eine rechte Freude im Gottesdienst", setzt Hoffmann seinen Bericht fort. „Dreißig für eine Expedition angeworbene Leute, zum Teil Christen aus dem Bismarck-Archipel, hielten sich vorübergehend auf Stephansort auf, der hiesigen Pflanzung. Für die Bogadjim-Leute war dies etwas ganz Neues, und namentlich die Lieder, die von den Miokesen gesungen wurden, machten einen tiefen Eindruck auf unsere Männer. Ich habe mich sehr gewundert über die Bibelkenntnis der Leute, von denen nur ein kleiner Teil getauft war. Dort im Archipel muß doch die Mission einen großen Erfolg haben ... Es ist furchtbar hart, daß hier nach fünfzehn Jahren opfer- und thränenreicher Arbeit noch kein Erfolg vorhanden ist in einem Gebiet von über tausend Seelen. Noch immer konnte kein Heide getauft werden."

Ein Jahr später, im Jahre 1902, berichtete Missionar Hoffmann der Missionsleitung in Deutschland, daß es den Angehörigen doch gelang, Gumbo wieder zurückzuziehen in das Heidentum. Der Inspektor schreibt dazu: „Uns hier war das so schmerzlich, daß wir es nicht über uns gewinnen konnten, dies gleich zu veröffentlichen. Wir hofften auf bessere Nachrichten. Jetzt hat uns Missionar Hoffmann wieder geschrieben: Mit der letzten Post mußte ich leider schreiben, daß Gumbo, auf den wir so große Hoffnungen setzten, uns verlassen hatte. Er nähert sich uns wieder. Ich hoffe, daß er bald ganz zurückkommen wird. Es ist keine Frage, der Geist Gottes arbeitet in seinem Herzen. Gerade ein Erstling hat es am schwersten ... Im Blick auf den langsamen Fortgang unserer Arbeit möchte man sich manchmal fragen: Arbeiten wir hier nicht vergeblich?"

In Bongu, der neuen Missionsstation, fragte sich Missionar Hanke das gleiche: „Es ist der fundamentale Mangel an Sündenerkenntnis, der uns nicht weiterkommen läßt. Oft hört man von Lügnern und Dieben die dreiste Antwort: Ich bin ein guter Mensch, ich habe keine Sünde." Auch aus Siar, der zweiten Missionsstation, äußerte sich Missionar Bergmann skeptisch: „Die Leute behaupten, sie hätten die Masken für ihren Ahnenkult gar nicht mehr, doch will ich nicht eher daran glauben, bis sie mir diese Sachen zum Verbrennen bringen."

In Bogadjim bemerkte Hoffmann damals sogar ein Wiederaufleben des Asakultes: „Ich denke manchmal, wie unsere alten Papua müssen damals die alten Sachsenrecken gewesen sein, die auch lieber mit ihren Ahnen in die Hölle wollten, als dem Christentum zu glauben." „Gumbo nähert sich wieder", hatte Missionar Hoffmann noch Anfang des Jahres geschrieben. Aber er kam damals und bat Hoffmann, ihn nach Finschhafen zur Neuendettelsauer Mission zu lassen. Er wollte dort, fern von Dorf und Familie, versuchen, Christ zu werden.

Aber dann erschien Gumbo im August erneut bei Hoffmann und bat ihn wieder, aufgenommen zu werden in sein Haus. Er war nicht nach Finschhafen gegangen. Er wolle keinen Lohn, sagte er, sondern für „lana", also für nichts arbeiten. Hoffmann beobachtete ihn, denn bald fand wieder ein heidnisches Fest statt in seinem Dorf. Der ganze Familienverband mußte daran teilnehmen, damit alles seine Ordnung behielte zwischen Menschen, Ahnen und Geistern. Hoffmann war sehr gespannt, wie Gumbo sich entscheiden würde. Er berichtete darüber nach Deutschland: „Alle Verwandten kamen nacheinander und suchten ihn zu bewegen, an dem Fest teilzunehmen, auch seine Eltern. Es kam zu einem ergreifenden Auftritt. Die Eltern meinten, er brauche sich doch nur eine Feder ins Haar zu stecken und aus der Ferne zuzusehen. Gumbo aber blieb fest und gab nur diese Antwort: Jesus will es nicht. Ich will ein Christ-Tamo werden."

Jetzt begann Hoffmann mit dem Taufunterrricht. Gumbos alte Natur kam oft wieder zum Vorschein, aber „manchmal fühlten wir beide die Nähe Gottes und beugten unsere Knie." Nach drei Monaten Unterricht fand Hoffmann Gumbo ausreichend vorbereitet und schrieb: „Auch die Brüder Bergmann und Hanke waren der Ansicht, daß man hier dem Wasser nicht mehr wehren darf." Hanke war gerade von einem Besuch auf Dampier zurückgekehrt, acht Jahre, nachdem die letzten Missionare die Insel verlassen hatten. Dort waren weitere Vulkanausbrüche ausgeblieben. Der Besuch war deprimierend. Aber die bevorstehende erste Taufe nach sechzehn Jahren und dreizehn toten Missionaren und Missionarsfrauen tröstete ihn. Von den Missionaren der ersten Jahre lebte nur noch Bergmann, der kräftigste von allen, der jetzt an zwei Stöcken ging. Auch er kam zur Taufe und ließ sich von Hanke aus Dampier berichten. In Kulobob gab es kaum eine Hütte, in der Hanke nicht irgendetwas aus dem alten Missionshaus gefunden hätte. Vor allem der alte Madom hatte sich aus den Brettern und Balken einen richtigen Hüttenpalast mit Zimmern gebaut. Hanke hatte viele Fragen gestellt, um zu sehen, ob auch etwas vom Christentum geblieben war. Aber davon fand er nichts mehr. Hanke hatte auch die vier Grabhügel aus dem Urwald befreit, der sie wieder in Besitz genommen hatte. Vom Missionshaus waren nur ein paar zersplitterte Bretter übriggeblieben. „Diese Tage in Kulobob waren die traurigsten, die ich in Neuguinea erlebte", schloß Hanke seinen Bericht.

Gumbos Taufe in Bogadjim mußte verschoben werden, weil Missionar Hoffmann Weihnachten einen Malariaschub bekam. Aber am 28. Dezember 1903 war es soweit. Auf der Veranda wurde ein Tisch aufgestellt mit einem Taufbecken. Wohl zweihundertfünfzig schwarze und weiße Menschen waren gekommen aus der ganzen Astrolabe-Bucht. „Wir waren innerlich sehr bewegt", erinnert sich Missionar Hoffmann, „zum ersten Mal kam es mir zum Bewußtsein, wie vor dem Angesicht Gottes alle Unterschiede fallen." Auch Gumbo zitterte vor Bewegung. Er hob sich mit weißem Hemd und weißem Lendenschurz vorteilhaft ab gegen seine Landsleute. Nach meiner Predigt und den Liedern in drei Papuasprachen kamen ruhig und klar Gumbos Antworten auf meine Fragen. Dann sprach er sein Glaubensbekenntnis und dieses Taufgelöbnis:

„Ich entsage der Sitte meiner Vorfahren. Den Asa haben meine Ahnen durch Lüge eingesetzt, die Götzen haben sie durch Lüge eingesetzt. Das weiß ich. Ich glaube an den Roté Jehovah. Er ist der alleinige Gott. Er hat Himmel und Erde geschaffen. Ich glaube an Jesus Christus, er ist Gottes einziger Sohn, er hat mir meine Sünden vergeben. Ich bin früher meiner Vorfahren Wege gewandelt. Nun will ich Jesu Wege gehen. O Roté, ich habe zu Dir gesprochen, Du hast es gehört. Hilf mir. Amen!"

Gumbo wurde auf den Namen Paul getauft. Seine Verwandten hätten, so Missionar Hoffmann, „noch am Abend vorher einen letzten vergeblichen Versuch gemacht, Gumbo zum Rücktritt zu bewegen. Zu Mittag waren sie meine Gäste. Nach der Feier verhielten sie sich aber freundlich. Doch dürfen wir uns fürs erste noch keinen zu großen Hoffnungen hingeben ..."

Wenige Tage nach Gumbos Taufe kam in Bongu ein Knabe zu Missionar Hanke und sagte ihm, daß die Bongu- und Bogadjimleute und die nahen Bergbewohner sich verabredet hätten, alle Europäer, auch die Missionare, umzubringen. Missionar Hanke glaubte das nicht. Der gleiche Junge kam aber am Abend des 4. Februar 1904 noch einmal zu ihm und berichtete das gleiche. Er fügte diesmal hinzu, einige Leute wollten mit den Waffen der Europäer fliehen, wenn sie von diesen zum Schießen von Paradiesvögeln geschickt würden. Diesmal informierte Hanke die Neu-Guinea-Compagnie. Bis zum 26. Juli geschah nichts. Inzwischen starb Missionar Gustav Bergmann, und die Missionsstation Siar übernahm der junge Missionar Weber.

Am 26. Juli 1904 begann jener Aufstand, der in die Kolonialgeschichte Neuguineas einging als ‚Madang-Revolte'. Ihre Ursache ist immer noch rätselhaft. Zu erwägen wäre, ob nicht Gumbos Taufe, die unter den Papua der Astrolabe-Bucht so viel Aufregung verursachte, auch eine der Ursachen sein könnte.

Am Morgen um 8 Uhr 30 fielen in Friedrich-Wilhelmshafen mehrere Schüsse, die in Siar zu hören waren. Bald darauf erschienen auf der Insel Siar Polizeisoldaten mit dem Bezirksamtmann Assessor Stuckhardt. Sie marschierten zum Missionshaus und waren erstaunt, daß die Missionare Weber und Helmich noch lebten. Stuckhardt berichtete von einem vereitelten Überfall der Eingeborenen auf Friedrich-Wilhelmshafen, an dem sich vor allem Siarleute beteiligt hätten. Ein Mann aus dem Kirchdorf der Insel Ragetta sei getötet worden, einen anderen aus Beliao habe man gefangen, der Rest sei geflohen. Dieser Gefangene habe den ganzen Aufstandsplan verraten. Er sei von Siar- und Bilibilileuten geplant worden. Sie hätten seit Wochen zum Kampf gegen alle Europäer und Missionare aufgerufen. Die Missionarsfrauen sollten dabei verteilt werden und auch den kleinen Theo Bergmann wollten sie am Leben lassen. Missionar Weber hielt den Aufstandsplan für Männerhaus-Gerede.

Stuckhardt verhaftete sechs angesehene Siarleute und verhörte sie in den nächsten Tagen. Dabei gab es zahlreiche Aussagen, die ebenfalls für eine lange geplante Revolte sprachen. Weitere Verhaftungen wurden vorgenommen aufgrund gegenseitiger Beschuldigungen der Eingeborenen. Am 17. August traf aus Herbertshöhe, in Vertretung des Gouverneurs, dessen Stellvertreter Knake ein. Die Aussagen der fünfzehn Inhaftierten brachten jetzt noch eine Überraschung. Am Aufstandsplan waren offenbar auch Leute aus dem 250 Kilometer entfernte Huon-Golf beteiligt. Einer der Beteiligten sei sogar ein Christ. Der Vize-Gouverneur verhängte noch am gleichen Tage über die Astrolabe-Bucht den Belagerungszustand. Ein Kriegsgericht trat zusammen. Die Eingeborenen Mas, Maian, Aman, Kinan, Jjai, Matau, Mirop, Dum und Karik wurden zum Tode verurteilt. Sechs von ihnen wurden nach Siar gebracht und dort erschossen, drei wurden begnadigt und verbannt. Insgesamt gab es fünfzehn Hinrichtungen. Genaue Nachrichten von der Madang-Revolte kamen erst im September mit dem schwerkranken Missionar Hoffmann in Deutschland an, zusammen mit der Nachricht über den Mord an zehn katholischen Missionaren und Missionsschwestern auf der Gazelle-Halbinsel des Bismarck-Archipels, verübt durch Bergbewohner der Bainingstämme. Es gab noch keine Kabelverbindung zwischen dem Deutschen Reich und seiner Neuguinea-Kolonie.

Den rheinischen Missionaren fiel es schwer, an diese Revolte zu glauben. Sie sprachen von einem Aufstands-Versuch. Die Missionsleitung in Deutschland fragte sie nach ihrer Meinung. Sie lautete: Die Papua sagen, sie wollten wieder alleine sein. Sie seien beunruhigt, weil auch hier, wie im Bismarck-Archipel, Häuptlinge von der Regierung eingesetzt werden sollten, und weil sie gegen ihren Willen zum Straßenbau herangezogen würden. Hinzu sei ein Schweinesterben gekommen. Die Bongu-Leute hätten zu Missionar Hanke gesagt: Du bist zwar gut, aber wir wollen diese Jesus-Reden nicht. In Deutschland veröffentlichte dazu eine Zeitung einen Leserbrief aus Neuguinea: Der Führer der Revolte sei ein junger Christ gewesen, dessen Taufe die Mission kürzlich „rühmend erwähnt habe". Dazu war im Januar 1904 der Hereroaufstand in Afrika ausgebrochen. Schon dabei wurde die Barmer Mission von den Weißen beschuldigt, auf der Seite der Einheimischen zu stehen. Der Eingeborene war für die Weißen nicht mehr der edle Wilde Rousseaus und Miklouchо-Maclays. Er war das geworden, wofür Schopenhauer Menschen hält: Ein wildes, entsetzliches Tier, das wir nur im Zustand zivilisatorischer Zähmung kennen, weswegen uns die Ausbrüche seiner Natur so erschrecken.

Missionar Hoffmann, der neue Präses der Neuguinea-Mission, schrieb nach Hause: „Lieber Herr Inspektor, Sie werden verstehen, daß uns diese Revolte so ungeheuerlich erschien, daß wir sie nicht glauben mochten. Wir waren nicht die einzigen, welche den Eingeborenen solche Pläne nicht zugetraut hätten. Auch der Kaiserliche Richter Dr. Hahl, der zwölf Jahre im Lande ist, war verblüfft. Anfänglich brachten die Eingeborenen den Europäern ja eine unbegrenzte Verehrung entgegen. Man hielt sie für höhere Wesen. Aber mit der Zeit ist den Leuten diese Illusion gründlich zerstört worden. Sie merkten, daß der weiße Mensch auch sehr menschliche Seiten hat. Dazu kommen die Einschränkungen, welche die Eingeborenen in ihrem Landbesitz erfahren haben." Die Missionsleitung in Deutschland zeigt sich von den Eingeborenen enttäuscht: „Es sind verlogene, ungezogene und eigensinnige Kinder, die sich unter keine Ordnung und Obrigkeit beugen können."

Die ‚Madang-Revolte' hat sich von Anfang an offenbar mehr in den weißen und schwarzen Köpfen abgespielt als in der Realität. Sieben Monate spukte die Revolte ja schon in der Astrolabe-Bucht, bis die Spannung so gestiegen war, daß es zu jenem ‚Ausbruch' vom 26. Juli 1904 kam. Fremdheit und Angst voreinander erzeugten ein Wahngebilde. Unter den Weißen gab es nicht ein einziges Opfer, sieht man von Missionar Weber ab, dessen Abberufung die Weißen, von denen viele antichristlich eingestellt waren, forderten. Der Bezirksamtmann von Friedrich-Wilhelmshafen nannte ihn ‚gemeingefährlich'. Verwirklicht wurde am Ende auch diese Abberufung nicht.

Nach der Madang-Revolte berichtete Missionar Weber aus Siar: „Hier waren zunächst fast alle Erwachsenen geflohen. Wir hatten auf der Station vierzig Papuakinder. Einige ihrer Angehörigen gehörten mit zu den Hingerichteten. Man denke: Da steht ein kleiner Bube, soeben wurde sein Vater erschossen. Dort sitzt ein sechsjähriges Mädchen, sie hört die Gewehrschüsse, die ihren letzten Bruder dahinstrecken. Wohl weint sie eine halbe Stunde, dann aber sitzt sie wieder vergnügt mit den anderen um die große Schüssel beim Essen. Wie sich das Völkchen zu helfen weiß! Niemand ruft nach der Mutter. Jedes ist in der Lage, sich selber zu helfen." Am 17. September wurden noch einmal drei Siarleute in Friedrich-Wilhelmshafen hingerichtet. Missionar Helmich kannte sie und durfte noch zehn Minuten mit ihnen sprechen. Er berichtete, daß sie ihre Schuld nicht einsehen konnten, und daß ihre Angst vor dem Sterben sehr groß war. Übrigens wiederholte sich die Madang-Revolte 1912 noch einmal. Derselbe Eingeborene wie 1904 verriet sie auch 1912. Diesmal wurden alle Einwohner der beteiligten Dörfer zwangsumgesiedelt.

Bald nach der Madang-Revolte schrieb Gumbo einen Brief nach Deutschland an den Missions-Inspektor Haußleiter: „O, unser Vater! Du hast mir einen Brief geschrieben, und ich habe ihn gesehen. Ich verstehe Eure Sprache nicht, aber Hoffmann sagte sie mir, und ich habe sie gehört. Als ich Dich hörte, war ich in meinem Inneren erfreut. O, unser Vater! Ich sage Dir, daß ich im Hause meines Vaters Hoffmann wohne, der Dir das schreibt. Ich habe die Sitten meiner Vorfahren verlassen. Ich stelle jetzt die Rede Jesu in mein Herz. Hoffmann war krank. Jetzt ist Hoffmann gesund, und seine Frau ist gesund und sein Kind ist gesund, sein Kind heißt Mathilde, es ist sehr gesund. O, unser Vater! Wir bauen jetzt ein Haus für Gott. Wir haben den Boden aufgewühlt, aber die Pfähle haben wir noch nicht gesetzt. O, unser Vater! Ich grüße Dich. Meine Leute sind nicht im Krieg, sondern sitzen hier friedlich. O, unser Vater! Ich bin Gumbo."

Im Jahre 1905, anderthalb Jahre nach seiner Taufe, starb Gumbos Vater. Missionar Diehl, Hoffmanns Nachfolger, war gespannt, wie er sich verhalten würde. Als ältester Sohn wäre er verpflichtet gewesen, alle heidnischen Zeremonien der Beerdigung mitzumachen. Missionar Diehl beobachtete die Beerdigung. Tatsächlich sah er Gumbo, wie er der Beerdigung nur von weitem zusah. Er nahm auch nicht an den verschiedenen Essen teil, die noch mehrere Wochen danach stattfinden. Man stellte ihn auch nicht zur Rede. Diehl meinte: „Sie finden sich nun in das Unvermeidliche." Dennoch vermißte Missionar Diehl an Gumbo ‚Bekennerfreudigkeit', führt das aber darauf zurück, daß in „Neuguinea die Jugend nichts zu sagen hat".

Gumbo war auch dabei, als bald darauf Missionar Diehls junge Frau an Schwarzwasserfieber erkrankte und am sechsten Tag starb. Als ihr Bewußtsein schwand, sagte sie in der Bogadjimsprache laut: „E endego mamgala sai mondon e mamgala une rai!", was heißt: „Ich sehe es jetzt nicht, aber ich werde es sehen!" Gumbo, der mit im Sterbezimmer war, weinte. Erst zehn Monate war sie in Neuguinea. Man begrub sie als letzte in diesem Jahr neben dem kleinen Walter Hoffmann.

Gumbos Abfall von den Ahnen ließ die Papua nicht zur Ruhe kommen. Sie fanden sich nicht in das Unvermeidliche. Missionar Diehl schreibt nach dem Tod seiner Frau: „Wir könnten als die besten Freunde mit den Eingeborenen leben, wenn wir ihnen nur ihren heidnischen Kram lassen würden. Aber daß wir diesen antasten, zieht uns den Haß der Leute zu. Zum Gottesdienst kommen sie nur, weil sie fürchten, die Fürsprache des Missionars zu verlieren, bei Verwicklungen mit der Neu-Guinea-Compagnie oder der Regierung."

Im November 1905 kam Gouverneur Dr. Hahl nach Friedrich-Wilhelmshafen. Viele Eingeborene aus der Astrolabe-Bucht kamen zu ihm und beklagten sich über die Missionare, weil sie ihnen die alten Sitten wegnehmen wollten. Dr. Hahl hielt eine lange Rede in Pidgin. Er sagte, keiner dürfe gezwungen werden, das Heidentum aufzugeben. Christ zu werden, sei eine Sache des freien Willens. Wer die Sitten der Väter behalten wolle, könne dies ungestört tun. Daraufhin ließ die Mission verlauten, der

Gouverneur habe recht. Sie habe nie etwas anderes gesagt. Nur wer Christ werden wolle, müsse den Sitten der Väter entsagen.

Gegen Ende des Jahres kam Gumbo in große Schwierigkeiten. Er hatte sich verliebt. Als er die Eltern bat, ihm ihre Tochter zur Frau zu geben, wurde sie schnell mit einem anderen Mann verheiratet. Gumbo bat Missionar Diehl: „O Diehl, bete doch, daß Gott mein Herz stark macht, ich muß immer an das Mädchen denken!" Gumbo versuchte es bald darauf noch einmal mit einer anderen, aber kein Papua wollte ihm seine Tochter geben.

Aber im folgenden Jahr kam ein Umschwung. Ausgerechnet in Siar, einem der Ausgangsorte der Madang-Revolte, ließen sich zwanzig Papua taufen, darunter vierzehn Erwachsene, und mit ihnen der Bikman Malai. Er wollte sich fünf Jahre vorher schon einmal von Missionar Bergmann taufen lassen, trat dann aber wieder zurück. Ein Beamter der Neu-Guinea-Compagnie hatte ihm damals laut Bergmann gesagt: „Du willst Christ werden? In Deutschland ist kein Mensch mehr so dumm, daß er an das Zeug glaubt." Jetzt war Malai der erste, der in der Astrolabe-Bucht öffentlich seine Kult-Heiligtümer verbrennen ließ. Er ließ auch seinen ‚Götterbaum' fällen, von dem sich die Leute aus den umliegenen Dörfern Zauberblätter zu besorgen pflegten. Die Missionsleitung verkündete dies Ereignis auf dem großen Jahresfest der Rheinischen Missions-Gesellschaft in Barmen: „Gott hat uns endlich eine Freudenernte gegeben, das Warten von neunzehn Jahren war doch nicht vergeblich!"

Im nächsten Jahr hören wir wieder von Gumbo. Missionar Diehl: „Ich habe im Taufunterricht zwei Mädchen, eine ist die Braut von Gumbo, der jetzt zweiundzwanzig Jahre alt ist. Es schien früher unmöglich für ihn, eine Frau zu bekommen. Sie verlangten, er solle zurückkehren zum Althergebrachten. Jetzt sagen sie nichts mehr. Gumbo führt übrigens einen guten Wandel." Leider wird dieses Mädchen in den Missionsberichten nie mehr erwähnt. Auch von einer Hochzeit Gumbos ist nicht die Rede. Als im gleichen Jahr 1907 fünf Taufen in Bogadjim gefeiert wurden, ist nur von fünf Jünglingen die Rede. Gumbo blieb wohl allein.

Missionar Diehl interessierte sich als erster für die Religion der Papua, so wie sein Vorgänger Hoffmann für deren Rechtsverhältnisse. Diehl hatte gemerkt, daß Missionaren oft gerade das verborgen bleibt, was sie bekämpfen wollen. So machte er 1909 eine Expedition in das Bergland, um die Unterschiede der Glaubensvorstellungen kennenzulernen. Die ihn begleitenden Küsten-Papua waren oft ebenso erstaunt über diese Unterschiede wie Diehl selber. In einem Bergdorf 30 Kilometer hinter Bogadjim entdeckten sie eine ganz andere Totenbestattung. Diehl: „Meine Begleiter schrien und spuckten vor Abscheu. Auf einem etwa drei Meter hohen Gerüst saß ein Toter und blickte uns aus hohlen Augen an. Vom Kopfe sah man nur die Schädelknochen, während vom übrigen Körper das halbverweste Fleisch herabhing. Die Haut an den herunterhängenden Armen und Beinen war von der Tropensonne so gebleicht, daß sie wie Pergamentpapier aussah. Unten stand eine alte Holzschüssel zum Auffangen der herabtropfenden Verwesungsflüssigkeit. Gern hätte ich das Gerüst mit dem Toten photographiert, aber ich hatte den Apparat beim Lager gelassen. Die Leute sagten, mit ihren Toten würden sie immer so verfahren." Es gibt noch einige der Fotos, die Diehl auf dieser Expedition machte, darunter auch Stereobilder.

Wie sich seine Bogadjim-Leute Geister vorstellten, darüber hat Diehl fast zwanzig Jahre nach Mikloucho-Maclay ebenfalls Aufzeichnungen hinterlassen. Danach wohnen zwei Seelen in den Körpern der Papua. Die eine ist sichtbar, die andere sieht man nur im Spiegelbild. „Gunun" nennen sie die Papua in Bogadjim, „Nitun" die Siar-Ragetta-Leute. Die Spiegel der Weißen heißen hier ebenfalls „Gunun". So benennen sie auch den Schatten, den ein Mensch wirft. „Gunun" kann den Körper verlassen, zum Beispiel im Schlaf. Beim Aufwachen kehrt „Gunun" zurück. Alle Papua sprechen gern über ihre Träume. Die Traumseele beeinflußt oft den Träumer. Es kann für ihn tödliche Folgen haben, wenn sie nachts von einem Leichnam ißt, der schon in Verwesung übergegangen ist. Stirbt der Mensch, verlassen beide Seelen seinen Körper. Eine geht in das Totenreich der Ahnen. „Gunun" aber kann weiterleben, zum Beispiel auf Bäumen, dort hört man manchmal ihre Stimme, oder als weiße Ameise. „Gunun" kann gut und böse sein. Man muß sie kennen und zu behandeln wissen. Das Wissen haben nur Männer. Deshalb sind sie es, die jene Beschwörungs- und Kultgegenstände herstellen, die heute unsere Museen schmücken und die damals von den Missionaren verbrannt, oder von den Ethnologen aufgekauft wurden. Heute werden sie noch für Touristen hergestellt. „Gunun" enthalten sie natürlich nicht mehr.

Drei Jahre nach der Taufe des Bikman Malai in Siar, hatte Missionar Helmich wieder eine schlechte Nachricht für die Missionsleitung: „Der Stein, den wir den Berg hinaufgewälzt hatten, fällt wieder zu Tale", schreibt er, denn Malai verließ seine Frau wegen einer anderen. Er kam nicht mehr zum Gottesdienst, sondern kehrte sogar wieder zurück zu den alten Kulten. Am Ende kam Malai wegen seines Ehebruchs ins Gefängnis. Er hatte seine zweite Frau einem anderen gestohlen, und der hatte ihn bei der Regierung verklagt. Gumbo dagegen blieb der Mission treu. Aber die Mission war auch mit ihm nicht zufrieden. „Schade, daß Gumbo so wenig Energie und Schneid besitzt und so wenig evangelistische Begabung zeigt", schrieb Missionar Diehl, „er könnte sonst viel mehr leisten, und uns eine große Hilfe sein."

Im Jahre 1912 feierte die Neuguinea-Mission ihr fünfundzwanzigstes Jubiläum. Bis dahin waren 33 Männer und 21 Frauen ausgesandt worden. Gestorben waren 11 Männer und 5 Frauen. Krank zurückkehren mußten 11 Männer und 8 Frauen. Die Missionsleitung zog Bilanz: „Der Haß der Papua gilt nicht in erster Linie den Missionaren, sondern den Weißen überhaupt. Sie sehen ihr Land mehr und mehr von ihnen in Anspruch genommen. So reiften immer wieder Pläne, alle Weißen zu ermorden."

Mit dem Ersten Weltkrieg brach der Kontakt nach Neuguinea ab. Ausführliche Nachrichten trafen erst 1919 in Deutschland ein. Gumbo war bereits 1917 gestorben. „Als lauer Christ", wie Missionar Eiffert mitteilte. Der Nachruf der Mission war hart: „Er hatte seinem Ruf keine sonderliche Ehre gemacht." Auf der Insel Dampier aber hatte die Mission wieder Fuß gefaßt. Mit einem großen Fest wurden 1919 in Kulobob 119 Heiden getauft. Dabei verbrannten sie sogar ihre Trommeln. Ein Zeuge beschrieb diese Szene: „Nachdem die Leute sie noch einmal geschlagen hatten, traten sie zu

Stereobild 50/29-55/34. *Küsten- und Bergdörfer zwischen Sepik und Astrolabebucht. Das letzte Bild ist von Missionar Diehl. Die anderen Fotografen sind unbekannt. Ihre Originalabzüge sind aus der Sammlung Klein.*

einem Kreis zusammen, faßten mit beiden Händen in die Trichter und rissen die Trommeln mit einem Ruck auseinander. Dann übergaben sie die Splitter den Flammen."

Auch auf den Inseln Ragetta und Siar entschlossen sich 1919 137 Papua zur Taufe. Der letzte rheinische Missionar Blum hat die Ansprachen von zwei Bikmen aufgeschrieben, die sie auf dem Tauffest hielten. Dulan von Ragetta sagte: „Höret mir zu! Seht mich an! Wer kennt mich nicht? Ihr kennt mich alle. Ihr von Mis, von Fusan, von Silibob, von Kamba und von Guntaback! Ihr Bergbewohner alle und ihr von den Inseln, die ihr eure Kanus bei mir auf den Strand zoget, um mit uns die Feste der Ahnen zu feiern, den Federschmuck auf dem Kopf, den Muschelschmuck, den Haarkamm, den Arm- und den Beinschmuck, die Hauer der Eber auf der Brust, die Muschelpfeile in der Nase, so standet ihr vor mir, dem großen Mann von Ragetta. Seht, ich bin es noch. Aber jetzt ist mein Kopf geschoren, mein Kopfschmuck verbrannt, ohne Eberzähne stehe ich vor euch. Christ bin ich geworden. Das Alte ist vergangen." So sprach der Mann und redete noch viel ausführlicher, versicherte Missionar Blum. Die Rede wiederzugeben, sei gar nicht möglich, weil dazu das Erlebnis des wirklichen Redners gehöre, mit seiner Ausstrahlung, seinen Bewegungen, seinem Mienen- und Augenspiel.

Als letzter sprach auf dem Tauffest Walok aus Siar. Ihn hatten die Australier zurückgeholt aus dem Exil, in das er 1912 nach der zweiten Madang-Revolte geschickt worden war. Walok brach einen Ast von einem Baum und steckte ihn in die Erde des großen Platzes vor der Kirche. Dann riß er Zweige von diesem Ast und steckte sie rundherum in den Boden. Nun hielt er mit lauter Stimme seine Rede: „Ihr Männer und Frauen, wir sind von jeher große Leute gewesen. Wir sind Seefahrer. Ihr von den Bergen hattet keine Schiffe. Was ihr habt, das habt ihr von uns bekommen. Von uns habt ihr eure Sitten, eure Muscheln, euren Schmuck. Seht hier, den großen Ast, das sind wir! Ihr seid die Ableger! Dann kam eines Tages ein großes Schiff hier angefahren. Auf dem Schiff war Bergmann. Gott hatte ihn geschickt. Nach ihm kamen andere Missionare. Alle haben sie versucht, diesen Ast auszureißen, aber sie konnten ihn nicht herausziehen. Nur die Blätter haben sie abgerissen. Dann kam Blum. Er hat ihn herausgerissen mit seiner Wurzel." Nach dieser Rede ging Walok schweigend zu dem Ast, riß ihn aus dem Boden und sah lange in das Loch. So hat es Missionar Blum berichtet. Dann sagte Walok: „Wir werden sehen, ob etwas von der Wurzel zurückgeblieben ist." Das waren seine letzten Worte.

Nach dem Versailler Vertrag mußte die Barmer Mission Neuguinea aufgeben. Australische Lutheraner traten an ihre Stelle. Sie hatten die rheinischen Missionare schon in der Kriegszeit finanziell unterstützt. Aber die Barmer Mission kämpfte weiter um ihren Grundbesitz. Den gewann sie 1930 zurück. Doch sie war nicht mehr in der Lage, ihre Missionsarbeit fortzusetzen. Sie übertrug deshalb 1932 amerikanischen Lutheranern das Missionsgebiet der Astrolabe-Bay.
In seiner Habilitationsschrift über die Akkulturation Papua-Neuguineas veröffentlichte Andreas Obrecht[25] Umfragen von 1990 und 1991. Auf seine Frage, ob die Polizei eingreifen solle bei Stammeskämpfen, antworteten über 80% der Bürger des Staa-

tes Papua-Neuguineas: Nein. Auf die Frage, ob sie traditionelle Konfliktregelungen innerhalb der Clans vorzögen, sagten 71%: Ja. Auf die weitere Frage, ob das Christentum notwendig sei für einen guten Staat, sagten 78%: Ja. Schließlich fragte Obrecht, ob die Missionen an der Kulturentwicklung des Landes einen Anteil hätten. Das bejahten 65%, 9% waren sich nicht sicher, 26% verneinten die Frage.

Bild 56. *Besuch des lutherischen Missionsinspektors Eduard Kriele (links) aus Barmen und des Präses Helmich (vorn sitzend) aus Bogadjim (Astrolabebay) bei der australisch-methodistischen Mission in Raluana (Bismarck-Archipel). Der dortige Präses Heinrich Fellmann steht rechts, in der Mitte hinten sitzt sein australischer Kollege Carl Schwob. Den ersten Besuch der Lutheraner in Raluana beschreibt Missionar Hoffmann auf Seite 73. Damals kam es zum Austausch von Stereobildern.*

Lebensläufe IV
Queen Emma, ein Südseetraum

Emma Coe wurde am 26. September 1850 auf den pazifischen Samoa-Inseln geboren. Ihre Mutter Le'utu stammte aus dem polynesischen Clan der Malietoa. Ihr Vater Jonas Coe, ein amerikanischer Kaufmann auf Samoa, betrieb auf eigenen Schiffen Handel zwischen Kalifornien und Australien. Er zeugte achtzehn Kinder, acht mit Le'utu, zehn mit einer Tongafrau. Emma war sein zweites Kind. Er schickte sie mit elf Jahren auf die katholische Subiaco Convent Schule nach Australien und mit vierzehn nach San Francisco zu seinem Bruder Edward. Fünf Jahre blieb Emma in diesem weltoffenen Haus und erhielt dort jene Bildung, die sie später befähigte, mit Bankiers zu verhandeln oder eine europäische Gesellschaft zu bezaubern bis hin zum deutschen Kaiser.

Mit neunzehn Jahren kehrte Emma Coe 1869 nach Samoa zurück. Ihr Vater, als er sah, wie schön sie war, verheiratete sie sogleich mit einem Geschäftspartner, dem Schotten James Forsayth. Noch im gleichen Jahre begleitete Emma ihren Mann auf einer Handelsfahrt in die Südsee. Viele Handelshäuser hatten auf den Südsee-Inseln Stationen, zu den größten zählten die Hamburger Unternehmen Godeffroy und Hernsheim. Unterwegs gebar Emma eine Tochter, die nach wenigen Tagen starb. Als sie wieder schwanger wurde, ließ sie sich in Samoa absetzen. Von der nächsten Reise kehrte James Forsayth nicht zurück. Coe Forsayth, Emmas zweites Kind, wurde 1872 auf Samoa geboren.[26]

Auf solchen Handelsfahrten wurden vor allem Kopra, die getrockneten ölhaltigen Kerne von Kokosnüssen, von den Eingeborenen eingetauscht gegen Stoffe, Eisenwerkzeuge oder Glasperlen. Auch Menschen wurden angeworben, wie es die Händler nannten. Ob jene Geschichten, die schon damals, seit Emmas ersten Handelsfahrten, über sie erzählt wurden, story oder history sind, wer weiß das heute? Sicher ist, daß sie auf einer dieser Fahrten mit dem Handelsschiff des Kapitäns Thomas Farrell eine der Gilbert-Inseln anlief. Wahr ist auch wohl, daß in der Kapitänskajüte Emmas Klavier stand. James Young, der dabei war und dem wir bei Talili schon begegnet sind, berichtete, daß die Einwohner der Insel von einer Art Schlafkrankheit befallen gewesen seien. Wegen der Infektionsgefahr habe Farrell befohlen, an Bord zurückzukehren. Emma aber hätte genauer hingesehen und einige Flaschen mit deutscher Aufschrift gefunden. „They are all drunk", habe sie gerufen. Es stellte sich heraus, daß kurz zuvor Eduard Hernsheim mit seinem Handelssegler dagewesen war und nicht einen Sack Kopra übriggelassen hatte. An der Geschichte aus dem Jahre 1876 ist jedenfalls soviel wahr, daß Farrell und Emma den Deutschen alles zutrauten.[27]

Deren Konsul Theodor Weber - zu sehen auf dem Stereobild 1876 bei der Unterzeichnung der Tonga-Vertäge auf der „Hertha" - hatte nämlich gerade den eigentlichen Herrscher Samoas, den amerikanischen Oberst Steinberger, mit Hilfe der englischen Marine entmachtet. Jeder in Samoa wußte, daß Albert Steinberger Emmas Liebhaber

Stereobild 57/35-58/36. *Abschluß eines Meistbegünstigungs-Vertrages auf der Korvette „Hertha" 1876 mit dem König von Tonga (links) und dem deutschen Konsul Theodor Weber (Dritter von rechts), der auch Geschäftsführer der Firma Godeffroy in Apia war (zu Seite 92). Beschädigte Glasplatte.*
Unten: *Mädchen aus Apia (Samoa) 1877, dem Geburtsort von Queen Emma. Ihr Vater war der Amerikaner Jonas Coe, ihre Mutter Le'utu stammte aus der Familie des Königs Malietoa Laupepa von Samoa.*
Diese Stereofotos des Marinezahlmeisters Riemer der „Hertha" aus Wilhelmhaven gelangten in das Kaiserpanorama. Ich verdanke sie Herrn Prof. Erhard Senf.

war. Auch Kapitän Farrell wußte es, der nun Steinbergers Nachfolger wurde. In Samoa kehrte König Malietoa Laupepa auf den Thron zurück, von dem sein Premierminister Steinberger ihn nach einem Staatsstreich vertrieben hatte. Oberst Steinberger, der Vertraute des US-Präsidenten Grant, mußte Samoa verlassen. Emma, die zum Clan Malietoas gehörte, ging für ihre Firma Forsayth & Co. mit Farrell auf weitere Handelsfahrten und schließlich nach Neuguinea. Von allen Männern, soll Emma später gesagt haben, habe ihr jener schwarzäugige Amerikaner deutsch-jüdischer Herkunft am meisten gelegen.

Als Emma Forsayth sich 1878 mit achtundzwanzig Jahren im Bismarck-Archipel niederließ, das zwanzig Jahre später eine deutsche Kolonie wurde, war sie noch nicht die „Queen". Es war das Jahr, in dem das Handelshaus Godeffroy zusammenbrach. Aktien im Wert von fünf Millionen Mark konnten nicht verkauft werden. Die Aktivitäten Godeffroys in der Südsee übernahm die Deutsche Handels- und Plantagengesellschaft DHPG und 1884 die Neuguinea-Companie.

Emma und Farrell hatten 1878 ihre Interessen, einschließlich des „Commercial Hotels" in Samoa verkauft. Farrell machte Handelsreisen für die DHPG und gründete dann seine eigene Firma. Ein Händler bei Hernsheim verdiente damals auf seiner Station 10 bis 12 Pfund im Monat. Kopra hatte einen Übersee-Marktpreis von 10 bis 16 Pfund pro Tonne, davon erhielt der Händler 2 Pfund Provision. Farrell starb 1887. Darauf gliederte Emma seine Firma in ihre E.E. Forsayth & Co. ein.

Eduard Hernsheim war es, der ihr den Namen „Queen Emma" gab. Er begleitete sie manchmal mit seiner Flöte, wenn sie auf ihrem Klavier spielte. Als einmal ein Gast einen von Emmas eingeborenen Bukaleuten fragte, wer da so schön Klavier spiele, soll der gesagt haben: Missis have one fellow, a big box, she fight him, he cry. So berichtet es Dutton. Von ihm stammt auch die andere, spätere Version vom Mord auf der Brig „Adolph" 1879. Wir kennen diese Geschichte schon aus dem Lebenslauf Talilis, überliefert von George Brown. Hier Duttons story[28]:

Die Brig „Adolph" lag 1879 in Mioko. Dort hatte die Firma Farrell & Co. ihre erste Niederlassung. Der zweite Maat der „Adolph", Wilson, malte eines Nachts hinter das Co. ein „e", denn jeder wußte, daß Farrell und Emma Coe zusammenlebten. Gleichzeitig galt aber auch der schwarze Händler Tom als ihr Liebhaber. Tom schwor, diesen Wilson kalt zu machen, aber die „Adolph" war bereits ausgelaufen. Als sie Mitte Oktober 1879 wieder nach Mioko kam, geschah dann der Mord. An einem Sonntagnachmittag trank John Wilson an Deck der „Adolph" reichlich Alkohol mit Patrick Bourke, einem anderen Besatzungsmitglied. Wilson zog sich schließlich unter Deck zurück. Bourke versuchte, ihn daran zu hindern und warf ihm ein Glas nach. Da schlug Wilson ihn bewußtlos. John Coe hatte das von einem anderen Schiff aus gesehen und ruderte herüber. Er war ein neun Jahre jüngerer Bruder Emmas. Wilson bedrohte ihn mit einem Revolver und gab dann Bourke den Rest mit einem Belegnagel. Man warf die Leiche über Bord.

Emma Forsayth hatte auf ihren Fahrten erkannt, daß nicht mehr allein dem Handel,

Bild 59. *Emma Forsayth (später Kolbe) geborene Coe.*
Bild 60. *Ewald Class (rechts), Bruder von Johanna Fellmann, „schwarzes Schaf" der Familie, Händler der Firma Hernsheim zuletzt auf Bougainville. Vom Schuldenmacher brachte er es später zu Reichtum im Berlin der Inflationszeit. Hier sitzt er in Rabaul in einem Muschelgeldring.*
Bild 61. *Aufnahme aus der Gazelle-Halbinsel von Richard Parkinson, dem Forscher und Schwager Queen Emmas. Links der Schatten von Kamera und Stativ. Parkinson wurde 1882 erster Kokospflanzer des Bismarck-Archipels.*

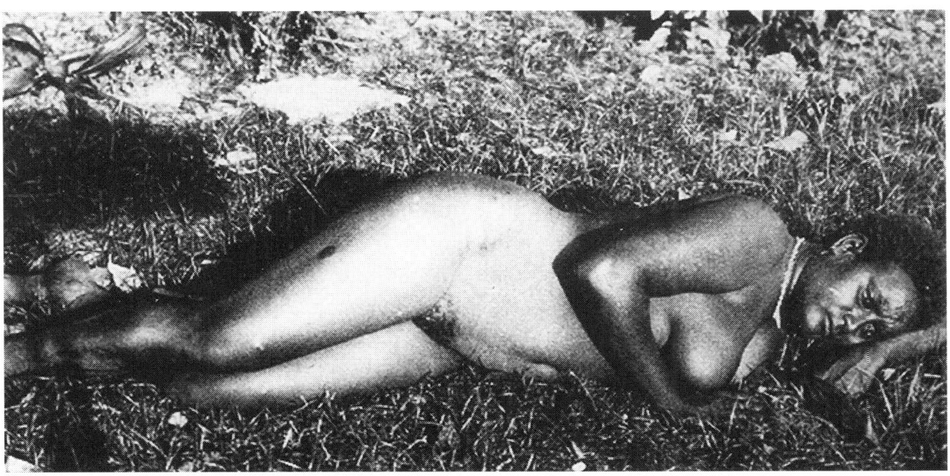

sondern der Plantagenwirtschaft, die Zukunft gehörte. Das aber gelang nur dem, der mit den Eingeborenen umgehen konnte. Kokosplantagen kannte Emma aus Samoa. Viele gehörten den großen samoanischen Familien. Die Händler Godeffroy, Hernsheim, ihr Vater Jonas Coe und sie selber mit ihrer Firma E.E. Forsayth & Co. hatten mit der Anwerbung und dem Transport melanesischer Arbeitskräfte für diese Kokosplantagen viel Geld verdient. Das Wort „Anwerbung" verbirgt, daß es verbotener Sklavenhandel war. Der wurde erst seit 1899 durch strenge Kontrollen der ersten deutschen Gouverneure v. Bennigsen und Dr. Hahl im Bismarck-Archipel beendet.

Emma Forsayth wurde die reichste Plantagenbesitzerin der deutschen Kolonie, ihr Landbesitz war der zweitgrößte nach dem der Neuguinea-Compagnie. Sie war die erste, die dort seit 1880 Land von den Eingeborenen kaufte. Als die letzten Überlebenden des Marquis de Ray-Abenteuers zu ihr nach Mioko kamen, kaufte sie ihnen einige alte Kanonen und den Marmoraltar der Kolonie „Neues Frankreich" ab. Die Kanonen flankierten seitdem den Treppenaufgang ihrer Gunantambo-Villa auf der Ralum-Pflanzung. In der Villa standen auch einige Möbelstücke des Dichters Robert Louis Stevenson, der in Samoa lebte und ein Freund ihres Vaters Jonas Coe war. Ihr Vater war während der Grippeepidemie 1891 gestorben. In der Ausstellung sehen Sie Bilder mit Emmas Flügel und Stevensons Sideboard.

Emma konnte in Kosten denken und ihre Gewinne berechnen wie ihr Vater, und sie konnte mit Eingeborenen umgehen, weil sie selber eine war. Sie hatte Charisma, und als sie es schließlich verlor, verkaufte sie alles und nahm sich das Leben. Streit mit eingeborenen Arbeitern - sie hatte viele hunderte - kannte sie kaum, denn sie wußte, was sie dachten. Sie war eine Meisterin im Schlichten von Streit. Der Ermordung von Weißen gingen damals oft Streitigkeiten mit den Eingeborenen voraus, und fast immer waren dabei Mißverständnisse die Ursache oder Unkenntnis einheimischer Konfliktregelungen. Einmal allerdings aber war es sogar Emma Forsayth passiert, daß Eingeborene sie töten wollten. Dabei hängten sie Emma mit allen Vieren wie ein Schwein an eine Stange und liefen davon. Allerdings kamen sie nicht weit. Es könnte allerdings sein, daß diese Geschichte eine story ist von Neidern.

Zwei Ereignisse zeigen solche Mißverständnisse ... Das erste geschah 1888 auf der Gazelle-Halbinsel. Der spätere Landeshauptmann Schmiele, damals noch Richter des Bismarck-Archipels, brach mit den Herren Hering und Langmaack auf zu einer Expedition in das Hinterland. Der Vergleich mit einer ähnlichen Expedtion Nikolai Mikloucho-Maclays im April 1872 in das Hinterlanddorf Tangum-Mana zeigt Ähnlichkeiten und Unterschiede. Die Schmiele-Expeditionn sollte auf der Pflanzung Ralum enden bei Emma Forsayth. Der offizielle - hier gekürzte - Bericht[29] „Nachrichten über Kaiser Wilhelms-Land und dem Bismarck-Archipel der Neu Guinea-Compagnie, Berlin 1888 S.154-158" lautet:

„Herr Schmiele hatte sich vorgesetzt das Innere der Gazelle-Halbinsel zu durchwandern, wo dies bisher nicht geschehen war ... Für den Aufbruch war der Morgen des 3. Juni bestimmt mit einer Anzahl von Eingeborenen aus Matupi, welche sich als Träger mitzugehen bereiterklärt hatten ... Obwohl die Matupi-Leute bis auf einen am Morgen des 3. Juni versagten, setzte sich Herr Schmiele doch mit seinen beiden Begleitern in Marsch ... Das innere Hochplateau breitete sich wellenförmig nach Westen aus, nur unterbrochen von einzelnen, etwa zehn bis zwanzig Meter sich erhebende Kuppen ..."

„Nach etwa zwei Stunden gelangte die Expedition an eine Ortschaft, in deren Nähe ein Markt abgehalten wurde, und erreichte im weiteren Verlauf des Vormittags etwa die Mitte des Plateaus, wo ein halbes Dutzend weiterer Marktplätze von Schaaren von Weibern besucht wurden. Der Weitermarsch führte zu einigen am Wege liegenden Niederlassungen, welche einem Häuptling Toikile gehörten. Er begleitete nach einem Geschenk den Zug bis zur Grenze seines Territoriums, die eine halbe Stunde entfernt durch eine Art Gehege markiert war ... Mit neuen Trägern ging es weiter. Auch sie verlangten am nächsten Grenzgehege Entlassung, und so ging es fortgesetzt. Beunruhigend war, daß inzwischen dem Zuge ein Trupp von etwa fünfzig bewaffneten Männern in einiger Entfernung folgte. Assessor Schmiele wollte deshalb ohne Halt vorwärtsmarschieren, wurde jedoch durch ein plötzliches Unwohlsein des Herrn Langmaack, das die Anzeichen eines Hitzschlages zeigte, zur Rast genötigt. Nachdem derselbe sich notdürftig erholt hatte, wurde der Marsch wieder aufgenommen. Er führte auf einen mit Urwald bedeckten Gebirgszug ..."

„Die Träger des Zuges, den Herr Langmaack beschloß, zeigten sich an der nächsten Grenze erneut widersetzlich, so daß Herr Langmaack auf Rat des aus Matupi mitgenommenen Führers Tomarongo seinen Revolver schußbereit machte. Plötzlich entstand unter den Trägern eine hastige Bewegung, und sie verschwanden sämtlich mit dem mitgeführten Gepäck im Busch, so daß die drei Weißen, der vorgenannte Tomarongo und ein Buka-Junge namens Lichi, allein waren. Auf die in den Wald gerufene Aufforderung, zurückzukehren, antwortete ein Speerwurf, der Langmaack die rechte Seite des Rückens verwundete. Nachdem der Speer herausgezogen und ein Schuß nach der Richtung, aus welcher der Speer gekommen, abgegeben war, wurde der Marsch eiligst fortgesetzt. Mit den Trägern waren sämmtliche Lebensmittel und Getränke, sowie ein Mauser-Karabiner, verschwunden. Da der entwendete Karabiner zwar geladen aber gesichert war, stand zu hoffen, daß die Eingeborenen ihn nicht würden abschießen können ... Gleichwohl geschah dies von hinten her, ohne daß der Schuß traf, ebensowenig wie ein bald darauf aus einem Snider-Gewehr abgefeuerter."

„Die Lage wurde dadurch verschlimmert, daß der von Herrn Schmiele geführte Kompaß verloren worden war und infolgedessen die Richtung zur Küste nicht mehr bestimmt werden konnte. Unter Führung von Tomarongo wurde endlich ein mit Alang-Alang-Gras bestandenes Terrain erreicht, woselbst die Schwäche des Herrn Langmaack zu einem neuen Halt nöthigte. Die Verfolger tauchten auch bald aus dem Gras auf und bewarfen die Rastenden mit Knüppeln, die aus grünem Holze, etwa einen Meter lang, an beiden Enden zugespitzt, bumerangartig, mit großer Wucht niedersausten und von denen einer Herrn Schmiele verletzte. Nun wurde eine gesicherte Position für die Nacht unter Bäumen gesucht. Es zeigte sich jedoch bald, daß die Eingeborenen sie umgangen hatten und nun von den Bäumen mit Schleuder-Knütteln warfen. Herr Schmiele, der sich behufs einer Recognoscierung erhoben hatte, erhielt einen Speer in den rechten Oberarm, der denselben durchdrang, jedoch nach seiner

Bild 62. *Expedition in die Varzin-Berge unter Landeshauptmann Georg Schmiele vor 1892. Von links: Richard Parkinson, die Herren Boolsen und Thiel (sitzend) von Hernsheim und Co., Schmiele, Queen Emmas Sohn Coe Forsayth und Joachim Graf Pfeil, der 1892 nach Südafrika ging. (Zu Seite 96).*

Bild 63. *Frau Wolff, kurz vor ihrer Ermordung, auf einem Macassar-Kleinpferd. Foto Fellmann. (Zu Seite 103)*

Entfernung die Bewegungsfähigkeit nicht hemmte. Die Nacht brach endlich herein, die Belagerten hielten abwechselnd Wache, blieben aber wider Erwarten unbelästigt. Jedoch wurden nach Eintritt der Dunkelheit Trommelsignale vernehmbar, welche Sammeln zum Kampf bedeuteten."

„Als mit aufgehender Sonne Sicherheit über die einzuschlagende Richtung gewonnen war, suchte die Gesellschaft durch den Wald nach der Küste zu gelangen. Tomarongo bahnte mit Geschick und Ausdauer den Weg durch das dichte Unterholz, während Lichi durch das zeitweilige Erklettern höher Bäume sich nützlich machte. Sehr quälend war, daß kein Wasser gefunden wurde. Bald erreichten die Verfolger die Erschöpften. Nachdem sie umstellt und wiederum Knüttel geschleudert wurden, machte Herr Schmiele nochmals den Versuch zu verhandeln. Das wurde mit Hohn abgewiesen und mit zwei scharfen Schüssen erwidert. Da längeres Verweilen zum sicheren Verderben geführt hätte, wurde der Lagerplatz verlassen unter dem jubelnden Geheul und den Speerwürfen der Eingeborenen. Die auf sie abgegebenen Schüsse aber hatten die Wirkung, daß die Verfolgung schwächer wurde. Wie sich später herausstellte, wurden einige Verfolger getötet, darunter der Häuptling Talele, der Hauptanstifter des Angriffs."

„Bei erlahmenden Kräften war das Vordringen nur langsam. Am Nachmittag erneuerte sich der Angriff der im hohen Grase nicht sichtbaren Feinde. Auch in der zweiten Nacht aber blieb die Expedition unbehelligt, jedoch hatte die Erschöpfung bereits einen sehr hohen Grad erreicht. Am nächsten Morgen wurden Stauden gefunden, in deren Blättern sich trinkbares Wasser befand ..."

„Aber nun hatten sich Scharen von Männern angesammelt, nach der Schätzung etwa hundert bis hundertfünfzig an der Zahl. Etwa gegen 11 Uhr begann der Angriff. Ein Schuß traf Herrn Hering in den Arm und verwundete Herrn Schmiele an der rechten Seite der Brust, auch Langmaack wurde leicht verletzt. Dann folgte ein Bombardement mit Steinen und ein weiterer Schuß mit Bleikugel, der jedoch nicht traf. Die Angegriffenen, von denen Hering nicht mehr kampffähig war, verteidigten sich durch Schüsse und hielten damit die Feinde noch fern. Eine Pause entstand, als um Mittag heftige Regengüsse niedergingen, da die Eingeborenen, deren Scheu vor Nässe bekannt ist, sich vor den Regenschauern verbargen unter großen Blattpflanzen als Schirme ... Dann trat plötzlich ein Stillstand ein und die Kanaken schienen abzuziehen ..."

Schmiele, der nicht wußte, daß er mitten durch das Gebiet des Iniet-Geheimbundes marschierte, wurde schließlich mit seinen Leuten gerettet: „Die Händler Vallender und Dupré hatten auf ihren Stationen an der Küste die Schüsse gehört und nach vierstündigem Suchen die gefährdete Expedition eben noch zur rechten Zeit gefunden. Nach mühseligem Marsch, der den Verwundeten sehr schwer fiel, wurde die Nacht in dem Hause eines dem Herrn Dupré befreundeten Chief verbracht, der übrigens, wie sich später ergab, selber unter den Angreifern gewesen war."

Die Schmiele-Expedition war übrigens durch jenes Gebiet gezogen, in dem zehn Jahre zuvor der Mord an George Browns Missionaren geschah. Sie hatte am Ende ihr Ziel, Emma Forsayths Pflanzung Ralum, nicht erreicht. Ralum war bereits pazifiziert. Dort wurden die ersten seit 1880 angepflanzten Kokospalmen geerntet. Ralum war eine Musterfarm mit sicheren Erträgen. Eine Kokospalme trägt erst vom sechsten bis siebten Jahr an jährlich 40-80 Nüsse bis zu fünfzig Jahren lang. Emma, die Queen der Südsee, hieß bald auch nicht mehr Forsayth, sondern Kolbe. Sie hatte inzwischen zwei weitere Geschäftspartner und Liebhaber überlebt, Thomas Farrell und Agostino Stalio, den italienischen Kapitän eines ihrer Schiffe. Seit 1892 war sie mit dem fünfzehn Jahre jüngeren deutschen Offizier Paul Kolbe verheiratet. Kolbe, einst Leutnant des Schleswigschen Feldartillerie-Regiments Nr. 9, dann drei Jahre Plantagen-Verwalter auf Hawaii, war ein vitaler Mann. Emma war er von Nutzen als Verbindungsmann zu den Deutschen der entstehenden Kolonie. Das gesellschaftliche Leben hatte mit ihm nun auch einen männlichen Star. Georg Schmiele war Landeshauptmann der Kolonie geworden. Das war 1892. Als Kolbe im folgenden Jahr spontan zwei Arbeiter von den Salomon-Inseln erschoß, weil sie Tolai-Mädchen geraubt hatten, wurde sein Verhältnis zu Schmiele schwierig. Die Tragikomödie der zweiten Schmiele-Expedition hat hier wohl eine ihrer Ursachen. Sowohl Robson, der Queen Emma- Historiker, als auch Geoffrey Dutton, Kenner aller Emma-Storys, stimmten darin überein.

Die Geschichte der zweiten Schmiele-Expedition war eher eine Affäre. Sie begann mit einem Tolai namens Talavai, der eine kugelsichere Farbe erfunden hatte. Er verkaufte sie auf den Märkten. Dabei handelte es sich um rote Vulkanasche aus Matupi. Talavai rieb den Kunden damit ein. Aber das war noch nicht alles. Man mußte sich einen weißen Vogel mitbringen, den Talavai kochte und zusammen mit dem Kunden verspeiste. Das Ganze kostete einen Faden Muschelgeld, was damals etwa zweihundert Kokosnüsse oder drei Mark wert war. Zum Beweis der Wirksamkeit schoß Talavai den Kunden mit einem alten Vorderlader, den er mit einer Art Kirschen geladen hatte. Das tat nicht sehr weh, hinterließ aber einen roten Fleck auf der Brust. Als Talavai ziemlich reich geworden war, verkaufte er sein Wissen gegen hundert Fäden Muschelgeld auch an Magier anderer Dörfer, machte aber die Einschränkung, daß deren Kunden nach dem Einreiben zusätzlich keinen Geschlechtsverkehr ausüben dürften. Sonst könne er nicht volle Kugelsicherheit garantieren. Zahlreiche Eingeborene hatten sich inzwischen kugelsicher machen lassen.

Es dauerte nicht lange, da überfielen einige von ihnen Queen Emmas Pflanzung Ralum bei Herbertshöhe. Paul Kolbe verfolgte sie und verwundete mehrere Eingeborene. Einen Monat später bot der Landeshauptmann Schmiele den Eingeborenen Frieden und Muschelgeld an gegen Auslieferung von Talavai. Das wurde abgelehnt. Nun wurde eine Strafexpedition zusammengestellt. Dabei wurde Talavai erschossen von Emmas Nachbarn, dem Pflanzer Octave Mouton, einem Überlebenden der Kolonie „Neues Frankreich". Mouton schnitt dem toten Talavai ein Ohr ab und übergab es den Eingeborenen. Die waren aber von Talavais Tod nicht zu überzeugen. Die Weißen befürchteten nun eine Rebellion.

Kurz darauf, im Dezember 1893, traf der kleine Kreuzer „Sperber" in der Blanche-Bucht ein. Die „Sperber" hatte gerade König Malietoa Laupepas Gegner, den Samoa-

Bild 64. *Emma Forsayth, geborene Coe 1892 und ihr letzter Mann, der deutsche Offizier Paul Kolbe, den sie 1893 mit dreiundvierzig Jahren heiratete. Siehe auch Bild 135 auf Seite 211.*

Bild 65. *Parkinsons Besitz Kuradui. Links Phoebe Parkinson, die Schwester Queen Emmas.*

König Mataafa, in die Verbannung auf die Marshall-Inseln gebracht. Queen Emma stammte aus der Familie Malietoa. Landeshauptmann Schmiele und Kapitän v. Arnoldi planten nun eine kombinierte Aktion gegen die Eingeborenen. Die „Sperber" sollte mit Emmas Schwager Richard Parkinson an Bord verschiedene Ziele an Land mit Schiffsartillerie beschießen, während zwei weitere Gruppen die Eingeborenen aus den verdächtigen Dörfern in die Zange nehmen sollten. Dabei führte Schmiele die eine Gruppe, die aus sechzig Matrosen der „Sperber" bestand, und Kolbe die andere, bestehend aus weißen Pflanzern und der Eingeborenen-Polizei. Kolbe hatte die Aufgabe, die Papua aus den feindlichen Dörfern Schmiele entgegen zu treiben. Dabei mußte Kolbes Truppe durch ein Tal. Kolbe vermutete dort einen Hinterhalt und befahl, das Tal zu umgehen. So kam es zu einer Verzögerung am verabredeten Treffpunkt der Gruppen. Als Schmiele schließlich Bewegungen bemerkte, schossen er und die Matrosen zahlreiche Salven in der Annahme, es seien die Eingeborenen, die Kolbe ihm entgegentrieb. Kolbe erkannte schnell den Irrtum. Zwar war keiner von Kolbes Leuten zu Tode gekommen, aber Kolbe war empört über Schmieles Schießbefehl. Schmiele sah das ganz anders und warf Kolbe die Verspätung vor, die er per Boten hätte melden müssen.

Kein einziger Eingeborener hatte sich also zwischen den Gruppen Kolbes und Schmieles befunden. Sie hatten sich nämlich versteckt vor dem Artilleriefeuer. Sie ergaben sich und boten eine Ausgleichszahlung in Muschelgeld an. Damit war die Rebellion, wenn es denn eine war, zu Ende.

Aber nun kam die eigentliche Rebellion zwischen dem Landeshauptmann Schmiele und dem preußischen Offizier Kolbe. Schmiele erteilte Kolbe eine Rüge mit einer Buße von hundert Mark und entband ihn vom Posten eines Chefs der Eingeborenen-Polizei. Er teilte Kolbe schriftlich mit, daß er in Berlin seine Ausweisung aus Neuguinea beantragt habe und ließ dabei durchblicken, daß auch seine Heirat mit einer Halfcaste ihn als Offizier kompromittiert hätte.

Als Paul Kolbe davon erfuhr, eilte er in Schmieles Residenz und schlug den Landeshauptmann mit einer Reitpeitsche ins Gesicht. Das war am 29. Juni 1894. Schmiele forderte daraufhin den Offizier zum Duell. Dr. Hoffmann, der Regierungsarzt, der dabei war, erklärte, jede Duellforderung sei ein Mordangebot. Da forderte der Landeshauptmann auch Hoffmann zum Duell. Schmiele wandte sich schließlich an den Reichskanzler v. Caprivi. Bei Geoffrey Dutton endet die Geschichte damit, daß Paul Kolbe den Landeshauptmann einen „Schweinearsch" nennt, während Emma ihren Mann zum Duell drängte, denn Paul Kolbe war ein hervorragender Schütze.

Tatsächlich endete die Geschichte aber damit, daß Schmiele nach Berlin reiste, wo er kurz darauf starb. In seinen Erinnerungen hat der Präses der Rheinischen Neuguinea-Mission Hoffmann den Verdacht geäußert, daß Schmiele selber mit einer Halfcaste, einer Javanerin, zusammenlebte.[30] Hoffmann ist derselbe Missionar, der 1903 in Bogadjim Gumbo taufte.

Weitere zehn Jahre nach dieser zweiten Schmiele-Affäre ereignete sich unter Gouverneur Hahl der Wolff-Mord. Eines der Opfer wäre fast auch Queen Emmas 22jährige Nichte Carrie geworden. Nach Hahls Erinnerungen[31] lag dem Mord auf den Varzin Hills wieder mangelhafte Kenntnis der Eingeborenen-Denkweise zugrunde: Hahl schrieb:

„Auf der Straße nach Vunakokor hatte sich der frühere Angestellte der Neuguinea-Compagnie Rudolf Wolff niedergelassen, obwohl zwischen dem Pflanzer und den Paparatava-Leuten Streit herrschte, weil jener einen Maravot in die Pflanzung einbeziehen wollte. Unter Maravot ist ein dem Iniet-Geheimbund gehörendes Grundstück zu verstehen. Ich ließ den Pflanzer ersuchen, unter allen Umständen diesem Grundstück fernzubleiben. Dieser kam aber nach zwei Tagen zu mir und teilte mit, er habe, da der Platz für die Zwecke des Iniet längst nicht mehr benutzt würde, sich friedlich mit den Eingeborenen unter Darbietung reicher Geschenke abgefunden. Er fühle sich seiner Sache nun vollständig sicher."

Gouverner Hahl fuhr fort: „Es hat sich nicht feststellen lassen, ob dieser Handel von den Eingeborenen ernsthaft gemeint oder nur eine Täuschung war. Der grimmige Hasser Towakira hielt jedenfalls seine Stunde für gekommen, überstieg mit seinen Leuten die Berge, drang in das Anwesen des Pflanzers Wolff ein und erschlug dessen Frau und Kind, während er selbst sich bei den Arbeitern in der Pflanzung befand. Er war, als er die Ansammlung der Eingeborenen vor seinem Hause bemerkte, daraufzugeritten und entging dem Todesstreiche der auf ihn Einstürmenden nur dadurch, daß er sie überritt und von dannen jagte. Er überbrachte die Schreckenskunde nach Herbertshöhe. Die Truppe und alle verfügbaren Europäer waren in wenigen Stunden bei dem Gehöft versammelt, das sie völlig ausgeplündert und von den Eingeborenen verlassen fanden. Es dauerte zwei Wochen, bis es gelang, Towakira in seinem Schlupfwinkel zu fassen. Er widersetzte sich der Gefangennahme und fiel, mit den Waffen in der Hand, als der streitbare Vertreter der dahingeschwundenen alten Machtverhältnisse."

Erst die Niederwerfung der Varzin-Stämme 1902 auf der Gazelle-Halbinsel erschloß das Hinterland zwischen dem Weberhafen, der Talili-Bucht und den Baining-Bergen für eine Besiedlung der Weißen.[32]

In dieser Zeit waren Emma und Paul Kolbe mit Emmas ganzem Samoa-Clan bereits gesellschaftlicher Mittelpunkt der Kolonie. Ihre Halbschwestern Grace und Mary Ann, ihre Brüder Henry und William mitsamt ihren Familien und ihre Mutter Le'utu lebten auf Gunamtambo. Phoebes Tochter Nelli und Luisa waren begehrte Schönheiten. Emma baute bald das beste Hotel Rabauls, den „Fürst Bismarck". Das andere, das „Hotel Deutscher Hof" gehörte der Neuguinea-Compagnie. Emma wurde Präsidentin des Tennisclubs. Wer ihm nicht angehörte, zählte nichts in dieser Gesellschaft. Sie hatte ihre jüngere Schwester Phoebe mitgebracht nach Neuguinea, die mit Richard Parkinson verheiratet war. Er war der erste Ethnologe Neuguineas. Sie lebten auf der Pflanzung Kuradui, die sie von Emma erhielten. Parkinsons berühmtes Buch „Dreißig Jahre in der Südsee" entstand mit der Hilfe von Phoebe und Emma, die viele „Minister of Native Affairs" nannten. Noch heute ist es ein Standardwerk.

Parkinson beendete 1893 seine Tätigkeit als Manager der Neuguinea-Compagnie. Hartnäckig hält sich immer noch das Gerücht, er sei der illegitime Sohn eines Prinzen gewesen, der ihn samt seiner Mutter Luise Brüning, Tochter eines Schusters, seinem Bereiter Parkinson gegeben habe. Dadurch sei Richard Parkinson verwandt mit Auguste Viktoria, der Frau Kaiser Wilhelms II.: Eine Südseestory, wie sie gerne einer vom anderen abschreibt.

Als 1909 eine Engländerin Queen Emma besuchte - nach Dutton Mrs. Anstruther-Purdam -, arrangierte Emma einen Ausflug in das höhergelegene Hinterland der Varzin Hills. Die kleine Gesellschaft reiste in Pferdekutschen. Sie kam vorbei an der Wolff'schen Plantage, auf der 1902 der Mord stattfand. Emma erzählte darüber: Rudolf Wolff hatte Streit mit den Eingeborenen. Es ging um ein Stück Land, auf dem ein Tabu lag. Den Eingeborenen war es ernst, das erkannte Wolff nicht. Als er eines Morgens unbewaffnet zu dem umstrittenen Land ging, kam der Bikman mit seinen Leuten zum Haus der Frau Wolff, um ihr ein Schwein zu verkaufen. Frau Wolff lehnte den Kauf ab. Emmas zweiundzwanzigjährige Nichte Carrie, die bei Wolffs zu Besuch war, kam gerade dazu, als der Bikman Towakira Frau Wolff mit einer Axt den Kopf spaltete. Auch Carrie bekam einen Axthieb auf den Kopf, der sie aber wegen ihres dichten polynesischen Haarschmucks nur oberflächlich verletzte. Sie fiel die Veranda herunter in den Busch. Die Eingeborenen holten dann Frau Wolffs neugeborenes Kind aus dem Bett und erschlugen es samt dem einheimischen Kindermädchen. Das Kind war vier Monate alt.

Von Heinrich Fellmann stammt das letzte Foto von Frau Hedwig Wolff. Carrie heiratete später Kurt Adolf Schultze, einen leitenden Mitarbeiter von Gouverneur Hahl. Während Emma vom Wolff-Mord erzählte, versperrte ein umgefallener Baum den Weg. Einige Eingeborene waren damit beschäftigt, ihn vom Weg zu schaffen. Emma stieg aus der Kutsche und sprach mit ihnen. Es wäre sicher leicht möglich gewesen, den Baum mit einer ihrer Pferdekutschen aus dem Weg zu ziehen. Es hätte ja auch Eindruck gemacht auf die Leute. Aber das geschah nicht, und der englische Gast war überrascht von Emmas Problemlösung. Sie ließ von den Eingeborenen einen Umgehungsweg für die Kutschen anlegen, was einige Zeit in Anspruch nahm. Emma lachte, als sie nach dem Grund für diese Lösung gefragt wurde.

Rudolf Wolff heiratete nach dem Mord eine Eingeborene. Sie hatten einen Sohn, den Wolff in die katholische Missionsschule nach Vunapope schickte. Otto Wolff junior wurde vor einigen Jahren von einem Reporter des „Stern" auf dem Varzin besucht, der noch etwas über Queen Emma von ihm hören wollte.

Die große Zeit der Queen Emma und ihres Clans waren die Jahre von 1885 bis 1905. Als der Missionar Fellmann 1897 in das Bismarck-Archipel kam, hatte Emmas Schwester Phoebe Parkinson von ihren zwölf Kindern schon sieben. Damals waren Luise und Nellie siebzehn und vierzehn Jahre alt. Besucher vieler Länder haben von ihrer Schönheit und dem exzentrischen Leben des ganzen Clans berichtet. Diese Berichterstatter lernten sie bei ihren Kurzbesuchen aber immer nur auf Festen kennen. Denn alle vier Wochen kam ein Dampfer nach Rabaul und blieb ein bis drei Tage. Es gab seit

Bild 66-69. *Links und rechts außen Vater und Sohn von der Gazelle-Halbinsel. Der Zweite von links ist ein Kopfjäger, die Zweite von rechts eine Nichte von Queen Emma während eines Festes auf Gunantambo.*
Bild 70-71. *Zwei Räume auf Gunantambo, Queen Emmas Besitz auf der Gazelle-Halbinsel. Links das Sideboard des Dichters Robert Louis Stephenson aus Samoa, einem Freund von Emmas Vater Coe. Rechts Emmas Flügel.*

der Jahrhundertwende schon ein Kreuzfahrt-Publikum, ähnlich wie heute. Queen Emma verdiente daran, denn ihr gehörte das Hotel „Fürst Bismarck" und mehrere Stores. Sie war eine Millionärin, eine der ersten farbigen. Ihr Charisma beruhte aber nicht nur auf dem Bankkonto, sondern bestand auch aufgrund ihres Ansehens und in jungen Jahren auch wegen ihres Aussehens. Emma Kolbe war es ebenso wichtig, Kopra gut zu verkaufen, wie ihren vielen Neffen, Nichten und Enkeln gute Heiratspartien zu verschaffen.

Es gibt kaum Berichte über ihre letzten fünfzehn Jahre, schon gar nicht kontinuierliche aus der Nähe, wie wir sie in den Briefen und Tagebüchern von Johanna und Heinrich Fellmann haben, die seit 1897 ihre Nachbarn waren. Sie werden hier, besonders im letzten der Lebensläufe, zum ersten Mal veröffentlicht. Sie hatten fast wöchentliche Kontakte zu Queen Emma, soweit sie später nicht auf ihrem Besitz in Sydney war. Besonders eng war ihre Beziehung zu Phoebe Parkinson und deren Familie. Manches davon steht im letzten dieser Lebensläufe, dem der Fellmanns. Es gibt nicht viele Zeugnisse einer Freundschaft wie die zwischen Johanna Fellmann und Phoebe Parkinson.

Auch der nüchterne Gouverneur Hahl hat eine freundliche Schilderung Queen Emmas hinterlassen, obwohl Emma bis 1899 immer noch die amerikanische Flagge über Gunantambo wehen ließ. Dabei erwähnte Hahl Emmas letzten Mann, Paul Kolbe, nicht, eine vornehme Geste, denn er hatte viele gerichtliche Auseinandersetzungen mit ihm. „Frau Kolbe", schreibt Dr. Hahl, „unsere Queen und Herr Thiel, den wir unseren Sultan von Matupi nannten, beherrschten das gesellschaftliche Feld. In Ralum, im Hause Parkinson, gab es freilich noch einen besonderen Anreiz zu geselligen Zusammenkünften. Hier drängte sich die Jugend des Landes, neben den Kindern Parkinsons die zahlreichen Neffen und Nichten der ‚Queen'. Das fröhliche Völkchen forderte sein Recht und fand es in reichem Maße. Frau Kolbe tat ein Übriges auch für die Schulung; unter der sicheren Leitung von Fräulein Anna Waldow aus Zoppot übte die Jugend sich in den Grundfächern und in der Erlernung der deutschen Sprache. Eines Morgens erhielt ich ein Zettelchen, auf dem stand: Lieber Dr. Hahl! Es ist so schrecklich langweilig in der Schule. Bitte kommen Sie schnell und besuchen uns; dann wird Fräulein Waldow die Schule schließen. Ich sagte mich zum Frühstück an und erreichte, was sie in ihrem Briefe bezweckt hatten; es gab schulfrei für den Nachmittag."[33]

Queen Emma soll über die Deutschen gesagt haben: Es ist schwierig, mit ihnen in Kontakt zu kommen. Mit manchen sitzt man wie unter einem Wasserfall, ohne naß zu werden. Manche sind mal schüchtern, mal herrisch. Für die bleibt man eine Halfcaste. Vielleicht ist dies aber nur die Meinung von Geoffrey Dutton über uns.[34]

Die Kurzbesucher und spätere Storyschreiber unterschlugen bei Queen Emma die letzten acht Krankheitsjahre. Sie lassen Emma und Paul Kolbe gern vom Höhepunkt in den dramatischen Tod von Monte Carlo stürzen. Schon 1904 kündigte sich der gesundheitliche Verfall Queen Emmas an. Johanna Fellmann schrieb am 28. August 1904 in ihr Tagebuch:

„Frau Kolbe sieht recht elend aus. Schwester Auguste und ich besuchten sie, sie sieht aus, als ob es bald mit ihr zuende gehen werde. Die Ärmste hat jetzt nimmer viel vom Leben. Durch das rohe Betragen ihres Mannes, der noch im Gefängnis in Neu-Guinea sitzt, meidet jedermann ihr Haus, und so ist sie nun auf ihre alten Tage sehr einsam." Am 27. November ist Paul Kolbe wieder in Rabaul. Johanna: „Der Gouverneur und er haben sogar Champagner getrunken."

Am 9. 5. 1905 schreibt Heinrich Fellmann an seine Frau: „Gestern war ich zu Mittag bei Frau Kolbe, die jetzt vollständig erblindet scheint und in ein paar Wochen zu einer Operation nach Europa abreist." Inzwischen hatten die Ärzte in Sydney bei Frau Kolbe eine Zuckerkrankheit festgestellt. Nach den Beschreibungen war es bereits zu diabetischen Schäden an den Augen gekommen. Queen Emma dürfte einen Zuckerstar bekommen haben, vielleicht auch eine diabetische Retinopathie, eine Schädigung der Netzhaut.

Johanna Fellmann schreibt am 12. 10. 1906 ihrer Mutter nach Deutschland: „Mit ihrer Schwester Frau Kolbe scheint Frau Parkinson allerlei Mißverständnisse gehabt zu haben. Herr Kolbe wurde neulich wieder mit 1.000 Mark bestraft, weil er einen seiner Jungen geohrfeigt hatte. Derselbe wollte seiner Frau, der alten 57jährigen Queen, angeblich einen Kuß geben! Solche Intermezzi kommen alle Augenblicke vor."

Daneben gab es aber noch die großen Empfänge, wenn die Dampfer kamen. Dann hatten auch die eingeborenen Mädchen in ihren lavalavas ihre Auftritte beim Servieren der Speisen und Emmas Clan beim Tanz in den neuesten Pariser Toiletten. Fellmanns kamen dazu immer seltener: „Es ist immer dasselbe."

Der Norddeutsche Lloyd hatte bereits 1909 einen Führer für das Bismarck-Archipel herausgegeben, in dem Queen Emmas Hotel „Fürst Bismarck" beschrieben wurde und auch ihre Firma E.E. Forsayth. Ja, sogar ein Besuch auf ihrer Pflanzung Ralum wurde darin empfohlen, dazu ein Abstecher zur Station Raluana des Missionars Fellmann.

In den Briefen Fellmanns zwischen 1909 und 1911 geht es meist um die wirtschaftliche Situation Queen Emmas, in die Heinrich Fellmann als Missions-Präses Einblick hatte, weil er die Kokosernten der Missionsplantagen oft über Frau Kolbe verkaufte.

Wir kennen durch einen Bericht Emmas vom 21. Februar 1908 an die australische Firma Burns, Philip and Company, Ltd, ihren Blanche-Bay-Besitz in New Britain/ Neu-Pommern. Es sind die Pflanzungen:

1)	Raluana:	200 Hektar, jährlich 125 - 145 Tonnen Kopra
2)	Tokula:	250 Hektar, jährlich 75 - 85 Tonnen Kopra
3)	Ravalien:	400 Hektar, jährlich 100 - 130 Tonnen Kopra
4)	Matanata:	620 Kokospalmen, Kakao, Ficus
5)	Gurgire:	200 Kokospalmen und Ficus elastica.
	Zusammen ca.	400 Tonnen Kopra auf 1670 Hektar.

Ihr Jahresumsatz allein an Kopra betrug damals etwa 380.000 Mark bei einer Kopra-Ausfuhr aus Deutsch-Neuguinea von 1,5 Millionen Mark Allein dieser Teil von Emma Kolbes Besitz lieferte also 25 Prozent der deutschen Kopra-Ausfuhr aus der Kolonie. Aus dem Brief geht hervor, daß Emma Kolbe Verkaufsabsichten hatte.

Im Bismarck-Archipel gab es 1906 70.135 Hektar in europäischem Besitz, 11.000 Hektar davon wurden als Pflanzungen genutzt, davon fast 2.000 Hektar als Kokospflanzungen. Es gab 5.334 Einheimische oder Kontraktarbeiter von anderen Inseln, ihnen standen 63 europäische Pflanzer gegenüber.[35] Gouverneur Hahl hatte 1904 eine Kopfsteuer für alle arbeitsfähigen Männer eingeführt. Sie betrug 1908 5 Mark pro Jahr oder ein Faden Tambu, das einheimische Muschelgeld, oder dreihundert Kokosnüsse. Steuereinnehmer waren die Luluai, von der Regierung ernannte Häuptlinge. Fast immer waren das die traditionellen Bikmen. Sie erhielten dafür zehn Prozent Provision. Ausgenommen von der Steuer waren die eingeborenen Arbeiter auf den Pflanzungen, wenn sie dort zehn Monate im Jahr arbeiteten. Aber noch 1913 wurde die Hälfte der exportierten Kopra in den Dörfern der Einheimischen gewonnen.[36]

Im Jahr 1909 vermittelte der ehemalige Hernsheim-Mitarbeiter Heinrich Rudolf Wahlen den Verkauf eines großen Teils von Emmas Besitz an die Hamburger Gesellschaft „Hasag", an der er selber beteiligt war. Wahlen hatte schon 1905 die Rechte an den Hernsheim-Pflanzungen aufgekauft. Ein Teil von E.E.Forayth & Co. blieb aber bei Emmas Sohn Coe Forsayth. Immerhin zog Wahlen 1910 in Queen Emmas Villa Gunantambo.

Der Ursache dieses Verkaufs könnte die Befürchtung Queen Emmas zugrundeliegen, daß Paul Kolbes Verwandte in Deutschland nach ihrem Tod ihren Clan ausbooten könnten. So verfügte sie selber noch über das Geld. Der Verkaufspreis soll zwischen 1 Million Dollar und 3 Millionen Mark gelegen haben.

Fellmann schreibt in zwei Briefen vom Januar 1910, daß Coe Forsayth eine Zusammenarbeit mit Paul Kolbe abgelehnt hätte: „Forsayth scheint in sehr schlechter Laune zu sein." Zehn Tage später schreibt Fellmann: „Forsayths haben nicht ausverkauft und Kolbes kommen für einige Zeit, um dann ganz aus der Firma auszuscheiden, so daß sie in Händen des jungen Coe Forsayth bleibt. Er will mit Kolbe nicht mehr zusammen sein."

Jonas Coe Forsayth war damals 37 Jahre alt, seine deutschstämmige Frau Ida Schmidt 32 Jahre. Beide wurden auf Samoa geboren. Coe starb 1941, Ida 1947 in Sydney. Aus einem Brief Fellmanns vom Dezember 1909 geht hervor, daß die Firma E.E. Forsayth jetzt von Herbertshöhe nach Rabaul umgezogen war und dort „in einen großartigen Laden feierlich eingezogen ist am 15. Dezember". Auf Ralum bei Herbertshöhe sei eine Filiale geblieben. Darauf bezieht sich ein Gouvernements-Bericht an das Reichskolonialamt in Berlin über das Jahr 1909[37]:

„Eine wiederholt und längst angeregte sehr wichtige Assanierungsarbeit, welche der ganzen Siedelung Herbertshöhe zugute kommen wird, ist gegen Ende des Berichtsjahres von der Firma E.E.Forsayth auf deren eigene Kosten ausgeführt worden. Es handelt sich um Zuschüttung einiger kleiner Sümpfe und um die Regulierung der über 1 ½ km langen Gräben, welche sich in unmittelbarer Nachbarschft von Herbertshöhe zwischen Ralum und Gunantambu in einer dicht am Strand gelegenen Kokospflanzung obiger Firma hinziehen. Hier waren die Brutstätten, speziell der Anophelesmücken. Die Gräben wurden gründlich ausgeräumt, für das nötige Gefälle in denselben gesorgt, die Ränder der Gräben wurden erhöht und befestigt, die Sumpflöcher zugeschüttet, und jede Stagnierung des Wassers beseitigt. Schon kurze Zeit darauf machte sich eine wesentliche Abnahme der Mücken in den jener Gegend benachbarten Häusern bemerkbar, zumal auch gleichzeitig für eine gründliche Beseitigung aller leeren Dosen und Flaschen und sonstigen Mülls aus der Umgebung dieser Häuser gesorgt wurde."

Vermutlich war es Coe Forsayth und seiner Mutter möglich, diese Umweltsanierung aus dem Teilverkauf ihres Besitzes zu realisieren.

Dieser Verkauf war für die Firma Queen Emmas auch auf lange Sicht von Vorteil. Nach dem Krieg verfiel nämlich der Koprapreis. Das Walöl wurde immer mehr zum Konkurrenten bei der Margarine- und Seifenherstellung. Vor allem aber gewann der Handel gegenüber den Produzenten jetzt wieder die Oberhand. Kopra aus Ceylon und Indien war billiger. Die Firma Unilever entstand und bestimmte die Preise. Im Jahre 1930 kam es zu einem Preissturz; es lohnte nicht einmal mehr, die Kokosnüsse zu pflücken. Ein weiterer Preissturz 1932 leitete das Ende der bisherigen Koprawirtschaft ein.[38]

Fellmann berichtete in einem Brief vom 9. Februar 1911, daß Queen Emma sehr gealtert sei. Trotz der Augen-Operationen könne sie kaum etwas sehen. Sie verließ endgültig das Bismarck-Archipel und zog in ihre Villa nach Sydney. Die Abschiedsreden hielten ihre Schwester Phoebe Parkinson und Heinrich Fellmann.

Am 28. Juli 1913 veröffentlichte die Zeitung „Sydney Truth" unter dem Titel „Double Shooting in Monte Carlo" diesen Bericht: „Die bekannte Queen Emma und ihr Mann, der preußische Offizier Paul Kolbe, starben unter skandalösen Umständen in Monte Carlo." Sie seien - schreibt die Zeitung - gerade aus Berlin von einem Empfang beim Kaiser gekommen und hätten sich im Luxus-Hotel „Victoria" in Monte Carlo einlogiert. Queen Emma sei dreiundsechzig Jahre alt, ihr Mann fünfzehn Jahre jünger. All das Geld der Queen habe nicht verhindern können, daß Paul sich mit einer schönen, blonden Gräfin abgegeben habe. Darauf hätte Emma ihn mit einem Kopfschuß aus ihrem perlengeschmückten Revolver erschossen. Man hätte sie sterbend neben Pauls Leiche gefunden. Sie hätte sich selber gerichtet. Beider Asche würde nun im Palast der Queen auf Gunantambo beigesetzt.

Das letzte war richtig. Rudolf Wahlen, der gerade in Hamburg war, schickte sofort einen Kurier nach Monte Carlo. Dessen Bericht dürfte der Wahrheit näher kommen. Demnach war Paul Kolbe in Monte Carlo bereits krank. Die fast erblindete Emma reiste deshalb zu ihm, gestützt auf ihre treue Ka'ana. Dort traf sie Kolbe mit einer Frau, die ihr erklärte, sie sei Pauls rechtmäßige Ehefrau, denn sie habe ihn 1887 geheiratet, bevor er in die Südsee gegangen sei. Kolbe leugnete es nicht. Emma bestellte ein Taxi, um sich allein mit Paul Kolbe auszusprechen. Sie fuhren an der Küste entlang. Hinter einer Engstelle der Straße stand eine Bauernkarre. Das Taxi fuhr hinein. Kolbe wurde schwer verletzt und starb bald darauf. Emma kehrte in ihr Appartement zurück, bestellte sich drei Flaschen Champagner und begann zu trinken. Dabei kam sie in ein diabetisches Coma und starb am 21. Juli 1913. Auch Robson konnte Queen Emmas letzte Stunden nicht zweifelsfrei aufklären.

Emma Coes Schwester Phoebe Parkinson dagegen wurde einundachtzig Jahre alt und starb am 28. Mai 1944. Sie überlebte noch die japanische Besetzung Neuguineas und die blutige Schlacht um Rabaul.

***Bilder 72-73.** Rechts ein Brautkäfig (Kiahat).*

Dazu Richard Parkinson: „Im südlichen Neu-Mecklenburg, wie auf der Gazellehalbinsel, gibt es die zeitweilige Absperrung der jungen Mädchen vor der Verheiratung in einer dichtgeschlossenen Hütte ... Die Eltern nähren sie reichlich und geleiten sie am Abend behufs Verrichtung der Notdurft ins Freie. Diese Klausur dauert nach Aussage der Eingeborenen 12 bis 20 Monate."(Nach Fellmann acht Wochen)

„Die junge Dame erreicht während dieser Zeit einen beträchtlichen Körperumfang und die Haut bleicht stark ab, so daß man nach einer gründlichen Waschung eine etwas dunkel geratene Samoanerin vor sich zu sehen glaubt. Sowohl die plumpen Körperformen, wie die Helle der Haut, werden als besondere Schönheitsmerkmale angesehen. Eine derart gemästete Schönheit ist mir nur einmal zu Gesicht gekommen; sie war erst zwei Tage entlassen und einer gründlichen Waschung unterworfen worden, welche wohl notwendig gewesen sein mag, da das Waschen während der Klausur für unnötig erachtet wird. Sie war anscheinend einer öffentlichen Ausstellung unterworfen, denn viel Volk saß bewundernd rings herum, und auch ich wurde eigens herbeigeholt, um meiner Bewunderung Ausdruck zu geben. Die Mast hatte in diesem Fall gut angeschlagen. Die Kleine, die etwa vierzehn Jahre alt sein konnte, war in Wirklichkeit „fett wie ein Schwein", und die neben ihr sitzenden Weiber streichelten bewundernd die fetten Arme und Schenkel oder tätschelten entzückt die dicken Wangen." Beide Bilder von Parkinson.

Das sitzende Mädchen links auf dem ersten Bild ist ein Albino. Diese sind bei Melanesiern häufiger als bei uns.

Lebensläufe V
Engelhardt und Nolde: Zurück ins Paradies

(Von Dieter Klein)

Südsee! - Bei diesem Namen drängen sich uns seit Beginn der Neuzeit Vorstellungen auf von Freiheit, Glück und einem paradiesischen Leben. Das begann mit den Entdeckungsfahrten der Portugiesen und Spanier im 16. Jahrhundert. Es gab Erwartungen, das Goldland des Königs Salomo in den unendlichen Weiten des Pazifik zu finden. Alvaro de Neira glaubte, 1568 die richtigen Inseln gefunden zu haben und nannte sie „Salomos Inseln". Statt der Schätze gab es dort aber nur feindselige Eingeborene. - Der Name der Inseln aber blieb.

In der Folgezeit erschienen weitere Südseeberichte. Ihr Gewicht verlagerte sich von den äußeren zu inneren Reichtümern, ausgelöst durch Rousseaus Überzeugung, daß noch Reste des paradiesischen Lebens aus der Frühzeit des Menschen existierten. Die Rückkehr zur Natur, zu den einfachen Menschen an südlichen Gestaden, diese Sehnsucht beflügelte sie alle: Defoe, Stevenson, Bougainville, Cook, Forster, Miklloucho-Maclay, Loti.

Doch gab es nicht auch Nachrichten von Kannibalen, die darauf lauerten, Europäerfleisch zu verzehren? Oder gab es nicht Berichte über Malaria und Schwarzwasserfieber? Wie paßte das zusammen? Für den Marquis de Ray waren das Berichte von Miesmachern und weinerlichen Missionaren. Der Franzose aus altem Adelsgeschlecht nutzte in den siebziger Jahren des vorigen Jahrhunderts die Südsee-Sehnsucht der Menschen für sich aus. Er war eine verkrachte Existenz. Um seine finanzielle Misere zu beheben, hatte er die Idee, gestützt auf alte Reiseberichte im Pazifik ein herrenloses Gebiet zu einem Idealstaat zu machen. Dafür suchte er sich die Südspitze der Insel Neu-Irland aus. Er taufte das Land, das er gar nicht kannte, „Colonie libre de Nouvelle France" und nannte sich „Charles I., Kaiser von Ozeanien". In einer aufwendigen Propagandaaktion versprach er auswanderungswilligen Menschen Reichtum und Glück in seiner Kolonie. Land wäre im Überfluß vorhanden, der Boden äußerst fruchtbar, fleißige Eingeborene stünden zur Verfügung. Die Auswanderer brauchten nur eine einmalige Zahlung für Überfahrt und Landerwerb zu leisten. Der Marquis gab Aktien aus auf seine Kolonie, die gut gezeichnet wurden. Die graphische Gestaltung dieser Papiere zeigte idyllische Südseegefilde. Die ersten Gutgläubigen schifften sich am 14. Mai 1879 in Holland ein, noch ohne ihren Kaiser.[39]

Die ahnungslosen Melanesier auf Neu-Irland staunten, als die ersten Kolonisten am 16. Januar 1880 an ihrer Küste landeten. Die Katastrophe nahm nun ihren Lauf. Das Gebiet war denkbar ungeeignet und hatte nicht das geringste mit den Versprechungen des Marquis zu tun: Gebirgig, heiß, malariaverseucht, ohne ausreichende Wasserversorgung. In kurzer Zeit starben die meisten Kolonisten an Krankheiten, verhungerten oder fielen den Einheimischen zum Opfer. Diese ließen sich keineswegs als

Bild 74-76. *Marquis de Ray, „Kaiser von Ozeanien“ 1880. Oben rechts August Bethmann mit Braut und August Engelhardt auf Kabakon. Foto von Heinrich Fellmann. Die Kokovoristen zeigten sich auf Fotos nicht nackt.*

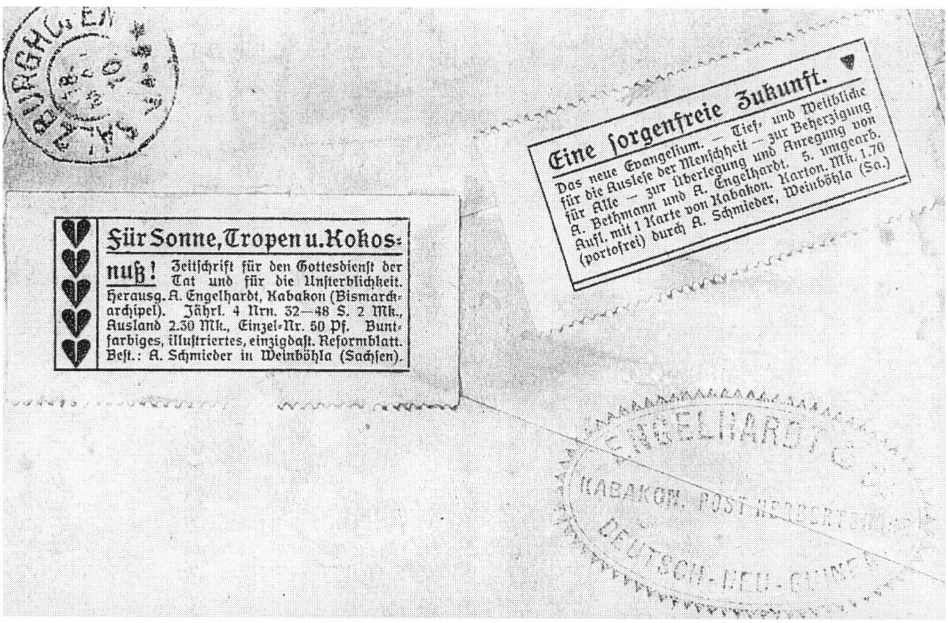

willige Arbeiter anwerben, sondern entledigten sich der Eindringlinge mit Pfeilen. Die letzten sechzig Überlebenden retteten sich über die Duke of York-Inseln nach Australien, einige blieben in der Südsee, fanden dort ihr Auskommen und integrierten sich in die spätere deutsche Kolonie, unter ihnen zwei Priester. Wir sind diesen Überlebenden im Lebenslauf der Queen Emma schon begegnet.

Und der Marquis de Ray? Der schickte aufgrund der großen Nachfrage noch drei weitere Schiffe mit insgesamt fast eintausend Siedlern in sein Südsee-Paradies, obwohl bereits die ersten Wahrheiten durchsickerten. Er wurde am Ende vor Gericht gebracht wegen seines Schwindelunternehmens und zu lebenslänglicher Haft verurteilt.

Damit war die Suche nach einem Paradies auf Erden natürlich nicht erledigt. Künstler wie Gauguin und Nolde suchten weiter nach unseren Urprüngen in der Südsee. Ethnologen kamen und erste Aussteiger. Immer wieder lockte der Gedanke, sich vom morschen, überzivilisierten Europa abzuwenden und in unverdorbene, naturbelassene Gebiete auszuwandern.

Einer dieser Aussteiger, dessen Schicksal bis heute fast unbekannt blieb, ist August Engelhardt. Daten und Fakten über Engelhardt sind nur noch schwer zu finden. In der zeitgenössischen Literatur wird er mit ein, zwei Sätzen abgetan. Auch offizielle Berichte der damaligen deutschen Kolonialverwaltung vermeiden es, sich mit ihm zu befassen. Auf der Spurensuche fand ich noch einige Dokumente wie Mosaiksteinchen zu seinem Lebenslauf.

August Engelhardt wurde um 1875 in Nürnberg geboren. Er ist damit ein Landsmann von Gouverneur Hahl. Über sein Elternhaus ließ sich nichts ermitteln. Die Schule verließ er vorzeitig mit einem Primanerzeugnis. Darauf begann er eine Ausbildung zum Apotheker. Es liegt nahe, daß er sich schon damals mit Fragen der Gesunderhaltung der Menschheit beschäftigte durch eine natürliche Lebensweise und Ernährung. Erste Anzeichen dafür fanden sich auf Ansichtskarten, die er im Herbst 1899 aus dem Harz verschickte. Diese Kartengrüße trugen stets die Unterschriften von Adolf und Rudolf Just.[40] Diese beiden Brüder betrieben im Eckertal im Harz eine Naturheilanstalt unter dem Namen „Jungborn“. Sie nannten sie auch „Heimstätte und Musteranstalt für reines Naturleben“. Wie kam es zu dieser Anstalt?

Adolf Just litt in seiner Jugend an Nervosität und Kopfschmerzen. Herkömmliche Medikamente halfen ihm nicht. Da kam er auf den Gedanken, sich selber zu heilen durch die Kräfte der Natur. Er lief barfuß, schlief unter freiem Himmel, ließ sich nackt von der Sonne bescheinen und stellte seine Ernährung auf vegetarische Kost um. Er war zu der Erkenntnis gekommen, daß der Mensch seiner Natur nach ein Früchtefresser wäre. Adolf Just wurde gesund. In seinem Werk „Zurück zur Natur“ beschrieb er seine Erkenntnisse, auf deren Grundlage er mit seinem Bruder den „Jungborn“ betrieb. Die Institution bekam rasch großen Zulauf. Einer davon war August Engelhardt. So kam es, daß er sich mit dem Gedankengut der Brüder Just identifizierte. Er verspürte wohl auch den Drang, die neuen Ideen weiterzuentwickeln und bekannt zu machen.

Aber der „Jungborn" bekam auch bald Schwierigkeiten mit Ärzten und Behörden. Denn Nacktheit galt als unsittlich und wurde entsprechend geahndet. Scherereien mit der Polizei und den Gerichten waren die Folge. Adolf Just wurde wegen „Kurpfuscherei" angeklagt und verurteilt.

In dieser Atmosphäre mag in Engelhardt die Idee gereift sein, Deutschland zu verlassen. Es zog ihn in die unverdorbene Südsee. Da das Deutsche Reich im Pazifik inzwischen eigene Kolonien besaß, schienen die Bedingungen günstig. Jedenfalls finden wir August Engelhardt im Oktober des Jahres 1902 in Deutsch-Neu-Guinea.

Nach einer achtwöchigen Schiffsreise kam er in Herbertshöhe an. Das war zu jener Zeit der Sitz des deutschen Gouverneurs und damit der Hauptort der Kolonie mit Postamt, Beamtenhäusern, Krankenhaus und Hotel. Von hier suchte Engelhardt ein ungestörtes Plätzchen. Er fand in der Firma Forsayth und Co. einen Landeigentümer, der ihm die kleine Kokosplantage auf Kabakon verkaufte. Inhaberin der Firma Forsayth war Emma Kolbe, eine Verwandte des Königs Malietoa von Samoa. Wegen ihrer Schönheit und ihres märchenhaften Reichtums wurde sie von allen „Queen Emma" genannt. Sie hatte schon immer eine Schwäche für Außergewöhnliches. Denn ungewöhnlich war Engelhardt für die eher spießigen Kolonisten. Schon äußerlich fiel er wegen seines schulterlangen Haares auf. Hätte man den Ausdruck damals gekannt, würde man ihn als Hippie bezeichnet haben. Sicher wird Engelhardt bei Beamten und Siedlern auch gleich seine Ideen propagiert haben. Der Arzt Dr. Dempwolff schrieb in einem Brief an seine Eltern schon am 2. November 1902: „... der Sonderling ... wird in zwei Jahren spätestens im Irrenhaus sein." Dr. Dempwolff hatte sich gründlich geirrt.

Am 2. Oktober war Engelhardt bereits auf seiner kleinen Insel Kabakon gelandet, allein, Weiße gab es dort noch nicht, aber etwa vierzig Melanesier. Kabakon liegt etwa dreißig Kilometer östlich von Herbertshöhe. Die Insel gehört zur Neu-Lauenburg-Inselgruppe, heute Duke of York-Islands, Engelhardts nächster Nachbar war die Wesleyanische Mission auf der Insel Ulu und die „Deutsche Handels- und Plantagen-Gesellschaft" auf Mioko. Beide siedelten hier seit 25 Jahren.

Engelhardt richtete sich häuslich ein. Ganz auf sich allein gestellt, baute er eine luftige Holzhütte mit Veranda. Dort stellte er auch seine mitgenommene Bibliothek unter und genoß sein kleines Paradies, palmenbestanden, sonnendurchglüht, von der türkisgrünen Südsee eingerahmt, und durch eine ständige frische Brise nicht so malariaverseucht. Er machte sich mit der Unterhaltung seiner Kokosplantage vertraut, wobei ihm die Einheimischen halfen, gegen Bezahlung. Er lief nackt herum, was die Eingeborenen schon nicht mehr taten, und ernährte sich ausschließlich vegetarisch, vor allem von Kokosnüssen. Sonne und Kokosnuß - beide hatten für ihn eine religiöse Bedeutung.

Neben der Tätigkeit als Pflanzer begann er ein Geschäft einzurichten, mit dem er einen befreundeten Arzt und Pharmazeuten in Deutschland mit Pflanzen und Pflanzenextrakten versorgte. Dieser stellte mit den Proben Versuche an, um medizinische

Präparate zu gewinnen. Sein Interesse galt besonders der Entwicklung eines wirksamen Krebsmittels.

Engelhardt begann nun seine Gedanken aufzuschreiben. Sein Gedankengebäude krönte die Sonne. Er verehrte sie als zentralen Lebensquell. Engelhardt bemerkte, daß schon Indogermanen die Sonne angebetet hätten als höchste Instanz. Einer ihrer Stämme hätte sich sogar nach dem Sonnengott Teuto genannt, das waren die Teutschen. Die Früchte, die der Sonne am nächsten wachsen, sind die Kokosnüsse. Sie sind daher die natürlichste Nahrung des Menschen. Das nannte man Kokovorismus. Der Begriff scheint in Amerika entstanden zu sein. Erste Versuche mit Kokosdiät gab es auf Kuba. Die Anhänger dieser Diät nannten sich Kokovoren. Ein solcher wollte Engelhardt nun werden, denn er war überzeugt, durch ständigen Verzehr von Kokos in einen göttlichen Zustand, in ein unsterbliches Dasein, ähnlich dem Paradies, zu kommen.

Seine Botschaft lautete: „Nackter Kokovorismus ist Gottes Wille. Die reine Kokosdiät macht unsterblich und vereinigt mit Gott." Das begründete Engelhardt so: „Die Organe, die der Sonne am nächsten liegen, sind die edelsten, also das Gehirn. Dies kann dagegen unmöglich von einem so tiefliegenden, schmutzigen Körperteil ernährt werden wie dem Magen-Darm-Kanal. Vielmehr zieht das Gehirn seine Nahrung aus den Haarwurzeln, diese wiederum werden von der Sonne ernährt. Es ist daher schädlich, eine Kopfbedeckung zu tragen."

Engelhardt entwickelte nun einen missionarischen Eifer, Gleichgesinnte auf seiner Insel zu vereinen. Er versandte Schriften, in denen er die Vorzüge seiner Ideen und seines Inselparadieses anpries. Er empfand sich als Apostel, ja, der Stifter einer neuen Religion. Der geplanten Gemeinschaft gab er den Namen „Sonnenorden - äquatoriale Siedelungsgesellschaft".

Er wurde bekannt als „Kokosapostel". Engelhardt hatte keine finanziellen Ziele. Offenbar war er vermögend. So sagte er mittellosen Interessenten großzügige Unterstützung bei der teuren Überfahrt zu. Das Leben auf der paradiesischen Insel wäre dafür so gut wie umsonst: Ganze zwei Pfennige koste es am Tag. Zu seinem Erstaunen meldete sich kein einziger Interessent. Selbstzweifel befielen ihn. Nach einem Jahr meldete sich der erste Jünger. Sogleich schrieb Engelhardt einem Freund nach Berlin: „Ich freue mich auf das Ende meiner Einsamkeit. Dreizehn Monate allein, ohne anverwandte Seele, ohne verständige Umgebung! Ich habe das Alleinsein ungeheuer satt! ... Mir fehlen Freunde. Mit ihrem Glauben wird mein Glück erwachen."

Er versuchte, auch den angeschriebenen Freund für seine Insel zu gewinnen. „Oh wärst du ein Teiler solcher Freude! ... Bau Dir und Deinen liebsten Lieben ein nettes Häuschen und leb' bar des alten Unsinns: der Kleider, Hüte, nackend, jung und die Sonne begrüßend. Komm, edler Feund! Du bist zu gut für Berlin ... Europa, Kultur - sie sind Eintagsfliegen, sie werden, müssen untergehen ... Europavergiftung ist der Name unseres Leidens!" Den Berliner Freund überzeugten die Zeilen nicht.

Nach einem halben Jahr erschien tatsächlich ein Jünger auf Kabakon. Es war dies ein vierundzwanzigjähriger Helgoländer. Kräftig gebaut, mit wallendem blonden Haar und blauen Augen. Engelhardt hatte seinen Südseegermanen. Mitte Dezember 1903 kam er auf der einsamen Südsee-Insel an. Wie die beiden Kokovoren miteinander auskamen, ist nicht überliefert. Schon sechs Wochen später war der Helgoländer nämlich tot! Der Regierungsarzt Dr. Wendland vermutete: „Vielleicht infizierte er sich während seines kurzen Aufenthalts in Friedrich-Wilhelmshafen oder Herbertshöhe mit Malaria-Fieber, das er natürlich nicht mit Chinin behandelte ... vielleicht auch übte die Sonnenwirkung - er ging sofort nach seiner Ankunft nackt und barhaupt - einen schädlichen Einfluß auf die Hirnhäute aus. Er starb ... am 27. Januar 1904, ohne daß ich als Arzt zugezogen wurde. Eine sichere Diagnose konnte daher nicht gestellt werden."

Die Werbeaktivitäten Engelhardts für seinen Sonnenorden blieben ungebrochen. So konnte er Mitte Juli 1904 wieder einen Anhänger auf Kabakon begrüßen, den seinerzeit bekannten Kapellmeister, Klavier- und Geigenvirtuosen Max Lützow. Dieser Mann trat mit seinen Künsten in der ganzen Welt auf, galt als exzentrisch und war überzeugter Spiritist. Während seiner Reise nach Neu-Guinea begegnete ihm auf dem Schiff der Missionar Albert Hoffmann von der Rheinischen Mission, der seinen Eindruck aufschrieb: „Langes gewelltes blondes Haar fiel Lützow bis über die Schulter herab. Er ging barfuß und war nur mit einer dünnen Hose und einer leichten Joppe bekleidet. Wäsche schien für ihn völlig überflüssig zu sein. Alle sahen sich nach dem so eigentümlich auftretenden Fremdling um, der zudem noch ein junger, aber hübscher Mensch war. Da er den Dampfer nicht wieder verließ, nahmen wir an, daß er als Passagier mit uns fahren würde. In den ersten Tagen aber war er völlig unsichtbar. Nur unter den Passagieren ging ein Raunen, daß in einem der Rettungsboote den ganzen Tag ein unbekleideter Mann in der Sonne liege, der sich da außerordentlich wohl zu fühlen schien."[41]

Wie erstaunt war Hoffmann, bei einem Klavierkonzert in der ersten Klasse „den Naturmenschen vor dem Flügel sitzen zu sehen. Und nun erlebten wir eine Überraschung, an die niemand von uns gedacht hätte. Wir hörten einen wirklich von Gott begnadeten Künstler, der uns die allerschwierigsten Werke mit einer Innigkeit, Wärme, aber auch mit einer so vollendeten Sicherheit vortrug, daß wir aus dem Staunen nicht herauskamen. Stürmischer Beifall wurde dem jungen Künstler zuteil. Niemand wollte sich diesen Abend, der uns eine so wundervolle Abwechslung in der immerhin sonst recht tristen Seereise brachte, zur Ruhe begeben. Stürmisch verlangten die Passagiere immer noch eine Zugabe von Beethoven, Wagner, Bach, Händel und anderen Meistern. Erst gegen zwei Uhr nachts, als der Künstler erschöpft war, kamen wir zur Ruhe.

Am nächsten Morgen war ich schon früh auf dem Oberdeck unseres Schiffes. Die wunderbaren Klänge der vergangenen Nacht lagen mir noch immer in den Ohren, und ich freute mich, als ich den jungen Künstler gleichfalls schon auf dem Oberdeck unseres Schiffes spazierengehen sah, ja, als er sogar auf mich zukam und mich in freundlicher, gewinnender Weise einlud, ihn ein wenig bei seinem Morgenspazier-

Schriftsteller und Pflanzer August Engelhardt mit dem Klavier und Geigenvirtuosen Max Lützow auf seiner Insel Kabakon.

Kabakon, Bismarckarchipel, 1906, den 21.7.06.
Was meinst Du Liebe, wollen wir uns hier nicht auch niederlassen?

Herzliche Grüsse von der Insel Kabakon b. Herbertshöhe im Bismarck-Archipel.

gang zu begleiten. Bei der Gelegenheit hörte ich etwas von der Geschichte eines Künstlerlebens, die so romantisch war, wie sie sich meine Phantasie kaum hätte träumen lassen.

Er war ein Musikgenie und hatte schon in jungen Jahren, wo immer er nur auftrat, Lorbeeren ernten dürfen und fabelhafte Summen durch sein hinreißendes Spiel verdient. Dadurch war er aber auch in die Lage versetzt worden, sich allen nur möglichen Ausschweifungen hingeben zu können. Nichts Menschliches war ihm fremd geblieben. Aber er ließ mich auch einen Blick in eine von den Versuchungen und Leidenschaften aufgewühlte Künstlerseele tun. Sein unruhiger Geist hatte ihn durch alle Hauptstädte Europas geführt. In Italien war sein durch die Ausschweifungen zerrütteter Körper zusammengebrochen, und man hatte ihn in ein deutsches Krankenhaus gebracht, wo er lange liegen mußte. In diesem Krankenhaus kamen ihm die Schriften eines Theosophen Dr. E. in die Hände, die er mit Heißhunger verschlungen hatte. In diesen Schriften glaubte er gefunden zu haben, wonach seine Seele immer gelächzt hatte."

Nach dem Studium von Dr. E's Schriften - es handelte sich hier natürlich um unseren Engelhardt - glaubte Lützow: „... Wenn er auf der Insel Kabakon mit diesen Sonnenbrüdern zusammen sei, dann werde es ihm gelingen, eine von aller Materie losgelöste Musik zu finden. Er sagte mir ..., es gäbe Astraltöne. Manchmal habe er solche Töne zu hören gemeint, und er hoffe, dort auf der einsamen Insel in Verbindung mit den Sonnenbrüdern diese neue wesenlose wahrhaftige Musik endlich entdecken zu können ..."

Hoffmann und Lützow hatten lange Gespräche über geistige und religiöse Fragen. Als sie dann an Lützows Ziel Abschied voneinander nahmen, „standen heiße Tränen in seinen Augen"... „Ich lud ihn ein, wenn er auf der Insel Kabakon das nicht finden sollte, was er erhoffte, doch zu uns nach Neuguinea zu kommen."

Lützow schien sich mit Engelhardt gut verstanden zu haben. Dieser ließ eine Ansichtskarte drucken, auf der beide vor einer jungen Kokospalme posieren. Allerdings sind sie nicht sonnenordenmäßig nackt, sondern in Hüfttücher eingehüllt. Lützow selbst schickte nach zweimonatigem Aufenthalt einen begeisterten Brief an die „Vegetarische Warte" in Leipzig, die ihn in ihrer Ausgabe vom 23. 10. 1904 abdruckt: „Auf meiner Weltreise hörte ich soviel Günstiges und Ungünstiges über Kabakon, daß ich als reiner Fruchtesser beschloß, mich selbst von der Wahrheit zu überzeugen. Ich bin jetzt zwei Monate hier und kann mit bestem Gewissen bezeugen: Kabakon hat meine Erwartungen übertroffen; ich kann mir keinen idealeren Platz für Fruchtesser und solche, die es werden wollen, denken. Die Insel ist zwei Kilometer lang, siebenhundert Meter breit, sechsundachtzig Hektar groß und hat fünfundzwanzig Meter hohe Erhebungen; sie ist vollständig mit Kokospalmen bepflanzt (über 7000 Bäume), Ananas-, Orangen-, Brotfruchtbaum-, Bananen- und Papaya-Plantagen sind angelegt, dazu baut man Yams, Taro, Zuckerrohr, Gallipen, und Tallianüsse, Mango und Zitronen. Es gibt hier sehr wenig Fliegen und absolut keinen Staub; Schlangen und andere schädliche Tiere gibt es auch nicht, wohl aber friedliche Eingeborene (Menschenfresserei ausgeschlossen) ... Vier Boote bieten Gelegenheit, die Nachbarinseln zu besuchen. Wir sind keineswegs auf Kabakon angewiesen ... Weißer Korallensand, märchenhaft schöne Meerbäder (Korallengrund) und Bootfahrten auf der flachen See; abends berückendes Schauspiel des Meeresleuchtens. Das Klima ist überaus gleichmäßig: bei Sonne morgens 24° C., mittags 32° im Schatten, nachts 24°, an regnerischen Tagen morgens 23°, mittags 27°, nachts 23°. Eine große vielseitige Bibliothek steht uns zur Verfügung. Wir gehen immer nackend, daher wird die Hitze nie lästig! Auch verliert sich bei Rohkost der Durst vollständig, insbesondere, wenn man Gelegenheit hat, sich jederzeit im Ozean zu baden. Herr Engelhardt ist sehr tolerant gegen Andersdenkende, Zwang zu körperlichen Arbeiten besteht absolut nicht. Wir beteiligen uns daran, soweit es uns Bedürfnis ist. Im übrigen beaufsichtigen wir die schwarzen Arbeiter und verrichten sonstige geistige Arbeiten. Unser Leben trägt den Charakter ruhigen Schaffens; die Hast der Kultur kennen wir nicht. Unser Unternehmen ist kommunistisch, jeder Kolonist wird Mitbesitzer. Ich bin geradezu entzückt von Kabakon und hätte nicht gedacht, daß es überhaupt einen Platz auf dieser Erde gäbe, der alle Anforderungen meines Ideals so vollkommen befriedigt; bessere Lebensbedingungen kann ich mir nicht denken. Ich habe die Überzeugung, daß jeder, der hierher kommt, auch hier bleiben wird."

Teile aus diesem enthusiastischen Beitrag ließ Engelhardt darauf als Werbepostkarte drucken, um sie in alle Welt zu verschicken. Nach Nürnberg schrieb er Ende des Jahres: „Wir leben hier permanent nackt und genießen fast nur Früchte, vor allem Kokosnuß. Was sind Städte - diese Felsengrabanlagen und Friedhöfe des Glücks - gegen mein palmengeschmücktes, ozonumbraustes, sonnendurchglühtes Eiland? Kabakon ist ein Paradies, das ich kaum je wieder verlassen werde. Wie hasse ich Kleider! Prosit 1905! Es grüßt Sie aufs Wärmste ihr ergebener August Engelhardt."

Nun setzte so etwas wie ein Boom auf den Sonnenorden ein. Auf dem Höhepunkt der Entwicklung soll das Nudistenparadies an die dreißig Mitglieder gehabt haben, was angesichts der Gegebenheiten unwahrscheinlich erscheint. Doch wie auch immer: Ebenso schnell, wie die Kokovorenkolonie aufblühte, sank sie auch wieder in Bedeutungslosigkeit zurück. Viele wurden enttäuscht, krank, verunglückten gar. Auch Engelhardts Zugpferd Max Lützow mußte das erkennen. Jedenfalls erinnerte der sich wieder an seine Reisebekanntschaft, den Missionar Hoffmann. Er bekannte ihm: „Ich habe auf der Insel Kabakon nicht das gefunden, was ich suchte; darf ich zu Ihnen kommen?" Da Hoffmann jedoch mit dem Dampfer, der ihm diese Nachricht brachte, wegen Tropenkrankheiten für immer nach Deutschland zurückkehrte, wurde daraus nichts. Lützow wurde nun selber schwer krank und war schließlich derart heruntergekommen, daß er Kabakon Anfang Februar 1905 verließ, um das Regierungshospital in Herbertshöhe aufzusuchen. Mit einem Segelboot des Missionars Fellmann wollte er sich übersetzen lassen. Sie kamen vom Kurs ab. Das Boot wurde in die Strömung des St.-Georg-Kanals getrieben. Seinen schwarzen Begleitern gelang es noch, den Kutter auf der winzigen Insel Lamassa zu bergen. Hier erlag Lützow den ausgestandenen Strapazen und starb. Der Traum von der Südsee forderte ein weiteres Opfer.

Auch die übrigen Jünger verließen nun Kabakon. Einer hatte Glück und fand eine Anstellung bei einer dortigen Firma. Ein anderer erreichte malariakrank das Regierungshospital und kehrte, nachdem er dort geheilt wurde, sofort nach Deutschland zurück. Schließlich kenterte einer bei stürmischer See und ertrank. Auch der spätere Lehrer Schneider an der Regierungsschule in Rabaul war ein Abtrünniger Engelhardts.[42]

Der Sonnenorden schien am Ende zu sein. Doch gerade in dieser Situation kam ein alter Gesinnungsgenosse und Freund, der Naturschriftsteller August Bethmann, nach Kabakon. Am 6. Juni 1906 traf er dort ein und wollte ein Kokovore werden. Er richtete Engelhardt allein durch seine Präsenz wieder auf. Gemeinsam gründeten sie den Reformverlag Bethmann & Engelhardt und publizierten zahlreiche Ansichtskarten, Schriften und Werbeaufkleber. Und schließlich gaben sie ein Buch heraus mit dem Titel „Eine sorgenfreie Zukunft - Das Neue Evangelium. Tief- und Weitblicke für die Auslese der Menschheit - zur Beherzigung für alle - zur Überlegung und Anregung". Das Werk hatte 111 Seiten und fünf Auflagen. Es wurde auch ins Englische übersetzt.

Eine Probe daraus: „Der kokovore Sonnenmensch ist der Mensch, wie er sein soll ... In Harmonie mit dem göttlichen Vater lebend, empfängt er alles direkt aus der Hand der allgütigen Sonne ... Er speichert Sonnenkraft mittels Auge, Haar und Haut ... Er benötigt daher wenig Sauerstoff. Leichte Luft macht leicht, macht lebendig, beweglich, elastisch. Darum ist der Aufenthalt unter beständig heiterem Himmel inmitten einer immergrünen Pflanzenwelt dem Menschen am zuträglichsten, insbesondere für die geistige Tätigkeit ..."

August Bethmann sandte begeisterte Briefe und Karten in die Heimat nach Alsleben. An seine Eltern schrieb er am 21. 4. 1906 über das Leben auf Kabakon und das Verhältnis zu den Einheimischen: „Ihr seid um meine Sicherheit besorgt? Das ist berechtigt, weil sich etliche Südseeforscher darin gefallen ... ihre Berichte mit Menschenfresserei gruselig zu machen. Gewiß ist es wahr: Es wurden vor mehreren Jahren zwei Missionare aufgefressen. Aber der hochkultivierte, nervöse, schießwütige Weiße ... möge sich doch endlich merken: Das Verhalten der Eingeborenen wird bedingt durch das Verhalten der Weißen ... Freund Engelhardt und ich besitzen einen einzigen Revolver, der seit Jahr und Tag im Koffer rostet ... Die Eingeborenen sind durchaus friedlich und ich fühle mich im Palmenhain geborgen ... Also, lieb Mütterlein ..."

Was Bethmann nicht schrieb, war die Tatsache, daß Engelhardt inzwischen schwerkrank war. Diese Wirklichkeit war Bethmann offenbar so peinlich, daß er sie seiner Familie verschwieg. Der Regierungsarzt Wendland berichtete: „Auf Zureden anderer Leute suchte Engelhardt das Krankenhaus auf. Er litt am ganzen Körper an Krätze, hatte eine Menge Hautgeschwüre, besonders an den unteren Extremitäten, ferner eine Narbenkontraktur am äußeren Knöchel des linken Fußes, so daß er nur mit dem äußeren Fußrand auftreten konnte. Zunächst aber war er infolge äußerster Entkräftung überhaupt nicht imstande zu gehen. Sein Körpergewicht betrug bei der Aufnahme nur 39 Kilogramm bei einer Körpergröße von 166 cm. Gegen die Behandlung erhob er keinen Einspruch, vielleicht nur, weil ihm gesagt war, daß er im Krankenhaus sich den Anordnungen des Arztes natürlich unterwerfen müsse. Nach seiner Ansicht kämen nämlich durch den Eiter die letzten krankhaften Stoffe aus seinem Körper heraus, die ihn bis jetzt verhindert hätten, in den ätherischen Idealzustand überzugehen." Die Möglichkeit, daß bei Engelhardt eine Schizophrenie vorliegen könnte, erwähnt Dr. Wendland noch nicht.

In australischen Zeitungen konnte man schon lesen, daß Engelhardt bereits tot sei, wie Missionar Fellmann in einem Brief schrieb. Der Kokosapostel blieb noch ziemlich lange am Leben, auch zum Erstaunen der Ärzte. Doch bei seinem Mitstreiter Bethmann regten sich immer stärkere Zweifel, ob Kabakon wirklich ein Paradies sei. Gouvernementsbeamten gegenüber äußerte er im Juni 1906, mit dem nächsten Dampfer Neu-Guinea verlassen zu wollen. Doch bevor es dazu kam, starb Bethmann auf Kabakon.

Merkwürdig bei dieser Tragödie ist, daß die Todesursache nie bekannt wurde. Auch offizielle Stellen schwiegen, obwohl die sonst immer genau waren in solchen Dingen. Befragungen von Nachkommen aus der Familie brachten ans Licht, daß es zwischen Engelhardt und Bethmann zu schweren Zerwürfnissen gekommen sei. Es gab zwei Versionen: Abtrünnigkeit von der Lehre und/oder Entzweiung wegen einer Frau. Diese Frau kann nur Bethmanns Braut gewesen sein, die ihm in die Südsee gefolgt war. Vermutlich ist diese Braut das hübsche Mädchen, das auf dem Foto von Missionar Fellmann zu sehen ist zwischen den beiden Sonnenbrüdern. Es könnte auch zu Auseinandersetzungen mit Todesfolge gekommen sein. Oder war es Selbstmord? Eines ist sicher: Krankheit war nicht die Todesursache.

Nach Bethmanns Ende verließ die junge Braut Kabakon und kehrte nach Deutschland zurück. Engelhardt war nun wieder allein. Aus der Traum? Nein, er blieb ungebrochen, ja, er verstärkte seine Werbetätigkeit. Dabei benutzte er die Publikationen der toten Sonnenbrüder Lützow und Bethmann. Vorwürfen wegen des Scheiterns seines Tropenparadieses begegnete er mit erstaunlichem Selbstvertrauen. Wie reagierte er aber auf die Kritik aus den eigenen Reihen? „Mögen 1000 weitere Versuche fehlschlagen - sie alle sind kein Beweis gegen die Tropen, höchstens ein Beweis für die irrationale Lebensführung bzw. ungenügende Fähigkeit der Kolonialisten." Noch einmal faßte Engelhardt seine Ziele zusammen: „Kabakon ist die erste Kolonie des von mir ins Leben gerufenen Sonnenordens, der den Zweck hat: Ein internationales tropisches Kolonialreich des Fruktivorismus zu begründen, indem er um den ganzen Äquator ein engmaschiges Netz von Kolonien reinen nackten fruktivorischen Lebens legt ... Ich fordere alle Fruktivoren und Freunde der naturgemäßen Lebensweise auf, mitzuhelfen bei dem Bau des Palmentempels des Fruktivorismus, bei der Gründung des fruktivorischen Weltreichs. Die Waffe, mit der wir kämpfen und siegen werden, ist höchste Bedürfnislosigkeit ... Mutig voran, den Blick auf die Sonne, dem Urquell des Lebens! Die Aufnahmebedingungen der äquatorialen Siedlungsgesellschaft sind: 1) Empfehlungen zweier glaubwürdiger Personen. 2) 1.000 Mark einmalige Einzahlung. Unbemittelte nach Verhältnissen. Arme nichts."

Dennoch wurde es stiller um Engelhardt. Sein Gesundheitszustand war schlecht. Der Regierungsarzt nannte ihn eine „Ruine, zum Skelett abgemagert, und mit Geschwüren bedeckt". Jetzt bezeichnete er ihn als paranoid. Seine Kokospflanzung verfiel immer mehr. Der stellvertretende Gouverneur fand im Mai 1907 die Plantage stark vernachlässigt. Im Jahre 1909 entschloß sich August Engelhardt, seinen Sonnenorden aufzugeben. Er wollte sich nur noch philosophischen Studien und seiner Pflanzung widmen. Damit die Plantage wieder in Schwung kam, gelang es ihm, einen Teilhaber zu gewinnen: Wilhelm Bradtke. Der kümmerte sich fortan um die Geschäfte. Um die Jahreswende 1909/1910 schilderte Missionar Fellmann die Situation auf Kabakon so: „Auf der Rückfahrt von Ulu liefen wir Kabakon an, um dem Kokos-Apostel Engelhardt einen Besuch abzustatten, der sein Dasein immer noch kümmerlich fristet. Er scheint sehr mit seinem Rheumatismus behaftet zu sein und lag vor einiger Zeit mehrere Monate fortgesetzt. Jetzt geht er wieder am Stock umher. Willi Bradtke ist sein Teilhaber, nicht seiner Theorien, nur soweit das Geschäft in Betracht kommt."

Am 1. Juli 1910 besuchte ihn Fellmann wieder und schrieb darüber seiner Frau Johanna: „Vorgestern in aller Frühe zwischen 4 und 5 Uhr fuhren wir mit der Pinasse nach Ulu. Auf dem Weg dorthin liefen wir Kabakon an, um Engelhardt einen Besuch abzustatten. Bradtke, den Du von früher her wohl noch in Erinnerung haben wirst, ist jetzt bei ihm als sein Manager, ohne sich um seine Schrullen zu kümmern. Engelhardt saß unter einem Mangobaum, sein Bein, an dem er eine große und schlecht aussehende Wunde hat, im Wasser badend. Er ist im übrigen ganz der alte, und es ist tatsächlich mehr als ein Wunder, daß er noch lebt. Nur ein eiserner und unbeugsamer Wille und ein unerschütterlicher Glaube an die Wahrheit seiner Theorien muß diesen Mann am Leben erhalten. Auf die Frage von Mr. Field, ob er viel liest, sagte er nein, er habe es vorläufig aufgegeben, da er keine Verwendung habe für aufgespeicherte Weisheiten. Wir wurden bewirtet und bekamen zwei Flaschen ungegorenen Apfelmost mit in die Pinasse."

Drei Jahre später schrieb Engelhardt auf einer Postkarte an seine Familie in Nürnberg eine Art Testament und vermachte seinen Haushalt den Verwandten im Falle seines Todes. Mehreren Personen schrieb er aber: „Der Kokovorismus wird endlich Tat! Auf Cuba lebt einer seit über einem Jahr nur von Cocos und erfreut sich brillanter Gesundheit. Na, sehen Sie!" Der Weltreisende Friedrich Burger, ein damaliger Besucher, beschreibt, wie die Europäer des Bismarck-Archipel Engelhardt sahen:[43] „Einige hielten den Mann für überspannt, andere glaubten, er sei ein großer Philosoph. Die meisten aber wollten wissen, daß dieser Naturapostel sich von Zeit zu Zeit ordentlich die Nase begieße und sich durch seine Lebensweise nur interessant machen wolle. Da mich der Fall interessierte, so machte ich mich eines Tages in Begleitung einiger Herren auf und besuchte ihn. Die Haut, fortwährend der Luft und der Sonne ausgesetzt, war braungebrannt wie die eines Kanaken ... Auffallend war die große Magerkeit dieses Mannes, die Zeugnis ablegte von seiner asketischen Lebensweise."

Am 1. August 1914 brach der Erste Weltkrieg aus. Bereits am 21. 9. 1914 ergab sich die deutsche Schutztruppe den Australiern. Zunächst blieb der deutsche Besitz erhalten. Engelhardt konnte also auf seiner Insel bleiben. Seine Kokosplantage wurde später verpachtet an den Deutschen Wilhelm Mirow. Dieser verkaufte sie weiter an seine australische Ehefrau. So entging sie der Enteignung.

Im „The Rabaul Record“ erschien am 1. 8. 1917 eine letzte Notiz zu Engelhardt. Wegen der Pachtangelegenheit mit Mirow besuchte der australische Administrator mit einigen Offizieren Kabakon. Für die neuen Herren hatte Engelhardt noch einigen Unterhaltungswert. Die Zeitung erwähnte, daß Engelhardt und Bradtke jetzt wissenschaftliche Studien betrieben.

Tatsächlich beschäftigten sie sich mit der melanesischen Pflanzenwelt und ihrer medizinischen Verwendbarkeit. Vor dem Kriege hatte Engelhardt ja schon lange einen Arzt mit Mustern beliefert. Er befragte jetzt verstärkt die Inselbewohner über die Heilwirkung der einheimischen Flora. Auch ein Austausch mit botanischen Institutionen in Australien und Neuseeland kam zustande, vor allem mit den botanischen Gärten in Brisbane und Sidney und dem Dominion-Museum in Wellington. Dorthin schickte er Pflanzenproben zur wissenschaftlichen Bestimmung.

Engelhardt versuchte auch, ein System in seine Pflanzensammlung zu bringen. Seine Kenntnisse basierten auf den Namen und dem Wissen der Eingeborenen. Noch im April 1918 begann er umfangreiche Listen von Pflanzenfamilien anzulegen. Daneben zeichnete und aquarellierte er die untersuchten Pflanzen. Diese Zeichnungen sind ästhetisch reizvoll und erstaunlicherweise auch erhalten geblieben. Sie gelangten auf vielen Umwegen noch bis Mitte der dreißiger Jahre in die Hände jenes Freundes und Pharmazeuten, dem Engelhardt sie auch testamentarisch vermachte. In der Ausstellung sind einige dieser Zeichnungen zu sehen.

Seinen gesamten Nachlaß hatte er in einer einfachen Holzkonstruktion untergebracht. Sie enthielt auch eine ausgewählte Sammlung deutscher, französischer und englischer Literatur, darunter viele ältere philosophische Werke. Moderne Denker waren nicht vertreten. Darauf angesprochen, entgegnete er: „Ich gehöre zum alten Deutschland, zu Goethes Deutschland.“

Ob Engelhardt und Bradtke sich vertrugen? Wir wissen es nicht. Als der Krieg im November 1918 vorbei war, lebten sie noch. Aber kurz darauf sind beide gestorben, unter welchen Umständen, ist nicht überliefert. Wilhelm Bradtke starb am 10. 5. 1919. Sein Grabstein steht auf dem deutschen Friedhof von Herbertshöhe. Über Engelhardts Todesdatum und Grab ist mir nichts bekannt. Nach Fellmann starb er durch Malaria. Mirow, dem ja die Kokosplantage gehörte, warf den größten Teil von Engelhardts Bibliothek ins Meer. Die Listen der Pflanzenfamilien und Engelhardts Zeichnungen behielt er.

Kurz vor seinem Ende bekam Engelhardt noch einmal Besuch auf Kabakon von einem Kapitän. Er war wohl der letzte Besucher des Kokosapostels. Er schrieb; „Ist es Engelhardt, der verrückt ist, oder wir? Vielleicht sind wir alle verrückt.“

Kaum war Engelhardt tot, stand er 1920 als Papalagi wieder auf: „Papalagi. Die Reden des Südsee-Häuptlings Tuiavii aus Tiavea“. Dieser Häuptling beklagte das naturferne Leben und die Umweltzerstörung der Europäer und empfahl uns, zurückzukehren zur Natur. Erich Scheurmann, der diese Reden an die Papalagi - das sind die

Weißen - aufschrieb, kam 1914 nach Samoa und wurde dort im Ersten Weltkrieg interniert. Sein Buch ist ein Bestseller geworden. Nachdrucke kamen noch 1980 heraus und brachten es auf Hunderttausende von Exemplaren. Junge Menschen kleben sich noch heute die Sprüche des Häuptlings an ihre Autos, obwohl er uns diese nicht gerade ans Herz legte. Die Papalagi bleiben ihren Träumen treu, auch wenn schon seit fünfzig Jahren bekannt ist, daß der Südsee-Häuptling niemand anders war, als Erich Scheuermann selber.

Emil Nolde

Kurz vor dem Ersten Weltkrieg gab es ganz in der Nähe von Engelhardt noch einen Rückkehrwilligen in das Paradies. Im Gegensatz zu Engelhardt aber wurde er weltberühmt, nachdem er wieder heimgekehrt war nach „Barbaropa". Von seiner Suche nach den letzten Verstecken Gottes in der Urvölkerkunst ist nun die Rede. Es war der Maler Emil Nolde. Er kannte Engelhardt und hat ihn im April 1914 auf seiner Insel Kabakon besucht.

Nolde und seine Frau Ada waren Mitglieder der „Medizinisch-demographischen Deutsch-Neuguinea-Expedition" des Reichskolonialamtes unter der Leitung des Göttinger Professors Alfred Leber, einem Freund Noldes. Leber, damals 32 Jahre alt, war der Begründer der deutschen Tropen-Augenheilkunde.[44] Die Reise dauerte fast ein Jahr vom Oktober 1913 bis September 1914. Den beiden Noldes gelang die Rückkehr nach Deutschland, während Leber - zusammen mit Max Dauthendey - in der Zeit des Ersten Weltkriegs auf Java bleiben mußte.

Für Nolde - damals schon 46 Jahre alt - war diese Südseereise das folgenreichste Erlebnis seines Lebens, abgesehen davon, daß sie ihn 23.000 Mark kostete und damit alle seine Ersparnisse. Allerdings kaufte das Reichskolonialamt 1916 fünfzig seiner Südseeaquarelle für je 500 Mark mit Hilfe von Sponsoren. Gouverneur Hahl war bei der Auswahl beteiligt. Die Bilder wechselten 1919 in die Berliner National-Galerie, davon gingen 1937 vierundzwanzig Aquarelle verloren bei der Aktion „Entartete Kunst".[45]

Mit dieser Reise setzte Nolde eine europäische Tradition fort: Die Suche nach Arkadien. Nolde nannte es die Suche nach der „Urkunst".[46] Im März 1914 schrieb er seinem Freund Hans Fehr aus Neu-Mecklenburg: „Die Urmenschen leben in ihrer Natur, sind eins mit ihr und ein Teil vom ganzen All. Ich habe zuweilen das Gefühl, als ob nur sie noch wirkliche Menschen sind, wir aber verbildete Gliederpuppen, künstlich und voll Dünkel. Ich male und zeichne und suche einiges vom Urwesen festzuhalten.[47]

Tatsächlich zeichnete er vorwiegend Eingeborene, so wie er sie erlebte. Dabei fühlte er sich bei der Suche nach den letzten wahren Menschen vor deren Erlöschen als Entdeckungsreisender: „In wahrer Forschung glaubte auch ich mit meinen Arbeiten etwas getan zu haben, wenn auch nur ein klein wenig im Vergleich zu den großen Forschungsreisenden ... Solche Urtypen, wie auf meinen Neuguinea-Eingeborenen-

Zeichnungen gibt es heute wohl schon nicht mehr", schrieb er dreißig Jahre später und fügte hinzu: „In unserer wirtschaftlich tüchtigen ... zivilisierenden Zeit vergeht alles Urwesentliche - nie wiederkehrend."[48] Hat sich Nolde in seinen Zeichnungen und Aquarellen aus dem Bismarck-Archipel auf das Zitieren ethnographischen Materials beschränkt, oder einen neuen Stil, den Expressionismus, hervorgebracht, wie es die Kunsthistoriker sehen? Wenn es denn Expressionismus war, dann war es der Schrei Noldes nach dem verlorenen Ursprung. So beglückt Nolde über die Entdeckung seiner Urmenschen war, so erschrocken war er über ihr Aussterben. Für die ärztlichen Expeditionsteilnehmer waren die medizinischen Gründe dieses Aussterbens ausschlaggebend. Nolde sah die Gründe woanders. Die Akkulturation machte aus den guten Wilden schlechte Zivilisierte. Nolde wollte diese Urmenschen noch ein letztes Mal dokumentieren.

Der Maler Hans Purrmann hat 1933 diese Suche nach dem verlorenen Paradies so gesehen: „Die Kunst der Südseevölker ... hat nichts, aber auch gar nichts mit der Naturschwärmerei zu tun, die unsere Väter und Großväter ihr entgegenbrachten ... In dieser Südseekunst ... liegen die Samen einer Zukunft neuer europäischer Kultur."[49] Was waren das für Eingeborene, die Emil Nolde malend dokumentierte, und von denen er schrieb, sie „sind ein herrliches Volk, soweit sie nicht schon durch die Berührung mit der Cultur der Weißen verdorben sind". Es sind „seine" Eingeborenen. Aber diese Eingeborenen verstanden Nolde nicht. Von seinen „boys" - er zeichnete beide - lief ihm einer fort. Eindrucksvoll schilderte Nolde selber diese Begegnungen mit seinen „edlen Wilden". Ein Auszug aus seinen Erinnerungen im dritten Band von „Heimat und Welt" zeigt, aus welch illusionären Beziehungen zu den Subjekten seiner Bilder diese herrlichen Zeichnungen und Aquarelle entstanden. Und auch bei Nolde entstand aus der Trauer um den Verlust eines Paradieses der Haß auf die Schuldigen. Für Nolde waren es die Akkulturierer, und unter ihnen war es jener „Satlergeselle", den er nicht beim Namen nannte und den er auch gar nicht kennengelernt hatte, weil er bereits 1912 das Bismarck-Archipel verließ: Heinrich Fellmann, dem der letzte Lebenslauf dieses Buches gewidmet ist.

Hier ein Auszug aus Emil Noldes Südsee-Erinnerungen: „Nachdem drei Wochen Seefahrt vergangen waren, sahen wir in der Ferne eine weite, zackige Küste, das war Deutsch-Neuguinea. In Friedrich-Wilhelmshafen legten wir an ... Wir gingen in dem kleinen Ort umher. Nur deutsche Beamtenwohnungen waren es, europäisch kultiviert, und dann die stores. In einem dieser Läden lagen einige Dutzend jener Ahnenschädel, mit Lehm überzogen und kunstvoll ornamental bemalt, wie sie die Eingeborenen ihren Ahnen zu Ehren anfertigen. Als Verkaufsware lagen sie hier, diese Menschenschädel - jedem Globetrotter gefällig."

„Wieder ging es an Bord, und sehr überrascht waren wir, einen Trupp Eingeborenen, die auf unser Schiff gebracht worden waren, vorzufinden. Ei, waren das Kerle! Mit ihrem mächtigen Haar, mit ihrem Schmuck aus Muscheln am Bein, an den Armen, um den Hals, oder in den Ohren hängend; manche hatten einen weißen, krummen Knochen durch die Nase gesteckt. Kannibalen waren es, diese Menschen. Für uns Europäer ein unheimlicher Begriff. Wir schauten gebannt und standen gedrängt ... Als

***Bild 79.** „Jupuallo" Aquarell.* ***Bild 80.** „Matam" Holzschnitt 1913. Beide Arbeiten von Emil Nolde sind aus der Stiftung Seebüll und zeigen seine „boys".in Papua Neuguinea.* ***Bild 81.** „Urwäldler" (Augenarzt Dr. Weber, einer der beiden Leiter jener Expedition, der Nolde angehörte). Holzschnitt 1912. Sprengel Museum Hannover.* ***Bild 82.** „Der Missionar" Gemälde 1912. Privatbesitz. Bild 81 und 82 entstanden vor der Neuguineareise.*

das Schiff zur Abfahrt tutete, warf es die Wilden wie eine Woge gegen die Reeling, hingefaucht gleich einem Höllenbild. Die Eingeborenen schauten verstohlen nach mir hin. Wenn ein Auge von ihnen aus einer Ecke mich traf, war es unheimlich, und wenn sie einen vollends anschauten, war es so wild und gehässig, wie schwarze Panther oder Leoparden schauen. Sie waren gefangen. Sie waren gereizt. Direkt aus dem Busch, dem Urwald kamen sie ..."

„Die Pflanzer brauchten Arbeitskräfte. Aus ihren Dörfern von Frauen und Kindern waren sie weggeholt worden. Das war radikal und roh. Das Kolonisieren ist eine brutale Angelegenheit. Die Engländer wissen dies. Wenn, von den farbigen Eingeborenen aus gesehen, eine Kolonialgeschichte einmal geschrieben wird, dann dürfen wir weißen Europäer uns verschämt in Höhlen verkriechen. Es wird aber nicht geschehen."

„Manchmal tauchten kleine, vorgelagerte Inseln hervor. Es ging so weiter, bis nach einigen Tagen wir in den von vulkanischen Höhen umlagerten Hafen von Rabaul einliefen. Rabaul war Hauptstadt und Sitz der Regierung. Wir waren am Ziel. Einem jeden von uns wurde ein Boy zugeteilt. Junge braune Eingeborene, Tulie und Matam wurden die unseren. Auf der Namanula, in einem neuerbauten, ein paar hundert Meter hoch liegenden Krankenhaus, das noch nicht seiner Bestimmung übergeben war, erhielten wir einstweilige Wohnung zugewiesen."

„Ich ging mit meinem Jungen Tulie und meinem Malmaterial sogleich eine halbe Stunde Wegs hinunter zu dem deutschen Lager, wo die Männer der wilden Neuguineastämme von gestern untergebracht waren, und bald saß ich mit meinen Wasserfarben vor ihnen, zeichnend, malend, mitten zwischen den herrlichen, dunklen, braunen Urmenschen. Mehrere halbfertige Blätter lagen zum Trocknen um mich herum, als ich die Unruhe meines Boys bemerkte. Im gleichen Moment drehte ich mich blitzschnell um und eben noch bemerkte ich, wie eine schräg zugespitzte Bambusstange hinter dem Rücken des wilden Mannes verschwand, den ich eben gezeichnet hatte. Sein Nebenmann saß mit einem ergatterten Küchenbeil in der Hand, es auch sogleich hinter sich verbergend. Es war ein grausiger Moment. Ich drehte meinen Sitz zur Mauer, so daß mein Rücken gedeckt war. ... Etwas erzwungen lächelte ich den braunen Wilden zu, klappte die Maldeckel aneinander, reichte dem Jungen die Sachen, und wir gingen."

„Ich war leichtsinnig gewesen; die geheimen Gedanken der Wilden kannte ich nicht, ihre Gebräuche, Sitten, ihren Glauben und Gottbegriff auch nicht. Und ich wußte noch nicht, daß bei fast allen Stämmen der Glaube besteht, daß, sowie einer von einem anderen etwas besitzt, sei es nur ein Haar, in diesem Falle ich ihr Bild, er mit diesem tun kann, was er will."

„Im Klubhaus sahen wir eines Mittags, als ein Schiff aus Sydney neuen Proviant gebracht hatte - was nur alle vier Wochen geschah -, wie die anwesenden Weißen über ihr rohes Beefsteak mit übergegossenem rohen Ei herfielen. Die Gier nach frischem Fleisch war raubtierisch, unheimlich ... Es kam der 24. Dezember 1913, die Christnacht. Ich stellte meine kleinen, während der Seefahrten mit dem Taschenmesser geschnitzten Figuren auf unseren Weihnachtstisch."

„Wenn wir von unserem Namanula nach Rabaul hinuntergingen, trafen wir öfters einige der wilden Männer, welche mit dem Schiff mit uns zusammen gekommen waren. Sie standen zumeist umher mit finsterer Miene, oder saßen mit überkreuzten Beinen schlaff und mißmutig wie entwurzelte Pflanzen ... Wenn wir ihnen zulächelten, blieben sie finster ... Ihr Schmuck war verschwunden. Auf dem Schiff bereits suchte ein amerikanischer Globetrotter mit Hilfe der Schiffsbedienung und mit Münzen ihnen Schmuck und Spangen zu entlocken. Wir waren entrüstet. Nun aber war alles dahin. - Der Zweck ihres erzwungenen Aufenthalts in Rabaul war, sich ganz allmählich Verständigungsmöglichkeiten anzueignen, in dem üblichen Pidgin-Englisch. Wenn nach vielen Monaten dies ein wenig geschehen war, dann wurden sie wieder an ihre Plätze zurückbefördert. Die Heimgekehrten mußten Dolmetscherdienste leisten, wenn Agenten der Pflanzer Männer für die Arbeit in den Plantagen zu gewinnen suchten."

„Unsere Jungen hatten nicht viel zu tun in Rabaul. Anfänglich gingen sie in den Nachtstunden umher, mit ihren Stammesgenossen in traumhaftem Zauber den Mond anschwärmend, den auch wir dort so stark empfanden. Dann blieb Matam die ganzen Nächte fort, ja sogar einmal mehrere Tage ... Schließlich kam er nicht wieder. Das war meiner Ada eine große Enttäuschung, denn sie hatte wirklich viel Mühe und Freude mit diesen beiden kleinen dunklen Kerlen. Sie lehrte sie deutsch und tat alles mögliche Liebe für sie. Anstatt Matam bekamen wir einen anderen zugeteilt. Einer der dunklen Jungen, sein Alter war unbestimmbar, schaute meine Ada mit so bittenden Augen an, daß sie glaubte, ihn nehmen zu müssen. Jupuallo war sein klangschöner Name ..."

„Eines Abends dann kam Professor Leber mit dem Vorschlag, eine kleine Expedition nach einem Dorf der Eingeborenen machen zu wollen ... Der Arzt, Professor Külz, saß mit Hilfe eingeborener Dolmetscher fragend, notierend, untersuchend, um das ihm Wichtige zu erfahren. Vor ihm standen wechselnd die zusammenbeorderten Frauen mit ihren Kindern und oft auch die Männer. Während seines Verhörs zeichnete und malte ich unbemerkt einige Blätter, so daß ich die Gezeichneten in voller Natürlichkeit vor mir hatte. Das war schön, obschon die Bewohner des Gazellengebietes allgemein keine sympathischen Menschen waren und auch ihr Aussehen entsprechend. Diese Untersuchungsform wiederholte sich täglich; immer ging es zu anderen Dörfern."

„Während dieser Tage überschritten wir einen lustig plätschernden Bach, anscheinend so frisch, als ob es ein Gletscherbach wäre. Ich trank einen Schluck. Das Wasser war nicht kalt, es war ganz warm. Der Bach war verseucht. Die Tropen sind tückisch. Anscheinend kommt schleichend der Tod, tastend mit seiner Knochenhand und den langen Krallen, die so weh tun. Einige Tage schleppte ich mich noch mit. Dann aber warf es mich hin. Dysenterie, Amöben-Dysenterie, die gefährlichste Art, lautete Professor Külz'se Feststellung ... Ich aber schleppte mich noch an diesen Tagen hin zu einem Eingeborenenfest, sitzend schauend und dabei fieberkrank noch eine Reihe kleiner Skizzen von den umherstehenden braunen Jungen zeichnend und auch von den Bewegungen ihrer wilden Tänze, bis es nicht mehr ging."

„Nun folgten schwere, bange Wochen Krankheit. Ich lag da mit brennendem Durst, von Rotwein und Wasser genährt, von Morphium betäubt, wohl alle erwarteten den Tod. Nur, ich tat es nicht ... Dann wurde ich nach Toma befördert, wo verbrauchte Kolonisten Erholung suchten. In der Höhe von Toma waren wir von der sonst bei Tag und Nacht so häßlichen Plage der boshaften Mosquitos verschont. Die giftigen unter diesen sind die Verbreiter der Malaria, die zu Schwarzwasserfieber ausarten kann ..."

„Es wurde gemeldet, daß ein deutscher Dampfer nach Neumecklenburg fahre. Wir verließen Toma. In Käwieng, wo wir landeten, erging es uns sogleich wunderschön. Der lebhaft frische Bezirksamtmann Stübel und seine junge blonde Gattin nahmen mit offenen Armen meine Ada und mich in ihr Haus, und geruhsam genießend die stillen Tage und Wochen erholten wir uns ... Als Maler war ich unseren Gastgebern nicht bekannt, auch war es wohl nicht solches, das sie schätzten ..."

Unter den wenigen Weißen, die damals in Käwieng lebten, waren auch der methodistische Missionar Ernst Boettcher mit seiner Frau in Omo, keine vier Kilometer von Käwieng entfernt. Es ist unwahrscheinlich, daß die Noldes und die Boettchers sich nicht kennenlernten in diesen Wochen, zumal Stübels mit Boettchers befreundet waren. Aber weder Boettcher noch Nolde erwähnen einander in ihren Erinnerungen. Boettcher hat zu dieser Zeit ein Foto gemacht, einen Blick übers Meer zu den Nusa-Inseln mit tiefstehender Sonne. Die Glasplatte ist zwar schlecht erhalten, aber man sieht, daß er damals von der gleichen Stelle fotografierte, von der aus Nolde eines seiner schönsten Südsee-Bilder malte. Eine Nichte Boettchers, die Tochter seiner Schwester Nusa, hat in unseren Tagen diese Stelle noch einmal bei verschiedenen Wasserständen aufgenommen. Sie können die Bilder in der Ausstellung vergleichen.

In einem Brief an den Juristen Prof. Dr. Hans Fehr schreibt Nolde aus Käwieng, im März 1914: „Mein Freund, die Untergrabung und eifrige kulturelle Vernichtung der schwächeren Völker ist schlimm mitzuerleben. Alle Begeisterung der Europäer über Mission und kommerzielle Fortschritte können nicht darüber hinwegtrösten ... Wir leben in der Zeit, wo die ganzen Urzustände und Urvölker zugrunde gehen, alles wird entdeckt und europäisiert. Nicht einmal eine Fläche erster Urnatur mit Urmenschen bleibt der Nachwelt erhalten. In 20 Jahren ist alles verloren. In 300 Jahren grübeln, quälen sich und graben die Forscher und Gelehrten, um tastend etwas zu fassen vom Köstlichen, das wir hatten von der primären Geistigkeit, die wir heute so leichtsinnig und schamlos vernichten ... Ich bin jedenfalls der Meinung, daß meine Bilder der Urmenschen und manche Aquarelle so echt und derb sind, daß sie unmöglich in parfümierte Salons zu hängen sind. Gar keinen anderen bildenden Künstler weiß ich, außer Gauguin und mir selbst, der aus der unendlichen Fülle des Urnaturlebens Bleibendes brachte ... Dein Freund und Maler Emil Nolde."

Zu seinen Bildern aus Käwieng schreibt Nolde: „Als mehrere Wochen in müßigem

Bild 83. *Emil Nolde „Meeresufer mit Palme" Kreidezeichnung. (Sie ist ähnlich dem zur gleichen Zeit in Käwieng entstandenem Aquarell „Bucht mit Palmen", ebenfalls in der Stiftung Seebüll.*

Bild 84. *Das am gleichen Ort (Nusalik) entstandene Foto von Ernst Boettcher (hier nach der Original-Glasplatte). Siehe auch Seite 130.*

ruhigem Nichtstun vergangen waren, begann ich wieder die kleinen Strichzeichnungen oder auch intime farbige Notizen zu machen ... Beim Stehen vor der Staffelei bebten meine Knie noch ... Und dabei entstand nach und nach eine Reihe Bilder. Teils waren es landschaftliche, teils Figurenbilder. Sie wurden nicht gleichmäßig gut. An die Wände meines Raumes heftete ich sie zu einer kleinen Südseeausstellung: Tropensonne, Palmen am Meer, Stiller Südseeabend, Südseekrieger, Junge braune Mutter, Frauen am Ufer hockend. Käwieng liegt Nusa lik gegenüber, eine kleine schöne Insel, dahin wir uns öfters übersetzen ließen. Wir gingen dann umher und saßen auch zuweilen am jenseitigen Strand, schweigend vor dem weiten, stillen Ozean, so groß und weit, als ob die Ewigkeit dahinter wohne."

„Wir konnten den Bezirksamtmann Stuebel einige Male auf seinen kleineren Dienstreisen begleiten", schreibt Nolde und fährt fort, ohne den Namen August Engelhardt zu nennen: „Auf einer kleinen Insel trafen wir einen älteren Mann, einen jener Schwärmer, welche auf einer Südseeinsel das Paradies auf Erden suchten. Er ging nackt wie die Eingeborenen, hatte nur den vorgeschriebenen roten Lavalap an: sein Kopfhaar war lang und gelbgebleicht, sein Körper braun gebrannt und in seinem Holzhaus war eine große Bibliothek. Er lebte von Kokosnüssen und Süßkartoffeln und philosophierte, in seiner Art. Sie haben wohl schon viel von mir gehört? sagte er bei unserer Begegnung. Wir hatten gar nichts von ihm gehört. Als er im Gespräch sagte: Die langen Kopfhaare geben Intelligenz, erwiderte meine Ada scherzend: Dann müssen wir Frauen sehr intelligent sein! Es blieb von diesem Mann ein unangenehmer Eindruck. Manche Hunderte ähnlicher Paradiesschwärmer und Existenzen sollen auf den vielen kleinen Südseeinseln umhergeirrt und manche damals noch dagewesen sein."

„Während ein paar Stunden trafen wir auch einen Geschäftsmann, der den großen Sucher nach fremder Schönheit, den Maler Gauguin auf Tahiti, gut gekannt habe. Ja, er war nach seinem Tode mit dabei gewesen, als sein Haus aufgelöst und die Bilder entfernt wurden. Die Künstlerromantik Gauguins mit solchen vulgären Augen zu sehen war nicht erfreulich, es waren unvereinbare Extreme. Wenn man nur gewußt hätte, daß später diese Bilder so hohe Preise erhalten würden, es waren doch genug da! Das war der Kern seiner Wünsche und sein Bedauern."

Damals veranlaßte Emil Nolde Dr. Stuebel in Berlin, eine Denkschrift einzureichen: Abschrift. Käwieng, den 25. März 1914. Herr Emil Nolde bringt vor: „Ich bin Teilnehmer der wissenschaftlichen Expedition Külz-Leber. Die Expedition befaßt sich unter anderem auch mit dem Studium der Kultur der Eingeborenen. Diese Aufgabe läßt sich nur unvollkommen lösen, da eine große Menge von kulturellen Erzeugnissen der Eingeborenen aus dem Schutzgebiet ausgeführt worden ist ... Viele dieser Sammlungen sind ins Ausland gegangen. Ich erinnere an die Sammlung Parkinson, deren Doppelstücke nach Chicago verkauft wurden ... Ich finde es bedauerlich, daß auf diese Weise viele unersetzliche Stücke Deutschland verloren gehen ... Der Wert ist um so höher anzuschlagen, als diese Erzeugnisse die letzten Überbleibsel einer Urkunst sind, von der sich bei den sogenannten Kulturvölkern kaum noch Spuren finden. Bisher sind sie nur in Museen für Völkerkunde enthalten ... Nun werden auch die Kunst-

Bild 85. *Bikman Eparam Matalewan, mit dem auch Emil und Ada Nolde in Berührung gekommen sein müssen, als sie in Käwieng auf Neu-Irland waren.*
Bild 86. *Die Missionare Ernst Boettcher (li.) und Ernest Sprott von der australisch-methodistischen Mission, neben der die Noldes 1913 wohnten.*

sammlungen sie mehr und mehr als erste Beispiele primitiver Kunst verlangen. Das Südseegebiet ist wohl die letzte Fundgrube solcher Urkunst. Es ist meines Erachtens Ehrensache für das Deutsche Reich, die Reste dieser Kunst zu erhalten, und zwar für Deutschland zu erhalten. Ich möchte in Anregung bringen, daß alle kulturellen Erzeugnisse der Eingeborenen, bevor sie ins Ausland geschickt werden, einer sachverständigen Person oder Kommission vorgelegt werden, die zu entscheiden hätte, ob die Stücke für Deutschland erhalten bleiben sollen oder ausgeführt werden dürfen. Vorgelesen, genehmigt und mit Emil Nolde unterschrieben." (gez.) Stuebel, Bezirksamtmann.

In seinem letzten Brief schrieb Emil Nolde am 24. Mai 1914 auf der Rückfahrt nach Europa seinem Freund Hans Fehr[50]: „Die Eingeborenen essen allerdings Menschenfleisch, sie schlagen sich gegenseitig zuweilen tot. Ich verstehe dieses Verlangen, bei einem Fest frisches Fleisch essen zu wollen, in diesen Tagen hier auf dem Schiff, wo wir täglich halbfaules Tinnfleisch essen, käme ein frischer Braten Menschenfleisch, ich würde von diesem essen. Sind denn wir sogenannten Cultivierten wirklich besser als diese Menschen hier? Hier werden bei den Fehden einzelne getötet, in Europa im Kriege tausende und sind die verdorbenen Großstadtmenschen nicht viel tieferstehender als die hiesigen Naturmenschen, die viele Kinder zeugen, damit sie stark sind, damit der Nachbarstamm nicht mehr Männer hat als sie. Wir müssen ihnen Cultur bringen, diesen Kanakern! Sagt einmütig und selbstbewußt der Pflanzer, der Beamte, der Millionär und wer sind diese Culturträger? Der Polizeimeister, ein ehemaliger Unteroffizier, der Pflanzer, ein ehemaliger Matrose, oder verknackter Offizier, der Mißionar, ein ehemaliger Satlergeselle, der nichts von der Welt weiß ... Wir leben in einer üblen Zeit, wo die weiße Rasse sich die Bewohner der ganzen Erde dienlich macht."

0 50 100 200 Kilometres
Tusang
Kavieng
Omo
Liga
Nonovaul
Kaut
Manggai High School
DJAUL IS.
Pilivo
Lakurumau
Liba
SIMBERI IS
Tatau
TATAU IS.
TABAR ISLANDS
TABAR IS.
LIHIR IS.
LIHIR ISLANDS
Samo
Pinikidu
Kontu
HC
Kimadan
LELET
PLATEAU
Mesi
HC
Kono
Halis
NAMATANAI
Eratabu
Kabanut
Kalili
Kudukudu
Susurunga
ST GEORGE'S
CHANNEL
RABAUL
For detail of this area, see map at rear.
NEW IRELAND
Kait
Siur
LABOM IS.
Metlik
BAY
20'
152°30'
MANUS
WEWAK
Rabaul
IRIAN JAYA
MADANG
HIGHLANDS
LAE
BOUGAINVILLE
PAPUA MAINLAND
PAPUA NEW GUINEA
PORT MORESBY
URBAN
PAPUAN ISLANDS
AUSTRALIA
—LEGEND—
1... A. Hertzer; 2... Methodist Mission; 3... Catholic Mission; 4... German Trading and Plantation Coy; 5... E.E. Forsayth (Frau Kolbe); 6... Fr. Guyot; 7... G.P. Kaumann; 8... Hernsheim & Co.; 9... J.M. Rondahl; 10... R. v. Blumenthal; 11... Kleinschmidt; 12... A. Horgren; 13... New Guinea Coy; 14... R. Parkinson; 15... W. Bollen; 16... R. Wolff.
...Methodist Mission Station.
...Catholic Mission Station.
Land alienated for private use.
Government land.
Special reserves for native peoples.
Watom I.
Wunabukono
Wunuwuking
C. Tawui
BISMARCK SEA
Makadau
Hernsheim
DUKE OF YORK ISLANDS
Urdra
Meth. Miss.
Natava
C. Livuan
Talili B.
Nondup
Hernsheim & Co.
Simpson Harb. (Rabaul)
Faule-B.
Cath. Miss.
Ulu
Methodist Miss.
Engelhardt
Kabakon
Mioko
Kerawara
Kombair
Malupi
Vulcan I.
Blanche-B.
Credner Is
Taliklikun Bay
(Weber Harb.)
Rakunai
Tombule R.
Herbertshöhe
Vunapope
Cape Gazelle
Mandres
New Guinea Company
Vudal
Kerevat
Moulon
Forsayth
Gunambo
Toma
Kulon
Wulo
Kabunga Bay
GAZELLE-HALBINSEL
1906
New
0 1 2 3 4 5 10
KILOMETRES

Lebensläufe VI
Fellmanns Kinder der Zukunft

Vorbemerkung. Diese Lebensläufe aus dem Nachlaß von Johanna und Heinrich Fellmann entstanden aus Hunderten von Briefen sowie den Tagebüchern der beiden aus dem Bismarck-Archipel Papua-Neuguineas von 1896 bis 1920. Treulich aufbewahrt wurden sie über die Zeiten hinweg von der zweitjüngsten Tochter, dem sechsten Kind, Liselotte Fellmann, die 1915 in Australien geboren wurde. Ihr verdanke ich sie. Es sind manchmal sehr persönliche Dokumente eines Erstkontaktes zwischen melanesischen Eingeborenen, die noch im Milieu der Steinzeit lebten und süddeutschen Methodisten von bäuerlicher bis bürgerlicher Herkunft. Heinrichs Eltern waren fränkische Mennoniten und Ackerbauern. Er selber erlernte das Sattlerhandwerk. Weitere Quellen dieser Lebensläufe sind die Berichte und Briefe im „Copierbuch" Fellmanns aus der Mitchell Library in Sydney, darunter auch ein früher Reisebericht aus Neu-Mecklenburg, Schülerzeichnungen, sowie die sechzehn Übersetzungen in die Tolaisprache, die ich ebenfalls Liselotte Fellmann verdanke, und von denen Sie einige in der Ausstellung sehen. Ihr Bruder Wilhelm überließ der Mitchell Library die Glasplatten von Fellmanns Fotografien, wobei die vintage prints bei Liselotte Fellmann blieben. Die Mitchell Library verwahrt auch die Glasplatten von Dr. George Brown. Fellmann fotografierte seit März 1898 im Bismarck-Archipel.

In den bisherigen Veröffentlichungen konnte die Arbeit der Methodistischen Mission, der frühesten und größten im Bismarck-Archipel, kaum berücksichtigt werden. Anders verhielt es sich mit der Katholischen und den beiden Lutherischen Missionen, hier gab es mehrere Veröffentlichungen. Von diesen Missionen unterscheiden sich die Methodisten erheblich, wie das am Gumbo-Lebenslauf sichtbar wurde. Neville Threlfall[51] stellte diesen Gesichtspunkt bei seiner Geschichte dieser Mission natürlich nicht in den Vordergrund. Die meisten von uns erfuhren wohl erst durch die Darstellung Nelson Mandelas in seinen Memoiren von der methodistischen Akkulturation und ihrer Einschätzung durch die Akkulturierten.[52] Als Lutheraner wird man nachdenklich, wenn man Mandela und die Fellmannschen Quellen liest. So wird es Gouverneur Hahl ebenfalls gegangen sein, der Heinrich Fellmann bald zu seinem Vertrauten machte.

Diese Briefe und Tagebücher, von deren Gesamtumfang für diese Arbeit kaum der zehnte Teil aus den Handschriften transkribiert und benutzt wurde, sind auch deshalb ein Glücksfall, weil die erste Hälfte - von 1897 bis 1906 - von Johanna Fellmann stammt. Es sind Briefe an ihre Mutter in Deutschland. Ab 1907 schrieb dann Heinrich Fellmann an seine Frau Johanna. Er war allein nach Raluana zurückgekehrt, Johanna blieb bis 1912 mit ihren fünf Kindern in Deutschland und kam dann nach Sydney. So enthalten viele Briefe neben den zahlreichen Informationen über alles und jeden im Bismarck-Archipel wahre Nachtigallengesänge der Sehnsucht. Ihr Informationswert erklärt sich auch dadurch, daß sich das deutsche Gouvernement in Herbertshöhe neben Fellmanns Missionshaus in Raluana ansiedelte. Damit enthalten die Briefe viel Politisches, neben neuen Informationen über Ethnologen, Frau Kolbe (Queen Emma), Richard Parkinson oder Robert Koch, der bei Fellmanns war, sowie Gouverneur Hahl, Engelhardt, die Katholische Mission, die Pflanzer, und immer wieder über die Eingeborenen, die Tolai.

Als die Fellmanns 1897 jung verheiratet nach Raluana kamen, war Johanna 21 und Heinrich 26 Jahre alt. Oft sahen sie die gleichen Dinge unterschiedlich. Johanna legte sofort ihr Korsett ab in der Tropenhitze, aber ihre Vorurteile abzulegen gegenüber den Eingeborenen gelang ihr erst nach zwei Jahren. Umgekehrt übrigens auch. Wie Johanna dort überlebte - sie hatte schließlich sieben Kinder, ihre Freundin Phoebe Parkinson zwölf - ist allein schon eine Lektüre wert, denn sie war kein ungewöhnlicher Mensch. Im Gegensatz zu ihrem Mann.

Die nun folgenden Briefe und Tagebücher sind also eine Auswahl und gekürzt, anfangs weniger, wegen der Erstkontakt-Beschreibungen, später mehr. Die Erläuterungen stehen in Kursivschrift. Manche Briefe sind tagebuchartig über einen längeren Zeitraum geschrieben, weil sie nur alle 4 - 6 Wochen mit einem Dampfer abgeschickt werden konnten.

Der erste Brief von Johanna Fellmann nach Deutschland beschreibt die Reise von Sydney nach Neu-Pommern/New Britain im Bismarck-Archipel und die Ankunft in Raluana. Alle Briefe Johannas sind an die Mutter gerichtet.

Brief 13. 2. 1897. In Port Morseby wohnen 15 Weiße. Besuch beim Landeshauptmann v. Hagen in Neuguinea. Dort sind 50 Weiße. Frau Kolbe kam gleich nach Ankunft des Dampfers an Bord. Sie lud alle Passagiere und den Kapitän zum Nachtessen ein, auch uns. Sie heißt Queen Emma, weil sie so viele Ländereien besitzt. Sie spielt eine Hauptrolle hier. Wir hatten schon viel von ihr gehört. Dr. Brown kennt sie sehr gut, er gab uns einen Brief mit für sie. Eine Stiefschwester von ihr war einige Zeit bei Dr. Brown. Mrs. Kolbe ist schon zum vierten Mal verheiratet, ihr jetziger Mann ist ein Deutscher. Ich glaube, sie steht aber nicht im allerbesten Ruf. Eine Nichte von Queen Emma war auch da. Sie hat in drei Wochen Hochzeit. Es ist möglich, daß Heinrich sie trauen muß. Ach ja, ich vergaß etwas. Der katholische Bischof kam auch mit diesem Dampfer. Er bot Heinrich an, unser Gepäck in seinem Boot ans Land zu bringen. Diplomatie. Heinrich lehnte es ab und beleidigte ihn dadurch etwas. Das schadet aber nichts.

Als wir das Missionshaus in Raluana betraten, hatten wir keinen guten Eindruck. Es ist aber hauptsächlich der Schmutz, die Unreinlichkeit und die Vernachlässigung, die stört. Mr. und Mrs. Chambers hatten gestern noch nicht mit unserer Ankunft gerechnet.

Der australische Missionar William Chambers, der Vorgänger Fellmanns in Raluana, Präses von 1897 bis 1901, war seit 1893 im Bismarck-Archipel.

Tagebuch Johanna Fellmann aus Raluana, 2.-16. März 1897

2. März 1897. Wir bekamen eine Einladung von Mr. Forsayth, Mrs. Kolbes Sohn Coe, für Samstagabend 6 Uhr zum Dinner ... Diese Leute sind furchtbar reich ... Es gab 4 bis 5 Gänge ... Alle Weißen sind dazu eingeladen, auch der katholische Bischof wird da sein. Mr. und Mrs. Forsayth geben dieses Dinner zur Feier der Einweihung ihres neuen Hauses. Sie stehen sehr freundlich zu unserer Mission. Mr. Forsayth gab kürzlich 200 Mark ...
Gestern kam Mr. Forsayth uns zu besuchen. Mrs. Forsayth ist ein liebes, stilles, bescheidenes Frauchen ...

5. März 1897. Mein Tischherr war Herr Kolbe, und Heinrich führte die Nichte von Mrs. Kolbe zu Tisch. Mr. Chambers hatte die Queen Emma und Mrs. Chambers den Herrn des Hauses. So waren wir alle sehr geehrt. Es gab vielerlei Weine und Champagner. Das Essen dauerte etwa eineinhalb Stunden. Es war natürlich etwas Ungewohntes für uns. Nach dem Essen unterhielt man sich, und dann wurde getanzt. Mr. Coe Forsayth kam zu mir und wollte mich auffordern, mit ihm die Polonaise zu eröffnen! Aber ich dankte ihm dafür. Das rief allerdings viel Sturm hervor, die Herren wollten mich überreden, ich blieb standhaft. Es ging sehr laut zu. Im Laufe des Abends waren alle mehr oder weniger angeheitert. Wir verabschiedeten uns gegen 11 Uhr. Für die anderen war das Soupé auf ½ 12 Uhr festgesetzt. Es soll noch lange lustig und fidel gewesen sein. Wir waren nach fast 2-stündiger sehr ermüdender Bootsfahrt wieder in Raluana ...
Wir gehen morgen nach Kabakada. Es bietet sich eine günstige Gelegenheit für uns, denn Dr. Hahl geht in einem größeren Segelboot ebenfalls dorthin ...
Nun sind 14 Tage unseres Hierseins vergangen ...

Als wir aus Kabakada weggingen, war es schon dunkel ... Wir mußten in eine Buchteinfahrt. Das war aber gefährlich wegen der vielen Riffe. Daher mußten wir warten bis zum anderen Morgen. Unser Schiff machte eine Spazierfahrt während der Nacht, es trieb planlos auf dem Meer. Am andern Morgen waren wir wieder ein gutes Stück zurückgetrieben. Nun kam Wind von der rechten Seite, und zwar so heftig, daß das Boot beinahe umschlug. Wir mußten die Segel einziehen. Dr. Hahl sagte, wenn die See nicht ruhiger werde, könnten wir nicht landen und müßten draußen bleiben. Das war schlimm. Ich fühlte so schlecht, konnte fast nichts essen und lag immer in der Kajüte. Dr. Hahl war so freundlich, mir seine hübsche kleine Kabine zu überlassen. Gegen 2 Uhr mittags war es ein wenig ruhiger, und wir entschlossen uns, an Land zu gehen. Es war allerdings ein Wagnis, sich in einem so kleinen Boot den Brandungswellen preiszugeben. Aber wer nicht wagt, gewinnt nicht. Das Beiboot wurde herabgelassen, und wir erreichten das Land. Nein, war das eine tolle Fahrt. Ungeheure Wassermassen wälzten sich auf uns zu und drohten unser Schifflein zu zerschlagen. Bald ging es in die Höhe, und plötzlich tief hinunter. Da hättet ihr dabei sein müssen! Es machte uns schließlich sogar Spaß, so herumgeworfen zu werden, denn in einem kleineren Boot kann man das viel eher ertragen als in einem großen. Es war ein ganz eigentümliches Gefühl, eine solch große Wasserwelle hinter sich heranwälzen zu sehen, immer näher kommend und schließlich das Boot in die Höhe nehmend.

12. März 1897. Heinrich hat mein bisheriges Tagebuch durchgelesen und sagte mir, daß es ein gewaltiges Durcheinander ist, was ich auch gar nicht bestreiten will. Wenn man jeden Tag etwas schreibt, wird es schließlich ein Kunterbunt geben.

Hier ist es furchtbar heiß, den ganzen Tag ist man in Schweiß gebadet. Ich trage natürlich schon, seit ich hier bin, kein Korsett mehr, nur ein Hemd, das heißt, das kurze Unterleibchen oder die braunen gewobenen Untertaillen, dazu einen weißen Unterrock und das Kleid. Bei dieser Art Unterkleidung passen freilich dann Blouse und Rock nicht gut, da es zu schlappig und unordentlich aussieht. Am liebsten trage ich mein Hauskleid. Die Missionsfrauen tragen nur diese losen Kleider. Ich wollte, ich hätte meine schweren wollenen Kleider und Röcke alle zu Hause gelassen. Nach und nach muß ich sehen, daß ich mir aus leichtem billigen Stoff, wie wir ihn zum Verkauf für die natives führen, einige solcher Kleider mache. Wenn ich nur meine Maschine recht bald bekäme. Ich habe in nächster Zeit so viel zu nähen, Volantes für die Betten und für all die Kisten, die wir an die Stelle von Möbeln in die Zimmer stellen. Wir haben hier in den Stationen immer ein Lager von allen möglichen Verkaufsgegenständen. Jedes Jahr kommt eine Sendung, etwa im Wert von 2000 Mark. Das wird dann an die teacher und Eingeborenen verkauft.

14. März 1897. Heinrich hatte in der vergangenen Nacht schon einen kleinen Fieberanfall. Die Gottesdienste werden hier gut besucht. Mr. Crump ist sehr beliebt.

Der neuseeländische Missionar John Crump war mit seiner Frau Alice von 1894 bis 1904 im Bismarck-Archipel.

Die Leute sind sehr betrübt, daß er geht. Sie haben Mr. Chambers nicht so gern. Chambers ist nur immer süß und freundlich zu den Leuten, läßt sie tun und treiben, was sie wollen, ohne sie dafür zu strafen. Und das schadet den Schwarzen noch mehr als bei uns zu Hause. Ich fürchte, Heinrich wird anfangs einen schweren Stand haben. Aber Mr. Crump sagt, er müsse ernst und streng mit den Leuten verfahren. Mr. Crump straft seine Leute, schlägt sie, wenn es sein muß, und so bemühen sie sich in Kabakada sich gut zu betragen. Während die Leute in Raluana über Chambers Gutmütigkeit lachen, ihn bestehlen und zum Besten halten.

Nun will ich mal einen Gottesdienst, wie er hier gehalten wird, beschreiben. Um 9 Uhr läutet die Glocke und langsam füllt sich die Kirche. Auf der einen Seite, natürlich auf Matten, auf dem Boden, sitzen die Männer, vorne die teacher und schoolboys, meistens ganz weiß gekleidet. Auf der anderen Seite die Frauen mit ihren Kindern, die bringen sie immer mit zum „lotu". Sie betragen sich sehr ruhig. Sind alle da, so beginnen sie das Glaubensbekenntnis miteinander zu sagen, oder besser, zu singen, etwa eine halbe Stunde lang. In der Nähe ist's schrecklich anzuhören, weil sie so laut schreien, als ihre kräftigen Stimmen es gestatten. Wir gehen erst um ½ 10 Uhr herüber mit dem „talatala", also Mr. Chambers oder Heinrich. Auch die „marama", also Mrs. Chambers oder ich, gehen mit. Sehen sie uns, sind sie mit einem Schlag still. Nun wird ein Lied gesungen, es sind lauter bekannte Melodien. Einer der teacher beginnt, gibt den Ton an und singt die erste Strophe allein. Haben's die anderen begriffen, welche

Strophe es ist, fallen sie auch ein. Sie singen sehr froh. Mir gefällt ihr Singen, wenn ich auch die Worte nicht verstehe und ich singe von Herzen mit. Danach wird gebetet und wieder gesungen. Nach Verlesen des Bibelabschnittes wird noch einmal gesungen. Nach dem Gottesdienst ist Sonntagsschule. Um 4 Uhr ist wieder Gottesdienst. Die Leute sind meist sehr aufmerksam. Aber während des Gottesdienstes geht ein Mann mit einem großen Stock herum, und wenn er sieht, daß einer schläft, versetzt er ihm einen Stoß. Auch die Gebetsversammlungen in der Woche werden sehr gut besucht. Ich bin immer ganz gerührt, wenn ich die Leute inbrünstig beten höre, und wünschte, ich könnte verstehen, was sie sagen. Mein lieber Mann hat rasch große Fortschritte gemacht im Erlernen ihrer Sprache. Bei mir geht's nur sehr langsam ...
Leider braucht die „Stettin" volle neun Wochen von hier nach Bremen, davon gehen aber 10 bis 12 Tage ab, wenn die Briefe von Genua über Italien und die Schweiz geschickt werden.

16. März 1897. Geldverhältnisse: Man hat hier deutsches Geld und auch solches von der Neuguinea-Compagnie. Die Eingeborenen bezahlen aber mit ihrem „tabu" oder „tambu", das ist Muschelgeld. Wir nahmen für etwa 80 Mark Tabak von Sydney mit in Stangen, eine Stange kostet 4 Pfennig, hier raucht nämlich alles, Männer, Frauen und Kinder, den lieben langen Tag. Und so wird auch mit Tabak bezahlt, auch mit Stoff, zum Beispiel ein Huhn kostet 5 Viertelmeter Schierling. Jeder Missionar hat seine Anzahl teacher, die er monatlich zu bezahlen hat. Statt des Geldes bekommt er aber jedes Jahr eine Anzahl Stoffe, Tabakstangen, Kerzen, Lampenerdöl, eben Sachen, die auch von Eingeborenen gekauft werden, zusammen im Wert dessen, was der Gehalt der teacher betragen würde. Heinrich bekommt sein Gehalt von 3.600 Mark, es wird ihm aber nicht geschickt, sondern es bleibt in Sydney. Wir machen nun Bestellungen in Sydney für Lebensmittel und andere Sachen, die wir brauchen. Am Ende des Jahres schickt uns Dr. Brown ein Verzeichnis der Einnahmen und Ausgaben. Das übrigbleibende Geld wird dort in einer Bank angelegt.

Brief 16. 4. 1897. Charfreitag. Meine liebe süße Herzensmama!
Was die Leute wohl über uns denken, denn seit unserer Ankunft tun wir nichts als putzen, den lieben langen Tag. Wahrscheinlich denken sie, das seien wir in Deutschland so gewohnt. Wir haben's aber auch bald satt.
Ostersonntag... Wir haben jetzt ein nettes, glückliches Heim. Morgen haben wir Wäsche ... Strümpfe tragen wir keine. Wir laufen barfuß.
Gestern vor einem Jahr war unser Verlobungstag ... Die Fijianer-teacher sind alle sehr nette Leute, in Raluana haben wir auch zwei. In einen davon - sage ich Heinrich immer - bin ich ganz vernarrt. Da ist er natürlich eifersüchtig!
Wir haben nur noch drei von den Sydney-Hühnern. Heinrich machte ein Hühnerhaus. Wenn ich nur mehr über Hühnerzucht wüßte. Das wäre etwas für Dich, gelt, liebe Mutter! ...
Wenn ich nur ein deutsches Mädchen bekommen könnte. Nein, für immer möchte ich doch nicht hierbleiben.

Brief 17. 4. 1897. Unerwartet kam Mr. Crump von Duke of York und blieb bis Diens-

Bild 87-90. Links: *Weihnachten 1896 in Sydney. George Brown rechts, sein Nachfolger Heinrich Fellmann links, dazwischen Johanna Fellmann.* ***Rechts:*** *Mit ihrem 4. Kind Novema 1906.* ***Unten links:*** *Johannas Mutter Sophie Class 1903 in Stuttgart mit Gertrud Fellmann. Sie ist Johannas Briefpartnerin.* ***Unten rechts:*** *Johanna 1899 mit Walter Sorge, dem Halfcaste-Kind, das sie neben ihren Kindern großzog.*

tag. Ich war ein bißchen aufgeregt. Gästen gegenüber fühle ich mich in meiner Hausfrauenrolle noch nicht sicher. Es ging aber gut, Mr. Crump ist ein galanter Herr, er lobte das Brot, das ich gebacken hatte. Wöchentlich backe ich dreimal, Hefe mache ich alle 14 Tage, das Brot bleibt nicht lange gut.

Brief 8. 5. 1897. Gestern war Dr. Hahl, der Kaiserliche Richter, bei uns. Er kam, als wir eben anfangen wollten, zu Mittag zu essen. Natürlich aß er mit uns. Er wunderte sich, daß ich selbst koche, sagte, das soll ich aufstecken, auf die Dauer gehe das nicht. Ja, diese Leute haben Köche, Chinesen, die können sehr gut kochen, aber nur, wenn sie reichlich verbrauchen können. Herr Thiel zum Beispiel, in Matupi, hat einen chinesischen Koch, der aus einem Schwein eine Mahlzeit bereitet. Die Eingeborenen sind zu dumm, um jemals selbständig kochen zu lernen. Vielleicht könnte ich versuchen, Peni ein wenig darin zu unterrichten. Peni ist ein guter, treuherziger Bursche. Ich glaube, es ließe sich mit der Zeit was aus ihm machen.
Ich habe zwei Feuerstellen, eine offene und einen Herd ... Feuer muß man nicht kaufen, nur fürs Holen aus dem Busch bezahlt man 20 Pfennig. Peni würde das natürlich nicht tun, er ist ja der table-boy ...
Ein Unglück ist, daß man die Sachen gar nicht aufheben kann. Letzten Samstag schickte mir Mrs. Parkinson ein großes Stück Schweinefleisch. Ich schnitt ziemlich viel für die Leute ab, und auch wir hatten einen guten Braten am Sonntag. Montag früh, es war noch viel übrig, waren schon Würmer drin. Ich machte dann Hasché daraus. Heute gab es Hühnerbraten. Mit dem Rupfen und Ausnehmen habe ich nichts zu tun, das ist für Peni und seine Frau ein Fest. Eier bekomme ich oft 8 oder 10 an einem Tag. Ich bezahle 5 Pfennig oder ein Stück Tabak für 2.
Ohne Musik ist's so trostlos. Wir singen aber viel und Heinrich spielt auf der Geige ...
Vormittags war der Landeshauptmann v. Hagen da. Er war sehr liebenswürdig. Jetzt muß ich mich umziehen zum Abendessen auf der „Stettin". Ich liebe solche Feste nicht sehr, passe auch nicht so recht dazu. Herr v. Hagen sagte, daß die Popis wieder die Nachricht verbreiteten, daß die Pocken hier herrschen, infolgedessen käme kein Schiff mehr ...
Wir hatten die Gelegenheit, einer Begräbnisfeier auf Eingeborenenart beizuwohnen. Der christliche Friedhof hat eine wunderschöne Lage, umrauscht von hohen Palmen und den schönsten tropischen Gewächsen. Der Gedanke, hier begraben zu liegen, hat deshalb nichts Schreckliches für uns. Erst am 25. Mai bekam ich Deinen Brief, mein liebes, liebes Mütterchen! Du darfst nicht vom Sterben reden, ich glaube ganz fest, daß wir uns wiedersehen werden. Es tut mir sehr weh, wenn Du so schreibst ...
Alle meine Stricknadeln sind verrostet.

Brief 9. 5. 1897. Letzte Woche, am 22. Mai, hatten wir beide zum ersten Mal Fieber. Das braucht Euch aber nicht zu beängstigen, es war kein afrikanisches Fieber, sondern Malaria ...

Brief 10. 6. 1897. Zuerst will ich Euch von dem Abend erzählen. Bald nach der Ankunft wurde gegessen und getanzt. Herr v. Hagen war liebenswürdig. Der Bischof und seine Brüder gingen zuerst. Wir Wesleyaner folgten gegen 10 Uhr. Jedenfalls haben die anderen es dann noch toller getrieben, nachdem die Geistlichkeiten weg waren. Nach langer ermüdender Bootsfahrt kamen wir um ½ 1 Uhr wieder in Raluana an. In so einer Mondnacht ist es schön, wenn man günstigen Wind zum Segeln hat. Nur bei Tage sieht man die Riffe durchs Wasser schimmern. Ich sage Euch, das ist ein eigentümliches Gefühl, wenn man nicht sicher ist, ob´s im nächsten Augenblick ein Loch im Schiff gibt. Wenn er mit der nächsten „Stettin" zurückkommt, will Herr v. Hagen den ganzen Tag zu uns kommen und sehen, was ich kochen kann. Mrs. Parkinson und Frl. Waldow, die Erzieherin ihrer Kinder, kam am anderen Tag, um mich zu besuchen. Sie lud uns auf einige Tage ein, zu ihr zu kommen. Wir gingen dann auch hin, und hatten einen vergnügten Tag. Parkinsons haben viele Kinder, dieselben machten natürlich viel Lärm. Am Samstag kam ihre Schwestrer, Mrs. Kolbe mit ihrer Schwiegertochter und einer Nichte. Sie war sehr liebenswürdig. Sie lud uns auf Mittwoch ein. Aber dann hatten wir alle, auch Mrs. Parkinson, plötzlich Influenza bekommen.

Brief 25. 6. 1897. Heute machte ich einen Spaziergang in das Nachbardorf und besuchte Tonkinkin, den Häuptling, der auf der Berliner Kolonialausstellung war. Ihr solltet ihn mal sehen, wie er aufgeputzt ist. Gewöhnlich hat er einen schwarzen Frack an, aber keine Hosen, nur ein sogenanntes Lavalava-Tuch. Dagegen trägt er Stehkragen und Kravatte, meistens. Heute hatte er jedoch einen regelrechten weißen Anzug an und sah ganz stramm aus. Vormittags war er nämlich mit seiner Frau hier bei der Predigt. Seine Frau hatte ein himmelblaues Satinkleid an mit einem großen Spitzenkragen. Sie sah königlich aus mit ihrem Fächer in der Hand. Dazu paßte es dann nicht ganz, daß sie sich die Nase mit den Fingern putzte. Sein Dorf hält Tonkinkin in musterhafter Ordnung und Reinlichkeit. Das scheint er in Deutschland gelernt zu haben.

Der Bikman Tonkinkin war mit seinem Sohn gerade auf der Kolonialausstellung in Berlin gewesen. Nahezu hundert Eingeborene aus Afrika und der Südsee zeigten sich dort 1896 den Europäern. Die Neuguinea-Compagnie hatte Eingeborenen-Hütten unter Palmen aufgebaut, Versammlungs- und Männerhäuser. Darin stellten sieben Tolaimänner und ein Knabe, eben jener Sohn Tonkinkins, Szenen aus ihrem Leben dar. Als Johanna ihn traf, war Tonkinkin also gerade in der deutschen Hauptstadt gewesen, die Johanna noch nicht kannte. Den Eingang zu dieser Kolonialausstellung bildete ein Kulthaus mit Masken aus Neu-Mecklenburg/New Ireland. Ein koloriertes Stereo-Foto zeigt deutsche Besucher in den Eingeborenen-Hütten. Sie sehen es in der Ausstellung.

Brief 30. 6. 97. Morgen kommen Heinrich und die teacher wieder zurück aus Kabakada. Vorgestern hatten im Nachbardorf ein Mann und eine Frau Streit und schlugen sich. Man holte mich. Obwohl ich nicht wußte, was ich in der Sache mehr tun konnte, als durch meine Gegenwart die Leute zu beruhigen. Der Mann hatte zwei Frauen und die eine davon führte allerlei schlechte Reden. Näheres weiß ich nicht. Als ich kam, stellte der Mann der Frau vor, wie wenig ihre Reden mit dem Wort Gottes übereinstimmten, und wie Unrecht sie täte. Das ganze Dorf war versammelt, und jeder gab seinen Senf dazu. Selbst unser Grünschnabel Tauffa. Schließlich brachte man der Frau, die im Unrecht war, ihr Bündel Kleider und schickte sie fort. Ohne Umstände stand sie dann auch auf und verließ das Dorf. Es war schon stockfinster. Es war mir recht unheimlich dabei. Jedenfalls muß Heinrich die Sache untersuchen,

Bild 91-93. *Oben: Raluana 1885. Foto von Reverend Rickard.*
Unten links: *Schüler im Hause Fellmanns in Raluana, rechts der Sohn des Bikman Tonkinkin. (Siehe Seite 143).* **Unten rechts:** *Johanna Fellmann mit Hausschülerinnen und Walter Sorge 1900.*

denn es ist verboten, daß ein Mann, der zum „lotus" gehört, zwei Frauen hat als Christ ...

Tobolo von den Duke of York-Islands und Tonkinkin aus Raluana waren die ersten Tolai, die Akkulturation wollten. Beide wurden Methodisten, beide hat Fellmann fotografiert. Sie gaben nicht ihre Stellung als Bikman auf, kaum ihre Traditionen. Sie blieben, was sie waren und wurden zusätzlich Christen, ganz anders als Gumbo. Andererseits kämpften sie nicht gegen das Neue wie Talili, der damals schon verbannt war. Sie lernten mit den Weißen umzugehen und diese mit ihnen. Tonkinkin wurde Berater des Gouverneurs Hahl.[53] Wir werden ihm noch öfter begegnen. Sein Lebenslauf ist eng mit dem Fellmanns verbunden. Die Szene, wie er im Juni 1897 Johanna als Schiedsrichterin holt bei einem Fall von Bigamie, ist bezeichnend für wechselseitige Akkulturation. Johanna hat gar nicht gemerkt, daß diese Szene gestellt war. Tonkinkin hatte die Abwesenheit ihres Mannes abgewartet, seine weiße Kirchenkleidung angelegt und zeigte nun Johanna, daß er ein guter Christ und gegen zwei Ehefrauen war, obwohl er natürlich selber mehrere hatte. Johanna war beeindruckt. Ihre Briefe und Tagebücher zeigen, daß sie - im Gegensatz zu ihrem Mann - mehr als zwei Jahre brauchte, bis sie anfing, sich in die Menschen dort einzufühlen. Natürlich lag das auch an der Sprache. Der sprachbegabte Heinrich Fellmann hatte das Tolai sehr schnell gelernt. Johanna fährt in ihrem Brief vom 30. 6. 1897 fort:

Soeben hat meine schwarze Mulle eine Ratte gefangen. Um ½ 12 Uhr haben die boys ganz dicht am Haus eine große Schlange getötet, die gerade eines meiner jungen Hühnchen gefressen hatte. Dann brachte mir ein Mann vom Dorf einen jungen Kasuar, eine Art Strauß. Ein netter kleiner Kerl, aber er wollte 10 Mark dafür haben. Natürlich ist das zuviel. Heinrich bot ihm drei Mark, er gab ihn aber nicht her. Aber Dr. Hahl hat er ihn dann für 2 Mark verkauft. In der Beziehung sind die Leute hier gar nicht nett.

Der Mann wußte genau, daß Hahl für ihn wichtiger war als Fellmann. Hahl hatte mehr Macht. Danach richtete sich der Preis.

Morgen bekommen wir ein Schwein, das wir schlachten wollen. Ich habe nämlich kein Schmalz mehr, und Butter ist zu teuer. Man bezahlt eine halbe Mark für eine Büchse. Das Schwein wird ungefähr 10 bis 15 Mark kosten. Das Fleisch hält nur für drei Tage, auch eingesalzen nicht länger. Gegenwärtig habe ich fünf boys. Auch Tonkinkins Sohn, der ebenfalls auf der Ausstellung in Berlin war. Er will Tischdecken lernen. Am Montag hat Heinrich wieder in den Busch zu gehen, um Land zu kaufen. Währenddessen kam das bestellte Schwein, und die Leute verlangten 20 Mark dafür. Ich gab aber nur 15. Der teacher sagte nachher, das wäre noch zuviel gewesen. Gestern, am 20. Juli, waren wir in Ralum bei Mrs. Kolbe und ihrem Sohn, Mr. Forsayth, um Besuch zu machen. Sie war ganz außerordentlich liebenswürdig, sicher wegen Rev. Geo, wie sie Dr. Brown nennt. Erst um 5 Uhr kamen wir weg und gingen von da zu Mrs. Forsayth. Ich glaube, an Mrs. Forsayth könnte ich mich näher anschließen. Sie ist mir die sympathischste von allen Damen hier.

Queen Emmas Sohn Coe Forsayth war seit März 1895 verheiratet mit Ida Schmidt, die 1877 in Apia auf Samoa geboren wurde.

Bild 94-96. *Nachbarn in Raluana: Fotos von Fellmann 1902. Links Bikman Tonkinkin (zu S. 145).* ***Unten:*** *Bikman Eparam Tobolo von Matupi. Beide Luluai berieten Gouverneur Hahl und waren seit 1904 als Steuereinnehmer mit 10% an der Kopfsteuer, die Hahl einführte, beteiligt.*

Diesmal gefiel es mir noch viel mehr, als beim ersten Mal, wie wunderschön Forsayths eingerichtet sind. Mir ist unbegreiflich, wie sie es machen, daß ihre Schwarzen alles so gut können, mit einer deutschen Dienerschaft könnte es nicht besser sein. Die Bedienung am Tisch ist vorzüglich, alles geht so ruhig und glatt. Mrs. Forsayth spricht kein Wort dabei. Meine Leute machen alles verkehrt. Es ist kein Wunder, wenn ich ungemütlich fühle, wenn Gäste da sind, denn ich sitze dann immer wie auf Nadeln und muß alles selber thun, wenn es halbwegs ordentlich sein soll. O, Ihr wißt nicht, wie das ist. Ich fühle allemal ganz unglücklich. Es war etwa 10 Uhr, als wir heimkamen. Ich hatte heftige Kopfschmerzen. Mrs. Kolbe, die gute Queen Emma, gab mir noch vier Enten mit. Ich will nun auch Entenzucht anfangen.
Ich stehe vor der Wahl, ob es nicht vernünftiger wäre, ich würde meine wollenen Kleider zusammenpacken und sie Euch schicken. Für mich haben sie absolut keinen Wert, sie verderben uns hier nur. Bitte, liebe Mama, schreibe mir im nächsten Brief darüber, was Du denkst ...
Seit einiger Zeit geht Heinrich auf Jagd. Fliegende Füchse hat er auch schon einige Male geschossen. Diese Tiere sehen ganz abscheulich aus und riechen!! Es gibt sehr viele hier, jeden Abend umschwirren sie die Brotfruchtbäume hinter dem Haus.
Denke ja nicht, daß mich irgendetwas nicht interessieren könnte, im Gegenteil, es freut mich so sehr, wenn Du mir über alles, auch das Kleinste, berichtest. Ich thue es ja auch. Denn unser Leben besteht ja eigentlich fast nur aus Kleinigkeiten.
Dr. Hahl, der Kaiserliche Richter, ist schon seit drei Wochen fort mit dem katholischen Bischof und dem Arzt. Sie sind an der Nordküste. Dort ist noch alles wild und unkultiviert. Am Ende haben die Eingeborenen vielleicht den Bischof aufgegessen! Fett genug ist er! Nun lebet herzlich wohl Ihr teuren Lieben. In innigster, heißer Liebe verbunden ist Euch Eure Johanna.

Brief 9. 8. 1897. Dr. Brown ist bei uns. Einige der Eingeborenen waren ihm vorausgeeilt, um die Überraschung zu melden, daß der große talatala gekommen ist. Mittwoch abend waren wir bei Parkinsons eingeladen, Herr Parkinson und Dr. Brown hatten natürlich viele Erinnerungen aus der Vergangenheit, wo alles noch wild war hier, aufzufrischen. Am Donnerstag gingen wir schon in der Frühe nach Matupi, wo Lehrerversammlung und große Taufe stattfand. Etwa hundert Personen, die ein Jahr Probemitglieder waren, wurden von Dr. Brown getauft. Nachher statteten wir den Deutschen dort einen Besuch ab, auch den beiden Kriegsschiffen, die gegenwärtig in Matupi liegen. Wir luden auch die Kapitäne und sämtliche Offiziere ein, mit uns einen Tanz anzusehen, vorgeführt von Eingeborenen. Derselbe war hübsch und interessant und fand allgemeinen Beifall. Die Kapitäne waren äußerst liebenswürdig, ebenso die Offiziere, alle mehr oder weniger gebildete Herren. Am Freitag, auf den Duke of York-Inseln, wurde Dr. Brown zu Ehren ein Fiji-, Samoa- und Duke of York-Tanz aufgeführt. Es war so interessant für ihn, den Unterschied der Bevölkerung wahrzunehmen zwischen Einst und Jetzt. Wir besuchten zusammen den Kirchhof, wo zwei seiner Kinder begraben liegen. Er erzählte uns die traurige Geschichte, die sich nach dem Talili-Mord abspielte, als er todkrank nach Sydney zurückkehrte und sie zurückließ mit ihrer Mutter. Und dann, als er wieder hergestellt war, erlitt er auf der Rückreise nach hier Schiffbruch und trieb etwa sieben Wochen lang mit anderen in einem kleinen Rettungsboot auf offener See, fast verschmachtend vor Hunger und Durst. Als er endlich

nach fast zweijähriger Abwesenheit wieder hier war, erfuhr er von seiner Frau vom Tod seiner beiden Kinder. Mrs. Brown war fast der Verzweiflung anheimgefallen, denn sie glaubte nichts anderes, als daß Dr. Brown auch tot sei. Auch ihr Grab besuchten wir. Sie starb hier vor einem Jahr, und so sind hier vier weiße Missionsleute begraben. Inmitten dieses Kirchhofs steht unsere Kirche, sie ist aus Kalk hergestellt. Man hat einen feierlichen Blick aufs Meer und die hohen Berge von Neu-Mecklenburg. Ringsherum ist ein großer freier Grasplatz mit einer Menge Orangen- und Zitronenbäumen, groß und schwer beladen mit Früchten. Kühe und Ochsen grasen auf diesem Platz, auch eine Menge Schweine. Schweinezucht ist Mr. Crumps Liebhaberei. Sein Missionshaus steht nun schon zwanzig Jahre. Dr. Brown hat es gebaut. Dr. Brown ist noch der gleiche und sagt jeden Tag fünfzigmal, daß er mich gern hat ...
Der Abschied von Dr. Brown fiel uns sehr schwer. Wir mußten ihn in dem kleinen Missionssegler wieder ziehen lassen. Am Sonntag war ein französisches Kriegsschiff hier angekommen und ging nach Australien. Wir hofften sehr, daß Dr. Brown mit demselben gehen könnte. Aber die höflichen Franzosen sagten, es sei impossible. Ja, wenn es ein katholischer Priester gewesen wäre, aber ihn nahmen sie nicht. Schade, daß Dr. Brown überhaupt hinging und frug. Das Kriegsschiff kam nämlich nur hierher, um Bischof Couppé einen Besuch abzustatten, der ja Franzose ist. Denkt Euch, das Kriegsschiff kam von Neuguinea und brachte die Kunde, daß der Landeshauptmann Herr v. Hagen erschossen wurde von einem Schwarzen, der wegen Mordes an einem Weißen verdächtig im Gefängnis war und entfloh. Als Herr v. Hagen versuchte, ihn wieder einzufangen, wurde er erschossen. Am Donnerstag machten wir einen Besuch bei der Familie Horgren. Sie ist eine Schwester von Mrs. Kolbe. Wir waren noch nicht da, und sie waren deshalb sehr beleidigt. Wir aßen dort zu Mittag und gingen dann zu Dr. Hahl, wo wir auch den Kapitän des deutschen Kriegsschiffes „Falke" und auch den der „Möwe" trafen. Der Kapitän des „Falke" ist ein besonders lieber Kerl, schon ein älterer Herr, sein Vater war Missionsinspektor der Rheinischen Mission. Er bat Heinrich, an Bord des „Falke" einen Gottesdienst zu halten. Dazu kam auch Dr. Hahl. Das anschließende Essen war großartig. Es dauerte eineinhalb Stunden. Champagner gab es auch. Ich hatte mein gesticktes Kleid an und lud den Kapitän auch mal zum Essen ein. Über Herrn v. Hagens Tod hörten wir von Dr. Hahl, daß derselbe vorher eine Warnung von dem Mörder erhalten hatte. Herr v. Hagen traf demzufolge auch alle Vorbereitungen, wenigstens hinsichtlich seiner Papiere und seines Testaments. Leider konnte man gar nichts ausrichten, der Mörder wurde nirgends entdeckt. Nach dem Besuch gingen wir zu Herrn und Frau Wolff. Herr Wolff ist ein sogenannter storekeeper der Neuguinea-Compagnie. Vor etwa fünf Wochen verunglückte er, ein schwerer Wagen fiel auf ihn, der ihm das Bein quetschte, so daß man befürchtete, er sterbe. Frau Wolff ist eine sehr nette frauliche Dame, eine Deutsche. Wir blieben zum Nachtessen. Sie ist immer allein mit ihrem kranken Mann und wünschte sich sehr, daß wir dablieben. Am andern Vormittage machten wir uns auf den Weg nach Matupi. Heinrich hatte dort Schulprüfung. Ich ging auch wieder mit, da wir den Direktor von Hernsheim, Herrn Thiel, besuchen mußten. Derselbe hatte uns auf einem Sonntagabend zu einer großen Gesellschaft eingeladen. Des Sonntags wegen gingen wir natürlich nicht. Das nächste Mal will er sie auf Samstag legen.

Brief 10. 9. 1897. Nach vielen Wochen Trockenheit bekamen wir heute wieder Regen

Stereobild 97/37-99/39: *Zwischen Strand und Missionshaus Fellmanns.*

... Von Baden war schon längere Zeit keine Rede mehr, und das ist einfach entsetzlich. Ich entschloß mich, im Meer zu baden mit einigen Mädchen vom Dorf. Gestern taten wir's sogar im Mondschein. Es ist viel hübscher, als ich es mir gedacht. Künftig werde ich mir dieses Vergnügen öfter machen. Auch werde ich versuchen, schwimmen zu lernen. Die native girls schwimmen sogar unter Wasser wie die Fische ...
Einer meiner großen boys, Appollos, lief am Samstag weg, weil er von Heinrich Schelte bekam. Der andere, William, hat seit einer Woche böse Geschwüre an Armen und Händen, die ihn ganz arbeitsunfähig machten ...
Mittwoch hatten wir Besuch von Mrs. Forsayth und Miss Coe, einer Nichte von Mrs. Kolbe. Sie kamen schon vormittags und blieben bis zum Abend. Wir hatten einen ganz vergnügten Tag. Bei Tisch benutzte ich alle meine hübschen Sachen, zum ersten Mal, seit ich hier bin. Mrs. Forsayth ist eine reizende Frau, etwa 25 Jahre alt.

Tatsächlich war sie damals 20 Jahre, etwas jünger als Johanna.

Brief 14. 9. 1897. Über unseren Zustand dürft ihr ganz ohne Sorgen sein. Jedermann wundert sich, wie wohl und gesund ich aussehe. Heinrich lacht mich sogar aus, daß ich immer ein bißchen runder werde, sowohl im Gesicht als auch am Körper, obwohl noch alles in Ordnung ist, notabene! Ich glaube sicher, daß der Hauptgrund, weswegen ich mich so wohl fühle, der ist, daß ich kein Korsett trage. Bisher zog ich dasselbe nur an, wenn ich ausging. Gelt, das freut Dich, liebste Mama, daß Dein Nana-Kind so vernünftig geworden ist. Mein Schätzchen ist aber auch gesund und munter, doch wird er statt stärker magerer. Ihr dürft aber nicht etwa denken, daß der Grund darin liegt, daß er nicht genug zu essen bekommt. Ihr habt ja immer den heimlichen Verdacht, daß man bei mir sich nur halb satt essen darf. Wir essen sehr viel Obst gegenwärtig. Ich glaube, der Kapitän der „Möwe", er heißt Merten, ist katholisch, sonst hätte er Heinrich sicher auch gebeten, Gottesdienst an Bord zu halten...
Der neue Landeshauptmann kam mit dem Dampfer hier her. Er versprach uns für heute seinen Besuch. Er heißt Herr v. Skopnik, ob er katholisch oder evangelisch ist, wissen wir noch nicht.

Es handelt sich um Hugo Skopnik, Landeshauptmann von 1897 bis 1898.

Gestern ereignete sich ein eigener Zufall. Da es mir so großen Spaß machte, badete ich abends mal wieder unten in der See. Plötzlich fühlte ich einen heftigen Schmerz im Fuß, von einem Schnitt oder von einem Biß. So rasch es ging, schlüpfte ich in meine Kleider und hinkte herauf. Die Schmerzen waren unbeschreiblich. Unsere Buben sagten, das sei der Biß von einem kleinen krebsartigen Tier, der Biß sei giftig. Wir waren zuerst ratlos, und die Schmerzen waren zum Tollwerden. Die Buben sagten, daß, wenn der Biß tief sei, man sterben müsse. Auf Rat des teachers hielt ich die schmerzende Stelle so nah wie möglich an ein glimmendes Stück Holz. Die Hitze that so gut, daß der Schmerz nach einer halben Stunde fast vorbei war. Ich werde wohl dem Vergnügen, im Meer zu baden, für ein Weilchen entsagen ...
Heute Nachmittag ging ich mit Heinrich zu einem Dorf in der Nähe. Wirklich, es ge-

lingt ihm schon gut, in der Eingeborenensprache zu predigen. Wenn's nicht gar zu weit ist, werde ich ihn künftig so oft wie möglich begleiten, ich will mich etwas mehr zwingen, auf die Länge thut das immer zu Hause bleiben nicht gut, man wird zu träge. Dr. Brown hat mir auch sehr zugeredet oft fortzugehen zu den Frauen der Dörfer. Aber ich muß erst die Sprache besser kennen, dann kann ich vielleicht eine Frauenklasse übernehmen oder eine Klasse aus Kindern bilden. Beim teacher sind Kinder, junge und ganz alte Leute alle beisammen. Erfolge werden da natürlich nur schwer erzielt. Wir haben auf Dr. Browns Rat jetzt jeden Abend Andacht mit unseren Buben in ihrer Sprache. Über unseren „Predigersohn", den kleinen Tauffa, bin ich erstaunt, er kann schon lesen. Nach der Andacht stellt Heinrich Fragen und läßt sich von den Buben erzählen, so daß er Fortschritte in der Sprache macht. Wir lasen einen Artikel von Herrn Ulrich. Dieser scheint immer noch nicht in der Eingeborenensprache zu predigen. Überhaupt kamen uns die Berichte von Klein-Popo etwas ausgeschmückt vor. Die Sache macht mehr den Eindruck einer National- als einer Missionssache.

Klein-Popo liegt in Togo/Westafrika. Die Sprache ist das Ewe.

Brief 10. 10. 1897. Meine teuerste, liebste Mama! Wie ich das letzte Mal schrieb, würden in dieser Woche die Missionsversammlungen in unserem Bezirk gehalten, und zwar an sechs verschiedenen Plätzen. Heinrich war daher jeden Tag fort. Am Freitag war es hier. Unter Missionsversammlungen dürft Ihr aber nicht das verstehen, was wir zu Hause Missionsfest heißen. Es werden keine Reden gehalten, sondern die Leute geben ihrer Dankbarkeit für das „lotu" Ausdruck, in dem sie einen Beitrag geben, und nachher veranstaltet jede Station einen großartigen Tanz. Ohne so einen Tanz ist für sie alles unverständlich, ja, sie denken sich, die Freuden des Himmels als ein immer währendes Tanzfest. So langweilig und einförmig uns Weißen ihre Tänze vorkommen, denn es ist immer dasselbe, umso unermüdlicher ist ihre Freude daran.

Die Tänze sind als Kultaufführungen Wiederholungen der mythischen Vorzeit. Deren Ordnung sollen die mythischen Tänze bekräftigen. Die methodistische Mission förderte sie, außer bei erotischen Darstellungen.

Wieviel denkt Ihr, daß im Bezirk Raluana von diesen sechs Festen zusammen einging? Ihr werdet es kaum glauben, daß es nahezu 4.000 Mark waren. Den Betrag der Weißen, den sie dieses Jahr zum ersten Mal beisteuerten, eingeschlossen. Derselbe beträgt aber nur 320 Mark. Das übrige ist alles von den Eingeborenen und Lehrern. Die Summe ist bedeutend größer gegen das Vorjahr, da waren es etwa 2.500 Mark. Herr Thiel in Matupi gab 60 Mark, seine zwei Buchhalter nur 20 Mark, Frau Kolbe 40 Mark, 20 für ihre Mutter, und Mr. Forsayth 20 Mark, Dr. Hahl 30 Mark, Herr v. Knesebeck 20 Mark. Wir gaben 100 Mark gleich den anderen Missionaren. Wir hatten sie auch alle hier, auch Frau Kolbes Mutter. Leider bekam ich am Abend wieder Fieber. Das bekomme ich jeden zweiten, manchmal jeden dritten Tag ...
Ich hatte schon lange den Wunsch, mal nach Nodup, der entferntesten Station, zu gehen. Es liegt etwa halbwegs nach Kabakada, 2 - 3 Stunden im Boot. Die Hinfahrt war rasch, da wir starken Wind hatten, unser Boot drohte manchmal umge-

schlagen zu werden. Wir mußten schließlich die Segel einziehen, und mit einem ganz kleinen Segel ging es dann ruhiger. Wir waren ganz durchnäßt. In Nodup wurde zuerst gekeikeit, was immer hier das erste ist. Dann begann der Tanz. Nach kurzer Zeit fühlte ich fiebrisch. Nach und nach bekam ich fürchterliches Kopfweh. Tanzmusik und das Geschrei der Leute verbesserte es nicht gerade. Ich mußte mich schließlich aufs Gras legen, und die Leute boten sich an, mich zu massieren. Etwa zehn Hände zugleich fielen über mich her und kneteten mich am ganzen Körper. Ich mußte unwillkürlich denken, ob sie so wohl in früheren Jahren mit den Leuten verfuhren, die sie aßen und vorher prüften, wie fett sie waren. Aber mir tat's gut für den Augenblick. Zwei Frauen drückten mir meinen Kopf, das alleine brachte schon Linderung. Laß doch, Mama, wenn Du wieder Kopfschmerzen hast, Dir von Maria Deinen Kopf drücken und mit Daumen und Zeigefinger mit aller Kraft immer von einem Plätzchen aufs andere pressen über den ganzen Kopf hin. Das ist ein herrliches Mittel. Wenn es die Schmerzen auch nicht ganz wegnimmt, lindert es doch sehr. Nichts anderes hilft. Die Eingeborenen sind sehr geschickt darin.

Brief 17. 10. 1897. Am Montag gingen die Buben zur Schule. Am Schluß derselben hieß ich sie Feuer machen fürs Brot. Nach einer Weile sehe ich nach. Es ist kein Feuer da, und die Buben sind alle fort. Ich rufe, aber keiner kommt. Heinrich geht nachsehen, da hört er, daß die Buben gegangen sind und nicht wiederkommen wollen! Und wir hatten keine Ahnung, weshalb sie gegangen, da sie nicht gezankt worden waren. Wir waren fest entschlossen, Tauffa auf alle Fälle wiederzuholen. Ich sagte Heinrich, daß ich lieber meine Arbeit allein thun will, als wieder neue Leute nehmen, die vielleicht in noch kürzerer Zeit wieder weglaufen ... Am Dienstagabend, als wir eben beim Nachtessen waren, sagte man uns, die drei Ausreißer seien wieder im Dorf und fürchteten sich, zu uns zu kommen. Wir berieten und dachten, daß es wohl das Klügste sei, sie wieder zu nehmen. Als Grund gaben sie an, es sei mehr ein Scherz gewesen. Nun schaffen sie wieder mit neuem Eifer ...

Brief 7. 11. 1897. Was denkst Du, was ich diese Nacht erlebt habe? Ich zittere noch jetzt vor Aufregung. Ich erwachte plötzlich mit einem unerklärlichen Gefühl. Es war etwa drei Uhr nachts. Was sehe ich da? Ein Eingeborener auf der Seite des Bettes, wo ich liege, schon unter dem Moskitonetz und beugt sich über mich und, fast schäme ich mich es zu sagen, er versuchte mit eiskalten Fingern, meine Knie auseinanderzubiegen. Voll Entsetzen rufe ich, was er will. Ich schüttele Heinrich, der neben mir fest schläft. Indessen läuft der Schwarze rasch weg zur Tür hinaus. Ich will aus dem Bett springen. Da packt mich Heinrich, der meint, ich träume, bis ich ihm nun rasch erzähle, war der Spitzbube längst davon. Heinrich suchte noch lange, konnte aber nichts entdecken. Ich mit meinen blöden Augen konnte natürlich nicht feststellen, wie er aussah, obwohl es mondhell war.

Johanna Fellmann war kurzsichtig.

Brief 5. 12. 1897. Nächtliche Besuche hatten wir keine mehr seither, aber ich bin immer in Angst und konnte die ersten Nächte fast gar nicht schlafen, weil ich immer auf

Geräusche horchte. Wir waren gestern in Matupi. Heinrich hatte dort Schulprüfung, wozu auch Dr. Hahl versprochen hatte zu kommen. Wir besuchten zuerst Herrn Thiel, der uns zum Essen einlud. Er ging dann auch mit, was großen Eindruck machte. Dr. Hahl hatte eine Menge Sachen mitgebracht, womit er die besten Schüler belohnte. Einige unserer Leute lasen so fließend, und die Schrift der meisten war eine sehr gute. Die große Kirche in Matupi war gedrängt voll, und viele standen noch draußen. Nachher veranstalteten die Matupileute noch einen Tanz, Dr. Hahl zu Ehren. Nach dem Tanz machten wir mit Dr. Hahl und Herrn Thiel eine kleine Bootsfahrt an das nächstliegende Ufer, wo sich eine heiße Schwefelquelle befindet. Demnächst wollen wir den Vulkankrater besteigen. Herr Thiel lud uns dringend ein, bei ihm zu übernachten. Er ist immer außerordentlich freundlich, und es ist wunderschön bei ihm. Ein bequemes Haus mit allem Luxus ausgestattet, gut geschulte Dienerschaft, einen Chinesen als Koch, und dann ein großer, sehr hübsch angelegter Garten...

Vom Weihnachtsfest und über Silvester schreibt Johanna:

Brief 21. 12. 1897. Wir hatten Gottesdienst am Christfest vormittags. Die Leute hatten die Kirche innen sehr hübsch geschmückt mit Blättern und Zweigen aller Arten und Farben. Sie machten Guirlanden von großen roten palmartigen Blättern, was wirklich hübsch aussah. Wir haben auch ein Christbäumchen gemacht mit ein paar Muscheln daran. Zur Überraschung für Heinrich hatte ich mit meinen drei boys das schöne Weihnachtslied „Oh du fröhliche, oh du selige“ eingeübt in deutscher Sprache ...
Dr. Hahl feierte Sylvester mit uns. Als es 12 Uhr war, jauchzten und schrien die Leute und läuteten die Glocke. Wir wunderten uns, daß sie so viel Interesse zeigten, da es ja doch ganz gleich ist für sie, welche Zeit es ist ...
Am Donnerstag waren wir zu Besuch in Ralum bei Parkinsons, Kolbes und Forsayths. Heinrich muß nächste Woche nach Kabakada zur Vierteljahrs-Versammlung. Da ich mich aber fürchte, allein zu bleiben, frug ich Mrs. Kolbe, ob ich zu ihr kommen darf. Sie hieß mich herzlich willkommen ...
Nächste Woche muß Heinrich zu einer Verhandlung. Der Monsieur Bischof hat nämlich Klage gegen zwei unserer Leute erhoben, daß dieselben Anhängern der Popis Angst gemacht hätten und gesagt hätten, wenn sie zum „lotu popi“ gehen, müssen sie sterben an Dysenterie! Und wegen solcher Schwätzereien will der Bischof eine gerichtliche Verhandlung. Tatsächlich kommen seit mehreren Wochen viele Anhänger der katholischen Mission zu uns, weil ihnen das „lotu Weseley“ besser gefällt. Heinrich hatte neulich schon eine Unterredung mit Bischof Couppé darüber und hat ihm ordentlich seine Meinung gesagt ...

Brief 6. 1. 1898. Denkt Euch, vorgestern zerbrach meine Brille, so bin ich nun genötigt, meinen Zwicker zu tragen, aber ich fürchte, der wird auch nicht lange halten, denn wenn es so heiß ist, hält er nicht auf der Nase ...
Ich bin sehr in Not, für meine letzte, die bloß Nickel ist, bezahlte ich 8 Mark. Vielleicht bist Du so gut, liebe Mama, und kaufst mir eine in Stuttgart mit Glas W.10, für Kurzsichtige. Wenn Ihr diesen Brief anfangs März bekommt, mußt Du die Brille sofort kaufen und sofort abschicken, dann bekomme ich dieselbe im Mai ...

Dienstag: Denke Dir, heute Nacht kam doch wieder einer ins Schlafzimmer! Ich rief sofort Joel, aber es war wieder zu spät, denn er sprang über das Geländer der Veranda hinunter in den Garten und von da fort. Auf Joel's Ruf kam sofort das ganze Dorf zusammen, Aber sie konnten niemanden finden. Ich war furchtbar aufgeregt, konnte gar nimmer schlafen. Künftig wird Heinrich öfter fort sein, was soll ich da machen!

Brief 4. 3. 1898. Drei Wochen liege ich krank zu Bett. Nun werdet Ihr wissen wollen, aus was eigentlich meine Krankheit bestand. Das ist nun nicht so leicht zu schreiben, gilt auch nur für Euch, sonst braucht es niemand zu wissen. Als wir von Duke of York herüberkamen im Boot, hatten wir sehr stürmische See und starken Regen. Mit diesen triefenden Kleidern am Körper hatte ich 7 Stunden im Boot zu sitzen, und da war es natürlich, daß ich mich erkältete. Nun war auch nicht alles mehr in Ordnung bei mir und da wißt Ihr nun wohl, was meine Krankheit war! Mein Unwohlsein sollte Ende Januar eintreffen und ich wurde zum 11. Februar krank. Erst 8 Tage nachher sandten wir zum Arzt, der konstatierte, daß es Frühgeburt war. Ich hatte mehrere Tage hohes Fieber, zwischen 39° und 41°. Ach, wie lieb mir Heinrich beigestanden und mich gepflegt hat. Alles, alles hat er gethan, unermüdlich. Wir hätten uns so gefreut, ein Baby zu bekommen. Der Doktor ist ein sehr netter Herr. Wir bezahlen ihm 100 Mark jährlich und können dann zu ihm senden, so oft wir wollen. Ein einzelner Besuch würde mindestens 20 Mark kosten ...

Brief 6. 3. 1898. Nächtlichen Besuch hatte ich seither keinen mehr, aber Angst habe ich immer noch. Heute bekamen wir die Photographie des verstorbenen Landeshauptmanns Herrn v. Hagen, sein Vater General v. Hagen, sandte dieselbe an Heinrich und dankte ihm für die seinem Sohn erwiesene Ehre. Heinrich hat nämlich einen Nachruf geschrieben ...
Du gibst mir den Rat, mein Haar abzuschneiden. Eigentlich ist's hier außen so ziemlich schnuppe, wie man aussieht. Aber ich kann mich trotzdem sehr schwer dazu entschließen.

Brief 3. 4. 1898. Heinrich hatte noch nie so heftiges Fieber vorher. Seine Temperatur betrug 41,5°, am Donnerstag bekam ich wieder Fieber ...
Ich hatte auch tüchtig Quinin (Chinin) genommen. Ich hatte 42° Temperatur. Einige Stunden später war es wieder auf 39° zurückgegangen. Mrs. Parkinson war die ganze Nacht an meinem Bett und einige Male, wenn ich plötzlich die Augen aufschlug, umschlang ich sie und rief „Mama", sie sah im Halbdunkel Dir so ähnlich, liebes Mütterchen ...
Gegenwärtig ist wieder ein Kriegsschiff im Hafen von Matupi. DIe Offiziere der „Möwe" verkehren sehr viel hier, da ist immer viel Leben. Die Familie ist auch sehr zahlreich, es sind zwei Töchter da im Alter von 18 und 15 Jahren und 3 Jungens zwischen 13 und 6 Jahren und ein kleines reizendes Mädele von 2 Jahren. Mrs. Parkinson ist eine ausgezeichnete Hausfrau und Mutter, sie steht mir mit allerlei Ratschlägen bei. Kochen versteht sie ausgezeichnet. Schade, sie ist ganz in der Hand des Bischofs. Sie hat viel Ähnlichkeit mit ihrer Schwester Mrs. Kolbe, der Queen Emma. Sie beaufsichtigt auch die Arbeiter auf der Plantage und gibt die Befehle und hie und da saust auch

aus ihrer Hand die Peitsche auf die Rücken der armen Schwarzen, diesen Anblick finde ich dann weniger schön. Sie war schon einigemal vor Gericht wegen Mißhandlung ihrer Arbeiter. Das sind die Schattenseiten. Sehr gut geschulte Dienerschaft gibt es hier in Menge. Sie hat 2 Mädchen, die besorgen die Flickerei und machen Mrs. Parkinson's Kleider, Auch die für die jüngeren Kinder. Ich glaube, mir fehlt es an der Geschicklichkeit, Dienstboten einzulernen ...
Wie lange ich noch hier sein werde, weiß ich nicht ...
Wir arbeiten zusammen auf der Veranda, Mrs. Parkinson, die Mädchen und ich; es ist so nett, in Gesellschaft zu arbeiten ...
Ich höre Dich, liebe Mama, manchmal rufen: Nana, sei fleißiger!
Wir sprachen gestern über die Pocken. Das war nur ein Märchen von Herrn Parkinson, er hat eine besondere Gabe zu schwindeln ...
Heinrich hat Mr. Crumps Photographieapparat gekauft.

Brief 10. 7. 1898. Beim Wäscheaufhängen fiel plötzlich eine Kokosnuß dicht an meiner Seite herab. Einen Moment vorher stand ich noch an eben der Stelle. Fällt eine solche Nuß einem auf den Kopf, so ist man ein Kind des Todes! Heinrich ging's ebenso kürzlich, die Nuß streifte seinen Rücken! Man denkt gar nicht daran, wie gefährlich es ist unter Palmen zu wandeln!
Blühende Obstbäume findet man hier nicht, die meisten haben Blüten und Früchte zur selben Zeit. Früchte gibt's das ganze Jahr hindurch ...
Heinrich hat nun Kerosin in die Wassertanks geschüttet und das tötet diese Bestien. Zu Tausenden liegen die Mosquitos jetzt oben auf dem Wasser, tot.
Mit meinen Hühnern habe ich gar kein Glück, wirklich! Über 20 sind in den letzten Wochen gestorben! Heinrich machte einen kleinen Hühnerhof für sie, weil sie sich fast immer nur in den Zimmern aufhielten. Von da an fingen sie an zu kränkeln und eins nach dem anderen starb. Nur noch 8 Hühnchen sind übrig.

Brief 16. 8. 1898. Am Sonnabend bekamen wir eine Verlobungskarte von Miss Edith Coe, der Nichte von Mrs. Kolbe. Sie hat sich mit Herrn Kaumann verlobt.

Seine Pflanzung lag an der Talili-Bucht.

Die Hochzeit wird wohl im März nächsten Jahres sein und wird ohne Zweifel großartig werden.
Der „Titus" brachte uns die traurige Nachtricht, daß unser lieber Bismarck gestorben ist. Ich bin so betrübt darüber ...
Bei der gestrigen Gerichtsverhandlung wurde wieder absolut nichts erreicht. Wie lange die Popis die Geschichte wohl noch hinschleppen. Die verlierende Partei wird dafür ein Sümmchen bezahlen müssen. Man kann noch gar nicht sagen, wer verlieren und wer gewinnen wird ...

Bischof Couppé warf den Methodisten vor, daß sie auf seinem Land eine Dorfkirche errichtet hätten, offenbar hatte ein Bikman das Land zweimal verkauft.
Dr. Hahl geht anfangs Februar weg von hier, doch hofft jedermann, daß er wiederkommt. Er hat auch sehr günstige Versprechungen bekommen für den Fall, daß er

wiederkehrt, ich glaube gar, sie wollen ihn zum Landeshauptmann machen! Vielleicht bringt er eine Frau mit, das wäre fein! ...
Wenn Ihr mal wieder etwas schickt, dann legt doch bitte auch etwas bei für Camel, er ist der einzige meiner Jungens, der ausharrt bei uns und unverdrossen jetzt allein alle Arbeit thut. 1 oder 2 Unterleibchen, auch eine Mütze, wäre ihm wohl willkommen ...

Brief 1. 10. 1898. Nach und nach denke ich, wird Heinrich die verschiedenen Zimmer photogaphieren und Ihr könnt Euch dann eher eine Vorstellung machen. Die Photographien, die Heinrich Euch diesesmal sendet, werden Euch bestimmt gefallen und interessieren. Jedermann ist erstaunt, was für gute Bilder Heinrich macht. Für den kleinen Walter machte ich ein nettes Hängekleidchen.

Walter Sorge, ein Halfcaste-Kind, das der deutsche Vater bei Fellmanns abgab, bevor er verschwand, lebte jahrelang bei Fellmanns.

Doch ich kam ganz ab vom Paket zu sprechen. Leider, leider suchte ich vergebens nach einer Brille, ach, sie wäre so willkommen gewesen ...
Dr. Hahl hatte im Sinn, bis Februar noch hier zu bleiben. Nun bekam er aber die Nachricht, daß sein Vater plötzlich gestorben und seine Mutter wünschte sehr, daß er gleich heimkommt. Ich freue mich, daß er Euch besuchen wird.
Es liegt mir so sehr auf dem Herzen, daß ich keine Erfahrungsstunde mit den Mädchen und Frauen halten kann, auch kann ich nicht beten in der Eingeborenensprache, ich machte schon wiederholt den Versuch.

Brief 4. 11. 1898. Mein lieber Heinrich treibt gegenwärtig eifrig Photographiestudien. Er machte ganz hübsche Bilder, es macht ihm riesig viel Spaß. Da werden wir nun wohl fast mit jeder Post ein oder mehrere Bilder schicken können ...
Letzten Montag hatten wir lieben Besuch von Schwester Auguste. Denkt Euch, sie hat ein Stückchen Land ganz in unserer Nähe gepachtet und wird sich da drauf ein Häuschen bauen, um für immer da zu wohnen.

Das später berühmte Palaupai mit der „Drachenburg". Schwester Auguste Hertzer war noch im Hospital in Friedrich-Wilhelmshafen tätig.

Sie geht manchmal nach Neuguinea zurück, bis ihre Zeit da abgelaufen ist. Spätestens in einem Jahr kommt sie dann. Ist das nicht hübsch? Sie ist eine solche liebe und gebildete Dame, für mich würde das sehr nett werden, sie so in der Nähe zu haben. Es ist nur ½ Stunde von hier, in entgegengesetzter Richtung wie Herbertshöhe.
Letzten Mittwoch war Schulexamination hier, das ist immer ein wichtiges Ereignis bei den Leuten. Ich half Heinrich dabei, indem ich die Frauen examinierte. Lesen konnten fast alle, ja manche fließend. Im Rechnen da ging's schon schwieriger, da waren nur zwei oder drei, die was konnten. Es ist drollig, ihnen zuzusehen; da werden beim Zusammenzählen nämlich nicht nur die Finger, sondern wenn's über zehn hinausgeht, auch die Fußzehen benützt! Schreiben können die Frauen nicht. Dies ist aber auch schwierig, denn meistens hat jede Frau ihr kleines Kind bei sich, das fast die

ganze Zeit schreit. Heinrich teilte kleine Gaben aus, Tafeln, Gesang- und Notizbücher, Griffel usw. Heinrich gibt nun regelmäßig selbst Unterricht. Auch Deutsch hat er mit ihnen angefangen. Ich hätte große Lust, einige Frauen und Mädchen zu unterrichten in Lesen, Schreiben, Rechnen und Biblischer Geschichte. Heinrich ist aber nicht recht dafür und ich weiß nicht, ob's damit dann am Ende nicht wird wie mit dem Nähverein. Aber ich möchte mich so gern in irgend einer Weise nützlich machen ...
Mit den zwei Jungen, die wir jetzt haben, bin ich sehr zufrieden; sie haben sich schon so nett in die Arbeit hereingelebt. Es ist freilich oft Geduld nötig, aber man darf nicht vergessen, daß sie nur Kinder von 12 und 13 Jahren sind.

Brief Christfest 1898. Heinrich beschenkte mich mit einem großen Goldstück, ich konnte ihm einen großen Wunsch erfüllen, indem ich ihm ein Album mit steifen Blättern gab zum Einkleben seiner selbstgemachten Photographien. Ich konnte zufällig eins von Mrs. Kolbe bekommen ...

Dies Album Queen Emmas mit den frühen Fellmann-Fotos ist noch vorhanden und ausgestellt.

Am Freitag machten wir ein Piknik nach einer der uns gegenüberliegenden Taubeninseln. Im großen und kleinen Boot und etwa 20 Canous, den Eingeborenenbooten, fuhren wir von Raluana und Umgegend hinüber nach der etwa 3 Stunden entfernten Insel. Ein großes Schwein wurde mitgenommen, ebenso Yams und eine Menge junger Kokosnüsse. Auch Wasser und Tee. Gegen neun Uhr kamen wir an; einige teacher, die schon in der Nacht gegangen waren, hatten uns eine reizende Laube im Gebüsch ausgehauen, da wurde die Hängematte befestigt und ein anderes Lager aus Teppichen und Kissen hergestellt. Zum Schutz gegen die Mosquitos machten die Frauen ein kleines Rauchfeuerchen ...
Es war herrlich, in der Hängematte zu liegen, durch's Laub schimmerte der blaue, wolkenlose Himmel und zur Seite plätscherten die Wellen des Meeres. Nun wurde ein kolossales Feuer gemacht. Steine erhitzt, in letzterem wurde das Schwein gebraten und Yams gekocht. Das dauerte immerhin 5 Stunden und etwa 100 Personen bekamen ein jedes eine Kokosnußschale voll Thee und Bisquit. Nachdem wurden einige Spiele gemacht, dann sangen wir Weihnachtslieder, Heinrich sprach über das Kommen Jesu in diese Welt ...
Nach dem hat Heinrich alle die Boote photographiert und dann war es Zeit an die Heimreise zu denken. Ein tüchtiges Gewitter zog herauf. Zum Glück regnete es aber erst, als wir wieder glücklich daheim waren ...
Ich bekam eine neue Brille aus Sydney, es war wirklich höchste Zeit ...
Innigste Grüße und Küsse Dir, Du mein teuerstes Mütterchen. In treuer Liebe Eure Johanna.

Brief 30. 1. 1899. Letzten Freitag war Heinrich wieder in Herbertshöhe. Er ist nämlich Beisitzer bei Gericht und muß daher bei allen Verhandlungen dabei sein. Da hat neulich ein Steuermann eines der Mrs. Kolbe gehörenden Schiffe einen schwarzen Jungen erschossen, der ihm den Gehorsam verweigerte, derjenige wurde zu 3 Jahren Gefängnis verurteilt ...

Es ist eine lange, lange Zeit noch, jedenfalls 3 Jahre, bis wir uns wiedersehen, aber ich bleibe trotzdem Eure alte Nana!

Brief 25. 6. 1899. Heinrich hat auch einen schweren Kampf gegenwärtig: Die Eingeborenen haben eine Art Tanz: „Duk-Duk" genannt. Der Tänzer trägt eine Maske und übt große Gewalt aus. Wenn Frauen und Kinder in seine Nähe kommen, müssen sie Strafe zahlen. Dieser Duk-Duk-Tanz wird 1 - 2 mal im Jahr aufgeführt und dauert wochen- und monatelang. Alle Leute werden dadurch in Aufregung versetzt ...
Die Schulen und Gottesdienste werden während dieser Zeit gar nicht oder nur sehr spärlich besucht. Sonntag vormittags kommen statt wie früher 150-200 Leute nur noch 30-40! ...
Eines Abends, als das Tanzen und Schreien Heinrich zu bunt wurde, da es einige Wochen Tag und Nacht fortgegangen war in nächster Nähe unseres Hauses, ging er mit den Schuljungen hin und vertrieb die Leute. Seither hörte es auf, aber diese Menschen ärgerten sich so darüber, daß sie Anzeige machten in Herbertshöhe und natürlich alles übertrieben. Ohne Zweifel kommt es zu einer Verhandlung und wie die Sache gehen wird, ist noch nicht vorauszusehen! Dr. Schnee ist zu intim mit den Leuten und Frau Parkinson, die ja eine gute Katholikin ist, übersetzt bei allen Gerichtsverhandlungen ...
Die Leute verstehen nicht, weshalb manches nicht mehr vereinbar ist mit dem „lotu". Dies ist genau dasselbe wie mit dem Kauf der Frauen. Kein Bursche kann ein Mädchen heiraten, wenn er nicht 30-50 Fäden Muschelgeld für sie bezahlt. Sie schütteln ungläubig die Köpfe, wenn man ihnen sagt, die Frauen seien doch nicht wie Schweine, die man kauft oder verkauft. Ja, sogar einige teacher fragen, was denn für ein Unterschied besteht, wenn sie sich eine Frau kaufen oder ein Stück Stoff oder ein Schwein! ...
Man kommt dadurch eben zu dem traurigen Schluß, daß diese Eingeborenen mit wenigen Ausnahmen nur dadurch für's „lotu" gewonnen werden konnten, daß man ihnen fast keine ihrer alten Gebräuche nahm. ...
Heinrich hat lange nicht mehr photographiert.
Wahrscheinlich wird's wieder eifriger betrieben, wenn Dr. Brown da ist, er ist ja ein großer Enthusiast und hat tausende von Bildern!
Dr. Brown wird in unserem Schlafzimmer schlafen. Heinrich und ich werden im Wohnzimmer auf dem Boden schlafen ...
Herr von Bennigsen, der neue Gouverneur, ist ein kolossal schneidiger Herr. Er sah sehr stattlich aus in seiner Uniform heute. Jedermann ist nun natürlich sehr gespannt darauf, wie er sich machen wird. ...
Es thut mir ganz weh, wenn ich von all den jungen Frauen höre, die Kinderchen haben. Es scheint, ich bin die Einzige, der solches Glück versagt ist. Mrs. Brown vertröstet mich damit, daß sie mir von solchen sagt, die auch mehrere Jahre verheiratet waren und dann doch noch ein Baby bekamen. Der kleine Walter wird sehr zutraulich nett in der letzten Zeit, ich habe ihn recht lieb und habe ihn oft bei mir.

Brief 6. 12. 1899. Frau Wolff erzählte über den kleinlichen Klatsch und den Neid der Leute, weil jeder der Größte sein will.

Bild 100. Sterobild 101/40. *Dukduk ist ein Kulttheater, in dem Menschen eine uralte Weltordnung darstellen, indem sie an ihr teilnehmen. Fellmann sah im Dukduk einen Männer-Geheimbund, eine Art Polizei, die einzige Organisation, die über die Clangesellschaft hinausgriff und damit eine Konkurrenz war für seine Kirche. Es gibt den Dukduk heute noch. Im oberen Bild zeigt ein Neuirländer 1902 Fellmann seine Dukduk-Maske. Unten geht ein Tubuan in langen, schwebenden Schritten bei Raluana an Land, die man erst im Stereobild erkennt. Sein Kanu, mit dem er landete, wird oft hinter ihm abgebrochen. Bikman Tonkinkin, der Fellmann dieses ungewöhnliche Stereobild ermöglichte, steht mit seinem Sohn rechts zwischen den beiden Dukduk-Tänzern.*

Mit der Post bekommt Ihr ein Reiterbildchen, auf dem Frau Wolff, Schwester und ich zu Pferde sitzen ...

Brief 10. 12. 1899. Ich habe Heinrich Sonntags fast nie daheim, bis er auf seinen 30 Stationen die Runde macht, muß er fast jeden Sonntag weg ...
Zu seinen vielen Pflichten kommen nun auch noch neue, indem er in den nächsten Monaten die Johannisbriefe und die Offenbarung in die hiesige Sprache übersetzen soll. Am Kochherd brauche ich glücklicherweise nicht mehr so viel zu stehen, die Jungens können die meisten Sachen kochen. Ich habe jetzt eine ziemlich gute Hilfe an meinen Leuten ... Im Vergleich zu früher, wo uns die Leute immer wegliefen. Letzten Sonntag waren wir beide in Matupit bei Herrn Thiel, zusammen mit Schwester Auguste, Frau Dr. Lauterbach und Herrn und Frau Boluminski ...
Wir kommen schon lange nicht mehr zu den größeren Festlichkeiten. Es ist immer dasselbe. Ein paar Mal schlugen wir die Einladungen ab, und jetzt werden wir nicht mehr eingeladen ...
Bei all den Festen wird so viel wie möglich getrunken und schlechte Scherze gemacht ...
In der vorletzten Woche hatte ich Frau Dr. Lauterbach einige Tage hier, sie fühlte sich etwas einsam oben bei der Schwester. Letztere, so lieb und gut sie auch ist, ist doch ein altes Jüngferchen mit ihren eigenen Ansichten, auf denen sie oft recht eigensinnig beharrt. Man sagt von ihr, daß sie sich mit Frauen nicht gut verträgt, umso besser mit Herren. Sie ist zum Beispiel eine große Verehrerin von Heinrich, ich lache sie oft aus deshalb. Wir haben uns indessen ganz gut vertragen. Frau Lauterbach ist ein recht liebes Frauchen, 28 Jahre alt, schon 7 Jahre verheiratet. Ihr Mann ist Direktor für die New-Guinea Compagnie ...
Heinrich und ich empfinden es beide sehr schmerzlich, daß wir kein Kindchen haben ...
Am 16. Dezember war die Hochzeit von Herrn und Frau Kaumann. Heinrich war gebeten worden, die Trauung zu vollziehen. Auch wollten sie durchaus, daß er eine kleine Rede daran anschließt.
Es waren etwa 50 Gäste geladen. Ich hatte mein weiß seidenes Kleid zum ersten Male an ...
Die Braut hatte ein sehr hübsches weiß seidenes Kleid an mit kostbarer Stickerei. Gestern wurde die Verlobung von Nelly Parkinson mit einem Buchhalter von Frau Kolbe gefeiert ...
Dr. Lauterbach kam auch als Gast, seine Expedition in Neu-Guinea hat er glücklich beendet ...
Die Frau Hernsheim, die vor einiger Zeit mal da war, hat jetzt ein Baby bekommen, das erste, und die ist schon mindestens 7 Jahre verheiratet. Ich freue mich immer, wenn ich so etwas höre, da bekomme ich auch wieder eine Hoffnung ...
Der Missionar Kunze, der von Neu-Guinea hier war mit seiner Frau, schrieb dieses mal von der Heimat aus ...
Herr Lauterbach hat sehr großen Erfolg gehabt bei seiner Expedition, sogar viel Gold soll gefunden worden sein. Ohne Zweifel wird man in der nächsten Zeit viel über ihn lesen ...
Geheimrat Koch kam in Neu-Guinea an mit seiner Frau. Nach einiger Zeit soll er dann

Bild 102-104. Links oben: *Dr. Lauterbach (sitzend) 1899 nach seiner Expedition in das Hinterland von Friedrich-Wilhelmshafen/Madang zur Erforschung des Ramuflusses. Teilnehmer von links: Rodatz, Klink, Philip.* ***Bild rechts:*** *Hütte bei Raluana 1899 mit Bild Kaiser Wilhelm II.*
Bild unten: *Dr. Schnee 1899 mit Polizeitruppe (zu Seite 165).*

hierher kommen, es wird schon ein Haus für ihn gebaut. Seine Frau soll eine große Dame sein!

Am 25. Februar schreibt Johanna in einem Brief:

Geheimrat Koch ist mit Frau Gemahlin drüben in Neuguinea. Sie war Schauspielerin und soll sehr kokett sein. Er ist schon ein alter Herr, von seiner ersten Frau geschieden. Es wird interessant, ihn kennenzulernen. Man ist allgemein gespannt, wie es mit der Malaria-Theorie gehen wird. Heinrich fängt auf Wunsch des Gouverneurs Mosquitos für ihn.

Aus dem Tagebuch von Johanna Fellmann,
Januar bis November 1899

10. Jan. Seit Heinrich photographiert, hat er gar keine Zeit mehr für mich. Er scheint gar nicht daran zu denken, daß ich es vermisse. Heinrich erschwert mir meine Aufgabe dadurch, daß er den Eingeborenen gleichsam das Recht giebt, ungehorsam gegen mich zu sein. Scheut er sich doch nicht, mich in ihrer Gegenwart zu tadeln. Ach, ich bin so mutlos und heimwehkrank ...
4. Febr. Hatte heute einen glücklichen Tag. Heinrich war freundlicher ...
Ich war bei Frau Wolff heute, Heinrich hat uns photographiert zu Pferde, bin voll Begeisterung, auch reiten zu lernen ...
Von Dr. Hahl kam ein lieber Brief aus Singapore, auch die Schwester schrieb und sandte ein paar Zeilen!
Ja, es läßt sich nicht ändern, ich bin heute 23 Jahre alt! Schon zum 3. Mal feiere ich Geburtstag, seit ich verheiratet bin ...
23. Febr. Nächste Woche werde ich wohl Mrs. Kolbe u. Mrs. Parkinson einladen müssen ...
Heinrich war weit im Busch ...
19. März Ich war ganz vergnügt bei Frau Wolff und hatte eine ziemlich bewegte Zeit. Wir fuhren jeden Tag aus und waren stets woanders eingeladen ...
Dr. Schnee ist stellvertr. Gouverneur. Das Reich hat endlich den Archipel übernommen ...
14. Mai Die ganze Woche fanden Duk-Duk-Tänze statt ganz in unserer Nähe! Es ist ein schrecklicher Lärm ...
7. Mai Letzten Sonntag hat Mrs. Parkinson ein Baby bekommen. Am Samstag war sie auf einem Ball, den Frau Kolbe gab, zu Ehren der „Möwe"-Leute!
Missionar Kunze und seine Frau kamen aus Neu-Guinea. Heinrich hatte sie nur für einen Tag eingeladen, stattdessen blieben sie bis Samstag früh ...
Im Vergleich zu anderen Missionaren waren sie ganz nett ...
Diese Woche starb der arme Elaisa ganz plötzlich. Mit einem seligen Lächeln der Überraschung schlief er ein ...
Der Duk-Duk nimmt all ihr Sinnen und Denken ein, sie haben für nichts sonst mehr Zeit. Niemand kommt mehr zur Schule. Pharao hat Heinrich beim Richter verklagt, weil er mal abends an den Duk-Duk-Platz ging bis sie fortgingen!
Der Hund von Schwester Auguste hat eine meiner großen, schwarzen Hennen getötet! Und Eier frißt er! Morgen soll Dr. Brown kommen! ...

Gestern habe ich zum ersten Mal versucht länger zu reiten. Es ist nicht so schwer wie ich dachte ...
August 1899. Ich sitze schon ziemlich sicher und kann sehr raschen Trab reiten. Boluminski's kamen zu Pferd, sie sah so reizend in ihrem Reitkleid aus, ich habe Mama gebeten, mir auch eins machen zu lassen. Jedenfalls bestellt Heinrich ein Pferd und einen Damensattel ...
Gestern machten wir wieder einen Besuch bei Schwester und ritten im Mondschein nach Hause.
Gestern kam Dr. Hahl hierher und wir gingen zusammen zu Schwester u. hatten eine fröhliche Stunde zusammen. Er ist noch ganz der Alte, urgemütlich, es tat einem ordentlich wohl, ihn wieder zu sehen. Schade, daß er nach den Carolinen muß ...
Freitag hatte Schwesterchen Hauseinweihung.
Pater Asuntos ist übrigens ausgerückt in den Busch, weil er ein schwarzes Mädel heiraten will!
Wir luden Kolbes und Parkinsons und alle ein für Freitag. Wir waren etwa 24 Personen! Heinrich hat uns alle photographiert, das Bild wurde auch ganz gut ...

Brief 25. 2. 1900. Vor 14 Tagen habe ich mein 24. Lebensjahr zurückgelegt am 12. Februar. Morgens etwa um 4 Uhr fingen plötzlich Zöglinge und ihre Frauen und die Lehrer an zu singen, eines meiner Lieblingslieder in der Eingeborenensprache. Ich war so bewegt und konnte meine Thränen nicht unterdrücken ...
Einige der Leute, die nichts wußten und plötzlich durch den Gesang aufgeweckt wurden, dachten, ich wäre gestorben.
Ein Mädchen von 7 Jahren fiel von einem Baum und wurde aufgespießt. Sie lebte noch 2 Tage ...
Der Gouverneur v. Bennigsen begegnet uns mit sehr viel Mißtrauen. Er sowohl wie Dr. Schnee mögen es gar nicht, daß die Mission eine englische ist. Lächerlich, der Gouverneur befürchtet, daß die Fijianer möglicherweise englische Ansichten unter den Eingeborenen hier verbreiten. Als neulich das Kriegsschiff Gefangene von den benachbarten Inseln hierherbrachte, wurden sie alle der katholischen Mission gegeben ...
Pater Asunto ist jetzt Händler in eben der Gegend, in der er früher als Priester thätig war. Zu den Leuten sagt er, er helfe jetzt uns, sie sollen nur zu unserem „lotu" gehen! Anfangs hat die Geschichte viel Staub aufgewirbelt. Er wollte sich auch schon mit eines von Kolbes Nichten verloben. Die gab aber einem andern den Vorzug ...
Wir hatten sehr heftige Erdbeben in den vergangenen Wochen, es zerbrachen eine Menge Sachen!

Brief 23. 4. 1900.
Der unglückliche Krieg in Südafrika versetzt selbst uns in Aufregung. Die Engländer hatten anfangs die Sache zu leicht genommen ...
Jetzt sind sie aber kleinlaut.
Mit dem nächsten Schiff im Juni kommt Prof. Koch hierher. Er und der Gouverneur sind sehr befreundet ...
Vor einigen Wochen hat sich etwas sehr Trauriges ereignet. Der Gouverneur gab ein Dinner zu Ehren der „Möwe", es war an einem Montag abend. Nach Tisch, als die

Herren auf der Veranda saßen und Skat spielten, fiel plötzlich ein Schuß. Alle sprangen auf von den Stühlen, nur der Zahlmeister blieb sitzen. Er war ins Herz getroffen und sofort tot. Der Schießjunge des Gouverneurs beging die That vermutlich in einem Anfall von Geistesstörung. Wenige Minuten später erschoß er sich selbst. Heinrich beerdigte den Zahlmeister am nächsten Morgen ...
Frau Kolbe will ihre ganze Besitzung hier verkaufen; 2 Millionen will sie dafür! Sie steht in Unterhandlung mit einer australischen Firma. Frau Kolbe möchte von hier fort auf eine andere Insel; sie ist des Geschäfts müde.
Mit letzter Post bekamen wir eine kleine englische Bibliothek mit etwa 40 Bändchen, halb Poesie, halb Prosa. Heinrich gab es mir als verspätetes Geburtstagsgeschenk! Er ist ein kleiner Schlaumeier, wenn er nämlich gern was möchte, dann schenkt er's mir und natürlich, was mein ist ist auch sein, diese Gütergemeinschaft können die Eingeborenen gar nicht begreifen, bei ihnen ist alles getrennt. Wenn die Frau auf den Markt geht, kauft sie das Yams, das sie für sich braucht, von ihrem Geld und das, welches ihr Mann ißt, von seinem. Und so ist es in allem. Mit meinen Leuten bin ich jetzt sehr zufrieden. Die beiden Jungen und die 2 Mädchen sind nun schon fast 2 Jahre da und Manunu ist mir wirklich eine große Hilfe ...

Brief 6. 5. 1900. Prof. Koch hat alle Leute für sich begeistert in Neu-Guinea, er hat eine sehr gewinnende Art. Man ist vollkommen überzeugt von der Richtigkeit seiner Theorie, wenn man Prof. Koch selbst über die Sache reden hört ...

Aus Kreisen der rheinischen Missionare wurde über Koch berichtet, der Geheimrat habe die Eingeborenen mit einem Diener begrüßt und dabei gesagt: „Sehr erfreut, Ihre Bekanntschaft zu machen, Koch aus Berlin." Es sei ihm offenbar egal gewesen, ob er dabei verstanden oder von den Weißen deswegen belächelt wurde.[41]

Vor einigen Wochen, die „Stettin" war eben weg, war in der Nacht wieder ein Mann im Schlafzimmer und zwar wieder zu meiner Seite! Ich weckte Heinrich sofort, aber leider, leider entwischte der Kerl wieder. Als ich's den Jungen sagte, behaupteten sie, das sei ein böser Geist. Jetomutu, mein Küchenchef, frug mich ganz ernsthaft, ob's der Satan gewesen sei!!
Denkt Euch, was neulich passierte. Von der Südküste kamen mehrere Kanu's voll der dortigen Eingeborenen, um sich die Weißen hier anzusehen. Dr. Schnee war kurz vorher bei ihnen gewesen und lud sie ein, mal nach Kokopo zu kommen. Gut, eine stattlich Anzahl dieser Wilden kam; ich sah sie, als ich in Herbertshöhe war. Auf ihrem Rückweg landeten sie an einem Platz Kabaga, um zu kochen. Sie verhielten sich zu den Kabagaleuten wohl nicht ehrerbietig genug, sie sollen auch ihre Glieder befühlt haben. Dadurch bekamen die Kabagaleute Angst, dachten, die Südküstenbewohner wollten sie töten, da wollten sie ihnen zuvorkommen, zerstörten die Boote der Fremden und fraßen zehn von ihnen auf! Heinrich war vor gar nicht langer Zeit bei eben diesen Kannibalen, hat auch einen teacher ganz in der Nähe stationiert ...
Der „Seeadler" war da, um die Leute zu bestrafen, konnte aber nicht viel ausrichten, da sich alle weit in den Busch geflüchtet hatten. Unser teacher von da war früh hier und erzählte, daß sie allmählich wieder zurückkommen aus ihren Verstecken und viel

Geld geboten hätten als Sühne. Aber schade ist es, die Leute der Südküste werden natürlich sobald nicht wieder herkommen ...
Es war wieder Gerichtssitzung wegen der alten Landangelegenheit, die Dr. Hahl vor 2 Jahren schon entschieden hatte. Gegen jenes Urteil, nach dem die kath. Mission die Kosten zahlen sollte, wurde Berufung eingelegt. Dr. Schnee behandelt die ganze Angelegenheit wieder von Anfang an!
Frau Parkinson ist eine wunderbare Frau; obwohl sie eine ganze Menge Kinder hat, das Jüngste ist 1 Jahr alt, und obwohl sie fast keinen Tag ohne Besuche sind, hat sie doch zu allem Zeit. Sie macht alle Picnic's mit, geht stundenweit in den Busch, um ein Schwein zu kaufen, begleitet Dr. Schnee zu den Gerichtsverhandlungen mit Eingeborenen, hat jeden dritten Tag großen Markt, dabei managed sie das Geschäft, giebt etwa 50 Arbeitern jeden Tag ihre Arbeit, macht bald mal einen Ausflug über Wasser und geht zu Pferd nach der Nordküste mit ihrem Jüngsten im Arm und an der Brust. Dabei immer bereit, anderen zu dienen, immer guter Laune usw. Man kann nicht anders, als sie bewundern, eine Europäerin wird es ihr nie gleich thun können ...
Schwester Auguste fängt jetzt auch an zu Photographieren, sie nimmt Unterricht bei Heinrich. Alle wollen Unterricht bei ihm nehmen, er versteht es eben auch sehr gut. Mr. Crumps und Chambers schüttelten immer die Köpfe; keiner kann solch gute Bilder machen, obwohl sie schon mehrere Jahre länger photographieren und auch bessere Apparate haben. Ihr müßt schon eine ganz stattliche Sammlung von Bildern haben ...
Heinrich und ich brachten den ganzen Tag bei dem kranken teacher zu. Heute Abend um ½ 7 Uhr ist er gestorben. Bei Nacht setzte er sich ohne Bekleidung unter die Thüre und ließ sich nicht zudecken ...

Aus dem Tagebuch von Johanna Fellmann, Juni bis September 1900

Sonntag, 3. Juni 1900
Der arme Herr Strußloff, gestern hat Heinrich ihn beerdigt. Den Tag vorher besuchte ihn Dr. Koch und sagte, die Gefahr sei vorüber. Vielleicht hat der Besuch ihn aufgeregt. Frau St. thut mir sehr leid, schon zum zweiten Mal Witwe. Ich war nicht wohl in den letzten Tagen. Something seems to be wrong. I do wish it so much and Heinrich too.
Montag, 10. Juni
Wir gingen zu Frau Boluminski, die ja Strohwitwe ist. Wir blieben bis gegen Abend da, Frau Kolbe und Frau Forsayth kamen auch. Heinrich hat einige Photographien von da oben genommen. Ich darf nur langsam reiten und vorsichtig. Sicher weiß ich es ja noch nicht, aber so viele Anzeichen sprechen dafür. Wie glücklich wäre ich!
Ich leide sehr viel an Übelkeit, aber ich ertrage alles so gern ...
Ob ich etwa von meinen Hoffnungen nach Hause schreibe? Heinrich sagt nein, aber es wird mir schwer ...
Sonntag, 24. Juni
Unser armer Saatuai ist am Mittwoch Abend nach langem, harten Todeskampf gestorben. Sehr schwer wurde uns sein Tod. Die arme Witwe mit den 2 Würmchen! Die Eingeborenen sind so gefühllos wie Hund bei solchen Fällen, mir blutete fast das

Herz, wie ich sah, wie es gar keinen Eindruck machte auf sie. Solche Menschen soll man lieben?
Ich habe Mama unser Geheimnis nun doch verraten ...
Sonntag, 1. Juli
Am Dienstag war Luise Parkinson für ein paar Stunden da. Ich erzählte ihr sogar mein Geheimnis! Freitag kam eine Einladung vom Gouverneur an uns zum Mittagessen, Boluminskis sollten denselben Tag abreisen nach Nusa ...
Der Gouverneur und Dr. Koch waren beide äußerst liebenswürdig, letzterer besonders ist ein ganz reizender, gemütlicher alter Herr. Sie wollen nächstes Mal zu uns kommen.
5. August
Gestern hatten wir den versprochenen Besuch von Geheimrat Koch, dem Gouverneur, H. Thiel und den übrigen Matupi-Herren hier, Schwester war auch da, so waren wir eine große Kaffeeparty. Dr. Koch untersuchte etwa 50 Kinder auf Milz und Malaria. Heinrich ging nachher mit ihnen nach Kokopo in der Pinasse, am Abend kam die „München" an ... Gestern war auch Einweihung des Hotels „Fürst Bismarck".

Diese Notiz zeigt, daß Geheimat Koch und der Gouverneur v. Bennigsen daran nicht mehr teilnahmen. Das Hotel - das erste im Bismarck-Archipel - gehörte Frau Kolbe, der „Queen Emma", die auf die Anwesenheit der beiden Herren sicher Wert gelegt hätte. Dahinter steckte wohl die Regie v. Bennigsens.

Sonntag, 2. September
Die Hälfte meiner Zeit ist nun schon vorbei. Ich kann mich aber trotzdem einer geheimen Furcht nicht erwehren, daß möglicherweise etwas wrong gehen kann und ich sterben muß. Ach, ich möchte noch so gerne länger leben! Ich bin noch nicht bereit!

Brief 11. 8. 1900. Heinrich ging heute Mittag schon fort zu Pferd nach seiner entferntesten Station, dahin, wo neulich die Südküstenbewohner aufgefressen wurden. Er hat Morgen da zu predigen. Ich hätte ihn so gern begleitet, aber so etwas darf ich jetzt nicht mehr riskieren, reiten ist doch gewagt in meinem Zustande.
Herr Parkinson hat sich sehr verdient gemacht, indem er den Weg zwischen seinem und unserem Haus ebnen und erweitern ließ. Schade, daß wir keinen Wagen haben! Herr Parkinson versprach mir zwar, mich häufig zum Spazierenfahren abzuholen, da ich nicht mehr reite. Frau Parkinson ist sehr lieb und teilnahmsvoll zu mir, sie schickt mir sehr häufig frische Sachen, die sie denkt, daß ich sie gern habe jetzt. Ich glaube, der ganze Archipel weiß schon, daß ich ein Baby bekomme ...
Heinrich ist jeden Tag von früh bis spät mit Übersetzen beschäftigt ...

Brief 8. 9. 1900. Heinrich ging wieder zur Gerichtsverhandlung. Er schrieb mir von Herbertshöhe, daß sie wieder Sieger waren und nachher vom Gouverneur zu Tisch gebeten wurden! Ich freue mich so über den Erfolg, nun müssen die „Popis" doch daran glauben und ein schönes Sümmchen wird sie's kosten! Aber sie haben's ja und verdient haben sie's auch. Wie wird der Bischof böse sein.
Über Dr. Schnee's Versetzung sind wir nicht sehr traurig. Ob er uns persönlich nicht mag oder für Missionen überhaupt nichts übrig hat, weiß ich nicht.
Immer noch bin ich allein. Herr Parkinson war diese Woche da und holte mich zu

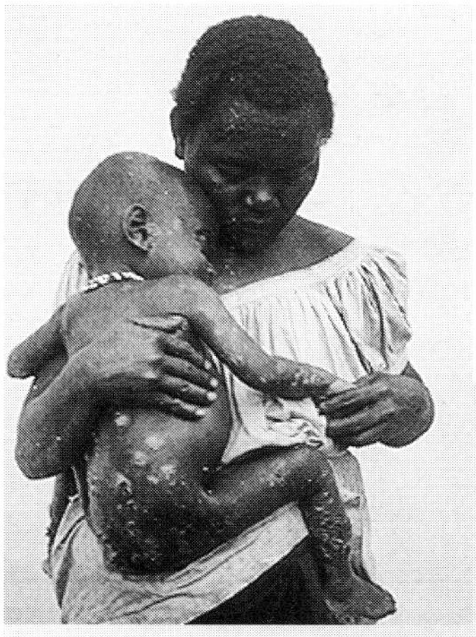

Bild 105-106: *Robert Koch war 1900 in der Astrolabe-Bay und auf der Gazelle-Halbinsel. Er besuchte Raluana und bat Fellmann und Parkinson um Fotos von Frambösie-Kranken - beide litten selber daran, Fellmann überlebte sie - und der Fadenpilzkrankheit Tinea imbricata. Koch veröffentlichte das kleinere von Fellmanns Bildern 1902. Johanna Fellmann erwähnt Robert Koch oft in ihren Briefen.*

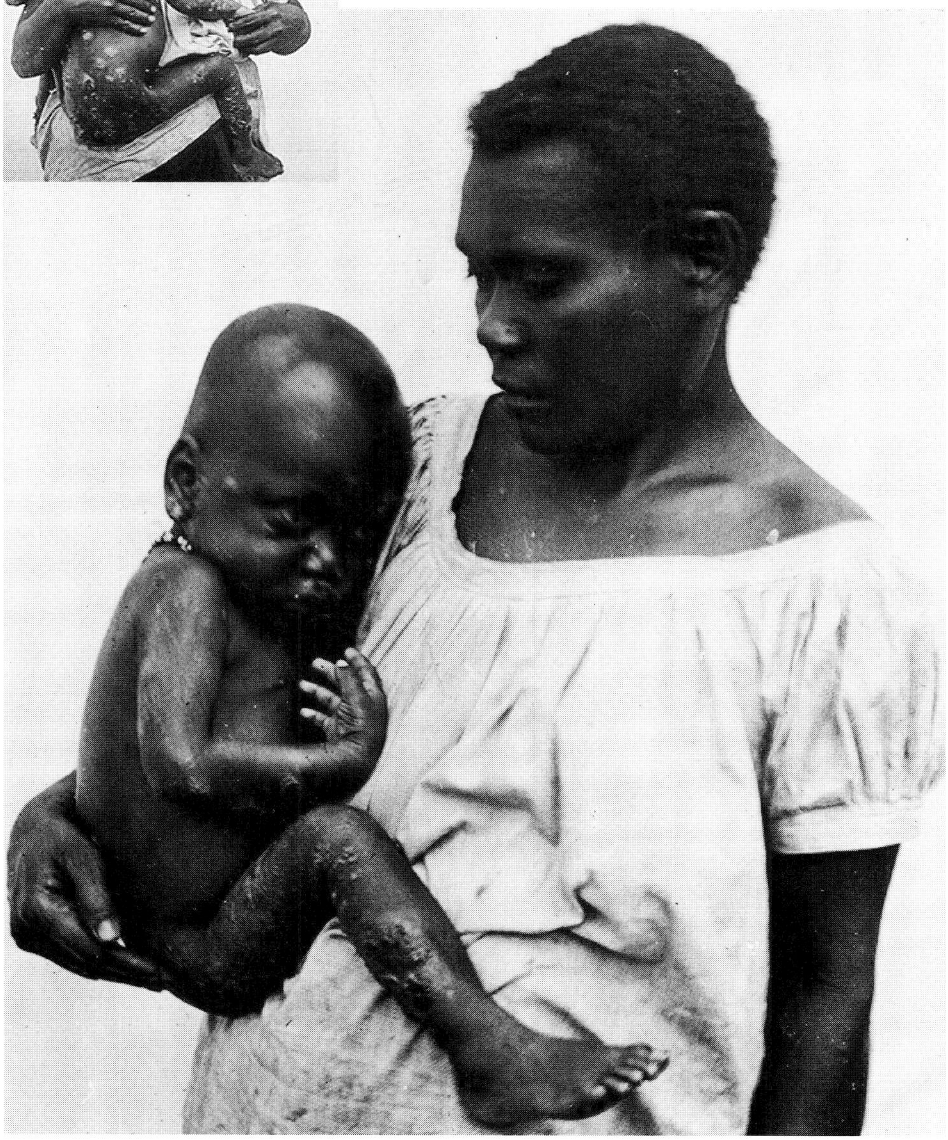

einer Spazierfahrt ab, da gab er mir den Rat, mir mindestens einen weiteren Mann anzuschaffen! Aber das überlasse ich lieber den Halfcaste-Damen ...
Seit letzten Dienstag fühlte ich die Bewegung des Kindchens, darüber freue ich mich so, auch die Hälfte der Zeit ist schon verstrichen ...
Schwester hat sich angeboten und vielleicht bitte ich noch die Mutter von Herrn Kolbe, eine alte Samoanerin, die eine Hebamme ist, zu helfen ...

Brief 25. 9. 1900. Heinrich hofft sehr, daß es ein Bub wird und ich möchte so gern ein Mädel!
Zwei schöne Mädchennamen haben wir schon, aber über einen Bubennamen haben wir uns nocht nicht geeinigt. Ein Mädel soll „Erika Malila" heißen. Letzteres ist ein Wort in der hiesigen Sprache und bedeutet „Ruhe, Milde", eigentlich „innere Stille"! Ist das nicht hübsch? Den Jungen heißen wir vielleicht Ernst Siegfried. Heute vor 8 Tagen hatten wir ein sehr, sehr heftiges Erdbeben. Etwa 30 Meter trat das Meer zurück. Die „Stettin" schlug auf mit dem Kiel. Heinrich wäre fast von einem Baum verletzt worden, der sich immerfort im Kreise drehte. Die Stöße kamen von unten!
Heinrich sagte, daß das Pferd stillgestanden und am ganzen Körper gezittert habe. Die Katzen machten hohe Sprünge. Der Hund heulte und die Hühner und alle Eingeborenen liefen fort.
Wir sind für morgen zu einem großen Piknik eingeladen, das Frau Kolbe aus Anlaß ihres Geburtstages veranstaltet. Es ist in Matannata, ein reizendes Plätzchen mit Grotte und Wasserfall. Es sollen etwa 40 Personen kommen ... Ich erzähle morgen, wie es war. ...
Herr Parkinson holte mich um 9 Uhr im Wagen ab; wir fuhren zuerst zu Frau Kolbe, wo alle Leute sich versammelten, um ihr zu gratulieren. Von da ging's teils per Wagen und teils zu Pferd nach dem Piknikplatz. Es waren etwa 10 Wagen und 20 Pferde. Die Fahrt dauerte etwa 1 Stunde und ging teilweise durch den herrlichsten Urwald. Es waren eine Menge Lauben aufgeschlagen und schön bekränzt. Die Halfcaste-Damen hatten alles sehr hübsch vorbereitet. Das keikei war ausgezeichnet, bestand aus Schinken, Enten, Hammel und Schweinefleisch, Fischen Krebsen usw. und verschiedenen Salaten. Auch verschiedene samoanische Gemüse und Puddings gab es. Der Gouverneur, Dr. Schnee, Schwester, Heinrich und ich saßen an einem Tisch. Das Geburtstagskind war gerade 50 Jahre alt und sah sehr, sehr gut aus im rosa Kleid und einem Rosenkranz in den Haaren. Frau Parkinson war natürlich wieder die Seele des Ganzen und man hat nur wieder Gelegenheit, sie auf's neue zu bewundern. Sie führte mit ihren Schwestern auch einen samoanischen Tanz auf, bei dem sie auf eingeborene Art gekleidet waren und zum Teil ganz verführerisch aussahen! Leider ging es zum Schluß auch da wie bei allen ihren Festen etwas wüst zu, indem fast alle Herren mehr oder weniger betrunken waren. Herr Parkinson war auch sehr fidel und da wurde mir's etwas bange vor der Heimfahrt. Es ging aber alles gut. Auch der Gouverneur und Dr. Schnee verabschiedeten sich um diese Zeit. Die Übrigen gingen dann alle in's Hotel, wo's jedenfalls noch lang und lustig weiterging ...
Ich bekomme heute oder morgen ein 8 oder 9 jähriges Mädchen, deren Eltern wünschen, daß sie bei uns ist ...
Brief 21. 10. 1900. Ich bin nun schon ziemlich korpulent ...
Ich geniere mich jetzt, auszugehen.

Reiten kann ich ja nimmer.
Letzte Woche waren wir bei Frau Kolbe eingeladen zum Damenfrühstück. Sie ließ mich in ihrem Wagen abholen.

Brief 8. 12. 1900. Ich vermute, daß, bis Du diesen Brief erhältst, meine schwere Stunde vorüber ist. Furcht vor den Schmerzen habe ich gar keine ...

Brief 31. 1. 1901

Kurz vor der Geburt

Bei mir ist noch immer alles beim alten. Es giebt 4 Wochen keine Gelegenheit, Euch Nachricht zu senden ...
Seit vorgestern liegt mein armer Heinrich zu Bett an Fieber. Die Temperatur will gar nicht zurückgehen ...
Fast ein Jahr war er gänzlich vom Fieber verschont.
Heute Nachmittag kam Herr Parkinson, und da machten wir Heinrich mehrere Male kalte Wickel; er hatte fast den ganzen Tag 40 bis 41° gehabt und war dadurch so schwach und elend. Später gab ich ihm dann 3 oder 4 kalte Abgüsse und brachte dadurch die Temperatur auf 37 ½°. Werde nun versuchen, ihm etwas Quinin zu geben.
Schwester kam auch diesen Abend...
Jetzt ist es ¼ nach 3 Uhr nachts. Seit einigen Stunden fühle ich die ersten Wehen. Und mein armer Mann hat Fieber! ...
Wenn nur mein Schätzchen ein bißchen Ruhe fände und das Fieber los würde. Wie soll er mir sonst nachher beistehen! Ich versuche, Mut zu behalten.
Die Schmerzen sind jetzt schon sehr groß, ach, aber wie groß wird erst die Freude sein! Werde ich's durchmachen. Wenn nicht, dann wollen wir uns auch ohne Murren in Gottes Willen geben ...
Jetzt ist es Tag und die Post muß gleich fort. Bekümmere Dich nicht zu sehr darüber, daß wir nicht Nachricht senden können. Lebet wohl für heute, Ihr lieben teuren Eltern. Ich fühle mich Euch ganz nah in diesem Augenblick. In treuer Liebe Eure Nana

Brief 21. März 1901. Ich habe jetzt fast gar keine Zeit mehr zum Schreiben ...
Die Zeit, die ich nicht beim Kindchen bin, brauche ich notwendig, die nötige Haus- und Küchenarbeit zu besorgen. Aber Ihr sollt deshalb doch nicht zu kurz kommen ...
Gottlob kann ich nur Gutes von uns berichten, mein kleiner Liebling gedeiht zusehends.
Heute vor 8 Tagen machte er seinen ersten Ausflug und zwar nach Palaupei zu Schwester. Ich ritt und Heinrich ging nebenher, das Mädchen trug den Kleinen. Und gestern machten wir Besuch bei Frau Parkinson, wir gingen da schon in der Frühe weg, solange es noch kühl war und kehrten erst abends zurück. Das hat Baby sehr gut gefallen. Ihr wundert Euch wohl, daß ich schon wieder reite, aber ich ritt ganz langsam.
Unter der Hitze leide ich aber noch immer, ebenso Baby, ich kleide daher den kleinen Waldemar stets so leicht wie möglich, in Mousselin-Unterröckchen und ein Schürz-

chen, das ist alles. Heute gab ich ihm am Nachmittag ein fast ganz kaltes Bad, das hat ihm sehr gut gefallen. Ich möchte ihn gern so viel wie möglich abhärten. Wir wurden heute wieder photographiert, die ganze Familie seht ihr dieses Mal. Sieva nahm die Kappe ab vom Apparat ...
Heinrich lacht, im übrigen meint er, sehe ich ganz „frauig" aus. Aber wir sind ja auch nur Nebensache, Baby ist die Hauptsache. Er schläft von 7 Uhr abends bis 3 Uhr früh ohne Unterbrechung. Und wenn er dann sein keikei bekommt, schläft er wieder bis 5 oder ½ 6 Uhr. Während ich Brot backe, unterhält sich Heinrich mit ihm, das hat er sehr gerne.
Es kommt häufig vor, daß ich mit einer Hand koche und mit der andern den Kleinen an der Brust halte.
Dienstag, 2. April Nun ist der Kleine schon 9 Wochen alt und Ihr wißt immer noch nichts von seiner Ankunft ...
Vorgestern kam Frau Wolff zu uns per Wagen, die wohnen ja jetzt ganz weit weg landeinwärts am Varzin ...
10. April Schon letzten Dienstag fühlte ich Schmerzen in der rechten Brust, die sich Mittwoch verschlimmerten. Die Brust schwoll an und war ganz hart. Abends bekam ich das Fieber dazu. Heinrich hatte sich Dienstag abend schon mit Fieber zu Bett gelegt. Mittwoch, Donnerstag lagen wir beide krank zu Bett; Heinrich hatte rasende Kopfweh, Erbrechen. Keinen Schlaf bei Tag und Nacht, er ging von einem Zimmer in's andere. Ich hatte den ganzen Donnerstag Fieber und machte heiße Umschläge auf die Brust, wie mir Frau Parkinson riet. Das that dann viel besser als die kalten. Am Nachmittag jedoch bekam ich sehr starkes Fieber, ebenso am Sonntag. Mein Baby war mir ja ein großer Trost, aber im Fieber konnte ich all die Zeit nichts essen, hatte auch nichts, und sollte doch das Kindchen stillen! Ich bin froh, daß das vorüber ist ...
Seit einiger Zeit war ein sehr reicher Herr mit einer Vergnügungsyacht hier, Herr Menke, der mit verschiedenen Professoren und Gelehrten Forschungsreisen im Archipel unternahm. Auf einer solchen hatte er mit noch zwei Weißen seine Zelte in St. Matthias-Island aufgeschlagen und seinen Dampfer hierhergesandt, um neue Kohlen einzunehmen. Während der Zeit wurden sie, als sie noch im Bett lagen, von den Eingeborenen überfallen und Herr Menke und ein Herr Caro, beides junge Leute von nicht 30 Jahren, wurden durch Speere getötet! Der Herr Menke soll vielfacher Millionär gewesen sein, seine Dampfyacht kaufte er vom Fürsten von Monaco. Er hatte sich längere Zeit in Matupi und Ralum aufgehalten, war auch mal bei uns und lud Heinrich ein, eine Reise mit ihm zu machen.

Brief 28. 4. 1901. Ich habe fast keine Haare mehr, seit dem Fieber ist es mir massenhaft ausgegangen und „roten Hund" habe ich entsetzlich, hauptsächlich am Hals und an den Armen.

„Roter Hund" könnte die sehr verbreitete Tinea tropica sein, die Robert Koch in seiner Arbeit über die Frambösie 1902 beschreibt, wobei er ein Foto Heinrich Fellmanns benutzt. Das wird 1908 beim Frambösie-Tod Richard Parkinsons beschrieben.
Der Kleine ist rund und fett und munter und macht uns unbeschreiblich viele Freude. Manunu sitzt bei ihm und erzählt ihm was ...

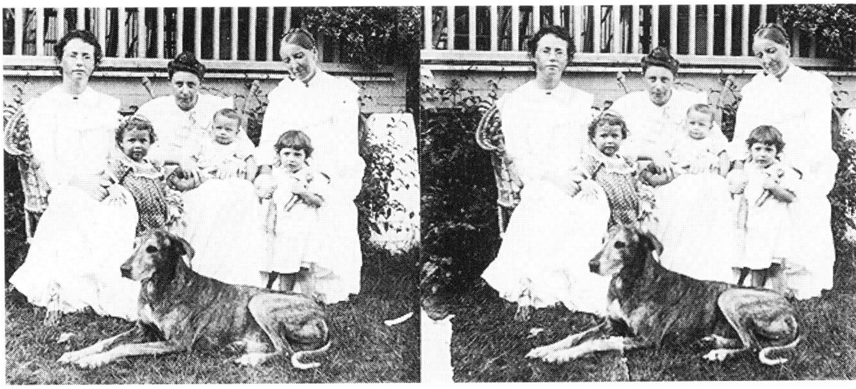

Stereobild 107/41-109/43. *Johanna Fellmann, Frau Gouverneur Hahl, Schwester Auguste Hertzer, genannt Tante Palaupai, (von links nach rechts) mit Kindern 1906.*

Regierungsgebäude mit zwei Bikmen (Luluai) in Herbertshöhe.

Auf die Gazelle-Halbinsel verbannte Samoaner-Familie.

Brief 2. 7. 1901. Der „Cormoran" ist auf dem Weg nach St. Matthias auf speziellen Befehl des Kaisers, um Herrn Menke zu rächen. Jedermann ist aber der Meinung, daß die Eingeborenen gar nicht so schuldig sind, sie wehrten sich nur gegen die schlechte Behandlung der Weißen, die ihnen im Unverstand die Fruchtbäume umhieben, ohne zu fragen oder zu bezahlen ...
Wir freuen uns alle, Dr. Hahl wieder hier zu haben. Auch alle Eingeborene sind sehr erfreut, daß er wieder da ist, er ist sehr beliebt bei ihnen. Keiner der Richter nach ihm verstand so gütig mit den Eingeborenen zu verkehren ...

Brief 10. 7. 1901. Der „Cormoran" geht und der Gouverneur geht mit ihm weg. Heinrich hat Herrn v. Bennigsen auf seinen Wunsch eine ganze Menge Bilder gemacht, von ihm selbst auch 2 Platten. Wenn Heinrich Abzüge davon macht, schicke ich Euch ein Bild davon, damit Ihr sehen könnt, wie unser bisheriger Gouverneur ausschaut. Dr. Hahl ist keine solch stattliche Persönlichkeit, er ist klein und korpulent. Natürlich ist er bei weitem nicht so reserviert wie Herr v. Bennigsen, viel gemütlicher.
Findet Ihr mich auf den Photographien verändert und älter aussehend?

Brief 15. 7. 1901. In den letzten Tagen kamen mehrere Unglücksfälle vor, indem Eingeborene beim Baden von Haifischen geholt wurden. In der Nähe von Herbertshöhe badete ein Mann und hatte sein Kind auf der Schulter. Plötzlich kam ein Hai und riß ihm das Kind herunter und nach einer kleinen Weile kehrte er zurück und erwischte den Mann am Fuß, das macht das Baden in der See ungemütlich ...
Gott sei Dank geht es mir ganz gut, ich fühle genau wie früher, nur werde ich etwas stärker, mehr frauig. Aber ich sehe trotzdem immer noch viel jünger aus, als ich bin ...

Brief 22. 8. 1901. Vorgestern war große Gesellschaft beim Gouverneur, es waren etwa 60 Personen da. Wir und Schwester waren schon zum Mittagessen eingeladen, wir wurden vormittags im Gouverneursspänner abgeholt ...
Meinem Baby hatte ich ein hübsches Kleidchen gemacht mit Spitzeneinsatz und einem blauen Seidenbändchen. Selbst der hochwürdige Bischof Couppé hat ihn wohlgefällig betrachtet.
Dann war ich mit Heinrich zu Pferd. Ich nahm den Kleinen zu mir aufs Pferd. Es gefiel ihm prächtig. Schließlich schlief er ein dabei. Früher dachte ich, daß höchstens Frau Parkinson sowas fertig brächte. Wir sahen wohl aus wie die Heilige Familie auf dem Weg nach Ägypten ...
Frau Wolff will gerne, daß ich mal mit Baby zu ihr komme, sie erwartet auch ein Baby ...

Brief 22. 10. 1901. Neulich machten wir eine Entdeckung, nämlich, daß unsere alte Manunu, die Mutter von Walter, schon seit Monaten mit Tolaim, unserem Küchenjungen, in wilder Ehe lebt und nun ein Baby erwartet!! Heinrich versucht nun, den Jungen dazu zu bringen, die Manunu zu heiraten. ...
Wir hätten längst gerne die beiden Mädels verheiratet, aber weder Sieva noch Manunu schienen Lust zu haben. Gegen Manunu haben alle etwas einzuwenden. Erstens gehörte sie früher einem Whiteman, dann ist sie sehr dumm und drittens so groß und unförmig. Sieva dagegen ist ein Bainingmädchen, d.h. sie gehört einem Stamm an, der

nach der Meinung unserer Tolai hier weit unter ihnen steht. Nur zu Sklaven sind ihnen die Bainingleute gut genug und ein Junge würde es als Beleidigung auffassen, wollte man ihm zumuten, eine Baining zu heiraten. Versuchungen sind aber solch arme Mädels mehr ausgesetzt als irgend jemand sonst ...

Brief 24. 11. 1901. Frau Wolff hat seit 14 Tagen auch ein Baby-boy, ich war letzte Woche mit Schwester dort zu Pferd.

Brief 2. 12. 1901. Du fragst, wer Repräsentantin ist in Dr. Hahls Hause. Wenn er größere Gesellschaften gibt, hilft gewöhnlich Schwester Auguste die Honneurs machen, im übrigen ist man hier nicht so formell. Er ist wie all die anderen mit einem eingeborenen Mädchen auf eingeborene Art verheiratet, und sagte mal zu Heinrich, daß er den Gedanken, sich je zu Hause zu verheiraten, aufgegeben habe ...

Damit erklärt sich die Vermutung von Hiery, die er an das Foto aus dem Berliner Völkerkundemuseum knüpfte, mit einem Eingeborenen-Mädchen und einem Halfecaste-Kind. Auch dieses Foto könnte womöglich von Fellmann stammen. Seine Datierung von 1907 liegt zu spät.[54]

Du fragst dann, wie das kommt, daß Schwester so intim ist mit Dr. Hahl. Durch ihren Beruf ist sie seit Jahren gewöhnt gewesen, fast nur mit Herren zu verkehren und da hat sie sich an einige sehr eng angeschlossen. Sie hat Dr. Hahl mal gepflegt, sie ist wie eine ältere Schwester zu den Herrn, mit Herrn v. Hagen war sie auch sehr befreundet, die Herrn, die sie mal gepflegt hat, hängen natürlich mit großer Dankbarkeit an ihr. Sie versteht es viel besser mit Herrn umzugehen, zieht dieselben den Frauen auch bei weitem vor, was uns oft belustigt. Trotz ihrer 45 Jahre, glaube ich, würde sie sich gern verheiraten, wenn einer sie wollte, aber die Herrn haben sie ganz gern als Freundin, aber nicht als Frau, dazu hat sie einen zu großen Eigenwillen. Jetzt ist sie ganz verliebt in Babylein.

Die Story von der lesbischen Schwester Auguste dürfte also zu den Südsee-Legenden gehören.

Im Mai 1902 reiste Johanna mit ihrem Mann zum ersten Mal nach Neu-Mecklenburg/New Ireland. Sie durchquerten die Insel von Kabakada an der Nordküste nach Süden. Am 23. November schreibt Johanna:

Brief 23. 11. 1902. Meine liebste Mama! Ich hoffe sehr, daß es keine unangenehme Nachricht für Euch ist, denn dran ändern läßt sich nun beim besten Willen nichts mehr. Also, um's geradeheraus zu sagen. Ich erwarte wieder ein Babylein und zwar anfangs Juli. Das heißt mit anderen Worten, etwa 2 Monate nach unserer Ankunft bei Euch! Übrigens freue ich mich sehr, wohl mehr wie Heinrich, der bis jetzt wenig Sympathie und Freude zeigt. Wir machen zusammen, gelt Großmama? Waldemar versteht's ausgezeichnet, die Tänze der Eingeborenen nachzuahmen und ist unermüdlich darin ...
Weihnachten werden wir wahrscheinlich auf dem Wasser feiern, am 26. und 27. Dezember kommen wir in Sydney an ...

Bild 110-111. *Abschied von Gouverneur v. Bennigsen 1901. Links Fellmanns, rechts Queen Emma, neben ihr der Gouverneur.* ***Unten:*** *Geburtstagsfeier bei Johanna Fellmann 1904. Sie erwartet ihr drittes Kind. Rechts Phoebe Parkinson kurz nach der Geburt ihres zwölften Kindes. Links hinten eine ihrer Töchter und Gouverneur Hahl. Das Kind ist Gertrud Fellmann.*

Nach sechs Jahren werden Heinrich und Johanna Fellmann also ihren ersten Heimaturlaub antreten. In dieser Zeit wird Gertrud, die erste Tochter, in Deutschland geboren.

Die folgenden Briefe und Tagebücher der Johanna Fellmann von 1902 bis 1907 werden verkürzt ab 1902 in einem zusammenfassenden Überblick referiert.

Silvester 1902 schreibt Johanna in ihr Tagebuch:

Wie hübsch müssen sich solche Erinnerungen in späteren Jahren lesen ...

Sie liest noch einmal, was sie ihrem Tagebuch 1902 anvertraute. So schreibt sie:

The late Papa Thiel ist äußerst unterhaltend und so munter. Man merkt ihm sein Alter gar nicht an. Leider gibt es zwischen ihm und Max Thiel häufig unliebsame Scenen und da zeigt sich der junge Thiel gar nicht von der guten Seite. Leider gab es eine solche, als wir weggingen, und es war uns recht peinlich. Es thut mir außerordentlich leid, wenn einer in Gegenwart Fremder von seinem Sohn so abgekanzelt wird ...
Herr Krüger, der früher in seinem store war, ist auf der Heimreise gestorben. Er wollte sich verheiraten. Er war 5 ½ Jahre verlobt, seine Braut stand mit Schwester im Briefwechsel. Heute brachte sie mir den Brief der Braut, worin dieselbe ihr vom Tod des Bräutigams schreibt. Sie schreibt einen rührenden Brief ...
Einer unserer neuen Fijianer, Eparam, hat fürchterliche Geschwüre im Mund und an der Zunge; letztere ist angefressen. Der arme Mensch muß schrecklich leiden, kann gar nichts essen. Frau Kolbe hat 8 Kinder zur Schule geschickt, im ganzen sind es 10 Kinder. Herr Parkinson ist schon seit mehreren Wochen schwer krank; Otto und Max Parkinson gingen nach Deutschland; Herr Kolbe hat wegen eines Familienskandals reißaus nehmen müssen. Er ging nach Sydney. Gestern war Maskenball bei Forsayth's ...
Pappa Thiel ging nach Sydney, bei der Abreise war er ganz vergnügt. Jetzt kam die Nachricht, daß er einige Tage nach der Ankunft in Sydney verstorben ist. Wie mag Frau Frings, seine Tochter, die Nachricht aufnehmen, nachdem sie kaum den Verlust ihrer Kinder überwunden hat! Während ich noch mit Frau Frings zusammen in Matupi war, kam dorthin die Nachricht, daß Frau Wolff samt ihrem Kindchen von den Eingeborenen erschlagen worden ist ...
Carry, die übrigens mit dem Herrn Schulze verlobt ist und nächstens Hochzeit hat, wurde wunderbarerweise gerettet. Die Mörder sind getötet und eine Polzeistation errichtet ...

Einzelheiten dieses Mordes wurden im Lebenslauf Queen Emmas dargestellt einschließlich der Stellungnahme Dr. Hahls.

Heinrich und Johanna Fellmann verbrachten ihren ersten Heimaturlaub 1903 in Deutschland.

Johanna hatte bisher nicht erwähnt, daß ihr Mann 1902 Präses der Mission im Bismarck-Archipel wurde und Dr. Hahl Gouverneur.

Bild 112. *Ein historischer Augenblick:*

Erste Bikmen-Versammlung der „Luluai" auf der Gazelle-Halbinsel 1902 beim Abschied vom Gouveneur v. Bennigsen. Sein Nachfolger Hahl (rechts von ihm) schuf zuerst bei den Tolai die noch durch v. Bennigsen abgelehnte „indirect rule", eine lokale Selbstverwaltung durch Bikmen, die als Autoritätszeichen Amtsstab und Amtsmütze erhielten.

In Melanesien - nicht nur im deutschen Teil Papua Neuguineas - gab es noch keine Tradition einer übergeordneten Herrschaft. Hahl griff zurück auf alte Verhaltensmuster der Clane und institutionalisierte sie. Dies war der Beginn einer föderalen Friedensordnung in Papua Neuguinea.

Hahls Ratgeber waren die Bikmen Tobolo aus Matupi und Tonkinkin von Raluana. Der neue Gouverneur in Herbertshöhe war sich dabei einig mit Heinrich Fellmann, seinem Nachbarn in Raluana. Die Kirchenverfassungen hatten ähnliche Ziele. Bei den Tolai begann die Akkulturation in Papua Neuguinea populär zu werden und war schließlich auch erfolgreich.

Foto von Heinrich Fellmann.

Hahl berichtete darüber[55]: „Am 20. November 1902 wurde ich zum Gouverneur des Schutzgebietes als Nachfolger von Herrn v. Bennigsen ernannt. Zu Weihnachten verlobte ich mich mit Luise Freiin v. Seckendorff-Aberdar. Am 8. Januar 1903 wurde ich von Seiner Majestät dem Kaiser zur Meldung empfangen. Aus den Worten des Kaisers trat sofort seine Stellung zur kolonialen Entwicklung hervor ...: ‚Schnelle Aufbauarbeit und Leistung sind geboten.' Ich wendete ein, daß die Entwicklung Neuguineas sich nur langsam vollziehen werde. Damit hatte ich wohl sein Mißfallen erregt. Er wendete sich ab. Schon wollte ich zur Türe zurücktreten, als Seine Majestät lebhaften Schrittes wieder auf mich zukam und die Begründung meiner Meinung forderte." Hahl überzeugte Wilhelm II. und der ermahnte ihn am Ende nur, er müsse dann jedenfalls rasch Gold finden in Neuguinea. Das veranlaßte Hahl, sogleich eine Expedition in das goldverdächtige Hochland zu machen, brachte auch einen „Klumpen" Goldes - wie Fellmann sich ausdrückte - mit nach Rabaul. Hahl hatte das Gold allerdings nur gefunden, weil er sich auf englisches Gebiet verirrte. Erst nach Ende des Kaiserreiches gab es große Goldfunde im Hochland Neuguineas.

Während Fellmanns 1903 in Deutschland waren, brachte der neue Gouverneur die nach dem Menke-Mord verbannten Eingeborenen zurück auf die St.-Matthias-Inseln. Er fuhr mit dem neuen Gouvernement-Dampfer „Seestern" auf diese Inseln. Darüber schreibt er:

„Die Inselgruppe war seit dem Unternehmen Boluminskis nicht mehr besucht worden. Die nach Herbertshöhe übergeführten, damals gefangengenommenen Frauen und Kinder befanden sich an Bord. Die Gräber Menkes und seiner Gefährten waren aufgebrochen und durchwühlt, die Gebeine lagen zerstreut umher. Die Frauen bezeichneten eine entfernt gelegene Insel als ihre Heimat. Der Besuch erfolgte mit Ruderbooten. Ich zog mit zwei Kindern auf dem Arm und den Frauen voran über das Riff. Die Mannschaft folgte schußbereit. Nun wurde es auch auf der Insel lebendig. Zwei kleine Trupps gingen auf das Riff vor, offenbar um uns in die Flanke zu bekommen. Unter den Büschen des Gestades wurde eine zahlreiche und gut bewaffnete Schar sichtbar. Auf diese hielt ich zu. Die Frauen fingen an zu rufen und zu winken, die Gegenseite blieb unbeweglich. Wir waren beinahe in Speerwurfweite herangelangt. Die Kinder heulten vor Aufregung und Angst, die Frauen machten halt, hielten aber ihre Zungen tapfer in Bewegung. Da ertönte lautes Schreien aus der Mitte der Eingeborenen, ein Mann stürzte über das Riff auf uns zu, eine der Frauen lief ihm entgegen, sie hatten sich erkannt und hielten sich umschlungen. Den anderen Frauen gab ich die Kinder in die Arme und zog mich mit meinen Begleitern zu den Booten zurück."

Anfang 1904 waren Fellmanns wieder im Bismarck-Archipel.

Johanna hatte die in Deutschland geborene Gertrud mitgebracht, Waldemar dagegen bei ihrer Mutter gelassen. Nebenan in Herbertshöhe taufte Heinrich das erste Kind des Gouverneurs, Berta Hahl. Johanna las mit Schwester Auguste Bismarck's Briefe und wunderte sich: „Er hat doch auch sehr viel menschliche Schwachheiten, der große Kanzler."

Stereobild 113/44. *Kindergeburtstag 1904 bei Hahl, der seine Tochter Berta auf dem Arm hält. Auf der Veranda über ihm seine Frau, neben ihm rechts außen Johanna Fellmann mit Tochter Gertrud, daneben Phoebe Parkinson, die Schwester Queen Emmas.* ***Bild 114.*** *Empfang eines Regierungsvertreters aus Berlin nach dem Umzug des Gouvernements von Herbertshöhe nach Rabaul. In der Mitte rechts Frau und Tochter Gouverneur Hahls, der hinter beiden steht. Beide Bilder von Heinrich Fellmann nach 1910.*

Natürlich ist Johanna wieder viel bei Frau Parkinson: „Sie hat am 10. Mai einen großen, kräftigen Jungen bekommen, ihr 12. Kind. Schon am 2. Tag sah sie strahlend aus und so jugendlich hübsch, wie ein junges Mädchen. Ihre älteste Tochter hatte auch gerade einen Sohn bekommen."

Am 14. August 1904 vertraut Johanna ihrem Tagebuch an: „Ich habe ein Rosenbeet angelegt, arbeite jetzt aber nur noch selten darin. Ich fange schon an, schwerfällig zu werden und leide unter Übelkeit."

Am Vortag hatten getaufte Bainings auf der katholischen Missionsstation St. Paul Pater Rascher, der seit neun Jahren dort missionierte, mit vier Brüdern und fünf Missionsschwestern erschlagen. Der Gouverneur war nicht in Rabaul. Johanna schreibt: „Frau Hahl fürchtete einen Aufstand und bat flehentlich, Schwester Auguste zu kommen, aber die war schon bei uns, denn auch sie konnte auf Palaupai vor Angst nicht schlafen. Wir hatten von Anfang an nicht die geringste Furcht, denn diese Bainingsache ist lokaler Natur. Unsere Leute hier sind ganz friedlich und harmlos. Man vermutet übrigens, daß die katholische Misssion nicht so unschuldig ist durch ihr strenges, rücksichtsloses Vorgehen wegen der Frauen."

Am 28. August notierte Johanna: „Heinrich war am Freitag bei Dr. Hahl. Er sagte, der sei sehr ruhig über diese Mordgeschichte und ist überzeugt, daß es die Schuld der Mission ist. Er habe schon lange so etwas befürchtet." Es gab ein gerichtliches Nachspiel, in der es um Mißhandlung als Mordursache ging. Johanna schrieb das am 8.1.1905 in einem Brief.

Wenige Tage später notierte sie: „20 Gefangene von Baining sind eingeliefert, darunter einer der Mörder. Er wurde gestern erschossen. Als Grund gaben sie alle an, daß sie immerfort arbeiten mußten ohne genügende Bezahlung. Dazu war die Geschichte mit dem Jungen gekommen, der für seine Vergehen Hiebe bekam. Das reizte und erbitterte sie ... Die beteiligten 19 Baining wurden zu 5 Jahren Gefängnis verurteilt."

Am 2. Oktober 1904 schreibt Johanna: „Der Gouverneur hielt einen Vortrag über eine zu errichtende Regierungsschule für Eingeborene." Johanna liest jetzt ein Buch, dessen „Grundgedanke Geheimrat Koch's Ehegeschichte" ist. Herr Thiel, Schwester Auguste und Johanna leihen sich oft Bücher gegenseitig. Johanna hört vom russisch-japanischen Krieg und Heinrich bekommt am 5. November eine vertrauliche Nachricht vom Gouverneur, die Engländer planten, sich des Bismarck-Archipels zu bemächtigen. Die Frage sei, ob Missionar Cox ein Spion sein könnte. Johannas Kommentar: „Lächerlich, diese Engländerfurcht!"

Ende Januar 1905 berichtet Johanna ihrer Mutter nach Stuttgart: „Mein liebes Großmütterchen, am 27. Januar morgens 5 ½ Uhr hat Gott uns ein neues Kindchen geschenkt, einen kräftigen, hübschen Jungen! Die kleine Gertrud war kurz zuvor totkrank, hatte tagelang 40° Fieber und blutigen Stuhlgang. Danach bekam Heinrich Malariafieber und dann kamen bei mir die Wehen, drei Wochen zu früh. Wir wußten nicht, was thun. Gertrud erwachte um 1 Uhr und wollte beständig getragen sein.

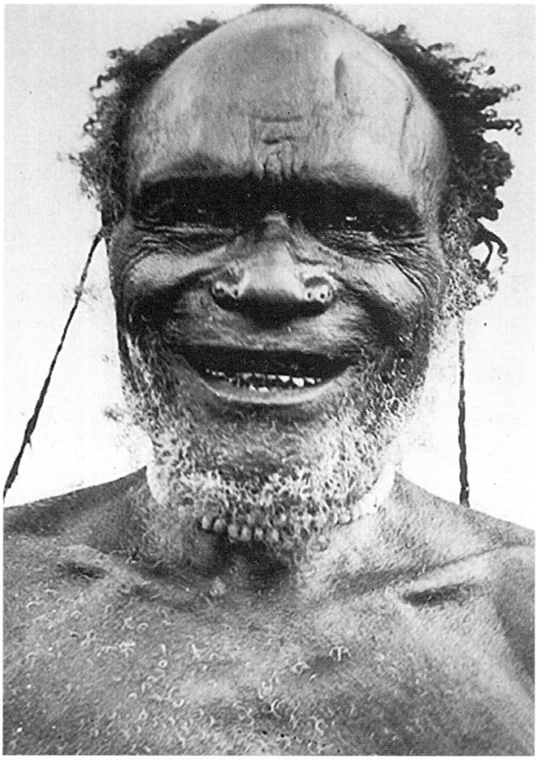

Bild 115-118. *Oben links: Johanna Fellmanns Nachbar.* ***Rechts:*** *Einer der Mörder der zehn Patres und Nonnen vor der Hinrichtung 1904.* ***Unten:*** *Die Bibelübersetzer in die Tolaisprache Fellmann und To Gigi 1915 in Sydney. Daneben: Fellmanns Tochter Novema besucht nach 55 Jahren Raluana.*

Heinrich mußte einmal zu ihr eilen und dann wieder zu mir. Als Frau Parkinson kam wurde alles besser. Ich verarbeitete die Wehen, vorher hatte ich es nicht gewagt. Sie folgten sich rasch und es ging schließlich überraschend schnell. Wir hatten gehofft, daß der Damm diesmal nicht gerissen sei, aber Dr. Wendland, der dann kam, machte doch eine große Geschichte daraus. Er holte noch den Stabsarzt der „Möwe". Schwester riet, doch gleich zu nähen und bot sich als Hilfe an. Aber er machte ein ziemliches Wesen daraus. Die Näherei dauerte über eine Stunde und war überaus schmerzhaft. Das kann ja nun eine Menge Geld kosten." Zum Glück kam es dann nicht so, denn beide Ärzte wollten nichts dafür haben. Heinrich mußte dafür einen Gottesdienst an Bord halten. Nachher wurde mit Sekt auf Kaiser's und Baby's Geburt angestoßen und beschlossen, es Wilhelm zu nennen. Dazu Johanna: „Den Namen finde ich entsetzlich."

Bei dem Stabsarzt der „Möwe" handelte es sich um den Leiter der „Deutschen Marine-Expedition", Dr. Emil Stephan, dem Erforscher Neu-Mecklenburgs. Er kam dort im Mai 1908 bei seinen Forschungen um.

In ihrem Brief vom 10. 3. 1907 schrieb Johanna über Phoebe Parkinson: „Sie ist eine wunderbare Frau, wie es nur wenige gibt. Ich werde stets in großer Liebe und Dankbarkeit an sie denken. Sie war in den 10 Jahren eine treue, liebe Freundin."

In diesem Brief berichtete Johanna ihrer Mutter auch, daß Heinrich und sie entschlossen seien, in diesem Jahr für immer nach Deutschland zurückzukommen. Die Missionsleitung in Sydney und auch der Gouverneur versuchten sie umzustimmen. Dr. Hahl bot Heinrich Fellmann die Lehrerstelle der Regierungsschule an bei einem Jahresgehalt von 5-6000 Mark und mit Urlaub nach jeweils drei Jahren, sowie Pension. Fellmanns waren überrascht:

„Es kam uns sehr unerwartet und machte uns viel Gedanken. Heinrich ist gar nicht abgeneigt, weniger als ich. Aber zu mehr als 2 mal 3 Jahre würde Heinrich sich nicht verpflichten. Dann bekäme er schon so viel Pension wie er später als Prediger bekäme. Der Gouverneur will nächste Woche hier herkommen.

Die Eltern in Deutschland waren begeistert von dieser Möglichkeit. Nun zeigte sich aber, daß die Missionsarbeit durch Heinrichs Fortgang sehr schwer getroffen würde. Im September erfüllte die Leitung in Sydney viele von Fellmanns Forderungen, die er vorher vergeblich gestellt hatte. Fellmann wollte sein Werk daraufhin nun doch nicht verlassen, sondern noch einmal mit oder ohne Johanna für 5 Jahre nach Raluana zurückkommen. Die Missionsleitung bot ihm anschließend mit seiner Familie eine Übersiedlung nach Sydney an. Sie hatte Heinrich Fellmann mit der Bibelübersetzung in die Tolaisprache beauftragt.

Am 3. April 1905 schreibt Johanna: „Alle Achtung für die Katholiken! Für die 10 in Baining Ermordeten sind schon wieder 14 herausgeschickt!" Im Juli kam die Frau von Missionar Cox nach Raluana. Ihr neugeborenes Kind war so schwach, daß kaum Hoffnung bestand, sein Leben zu retten. Frau Cox hatte keine Milch. Da bot sich Johanna an und stillte jetzt zwei Kinder. Cox Kind blieb am Leben. Nach fünf Monaten entwöhnte Johanna die Kinder. Heiligabend schreibt sie ihrer Mutter: „Ich that es, um

Bild 119-120. *Während Heinrich Fellmann 1905 erneut in Neu-Mecklenburg/Neuirland ist, um Missionsstationen anzulegen - barfuß wie immer - hat Johanna Queen Emmas Nichten zu Besuch. Diese Halfcaste-Mädchen waren charmant und sehr umworben, besonders von den Offizieren der einlaufenden Schiffe. Im Vordergrund Gertrud Fellmann.*

Bild 121-122 und Stereobild 123/45. *Auf Bougainville traf Fellmann diese Bikmen und machte eine der ungewöhnlichsten Stereofotos: Da er seine Stereokamera nicht mithatte, verschob er für das zweite Bild seine Hand-Kamera. Zwischen den Aufnahmen nahm er dem jungen Mann den Wecker aus dem Ohrring, auf den der stolz war als Akkulturationszeichen. Zum zweiten Foto setzte er ihn dann gleich darauf wieder ein. Dabei bewegten sich etwas Arm, Tasche und das Kind im Hintergrund. Das Weckerbild wurde bekannt. Die Zusammengehörigkeit der Glasplatten aber ging verloren. Jetzt wissen wir wieder, daß Heinrich Fellmann der Stereo-Fotograf beider Bilder war.*

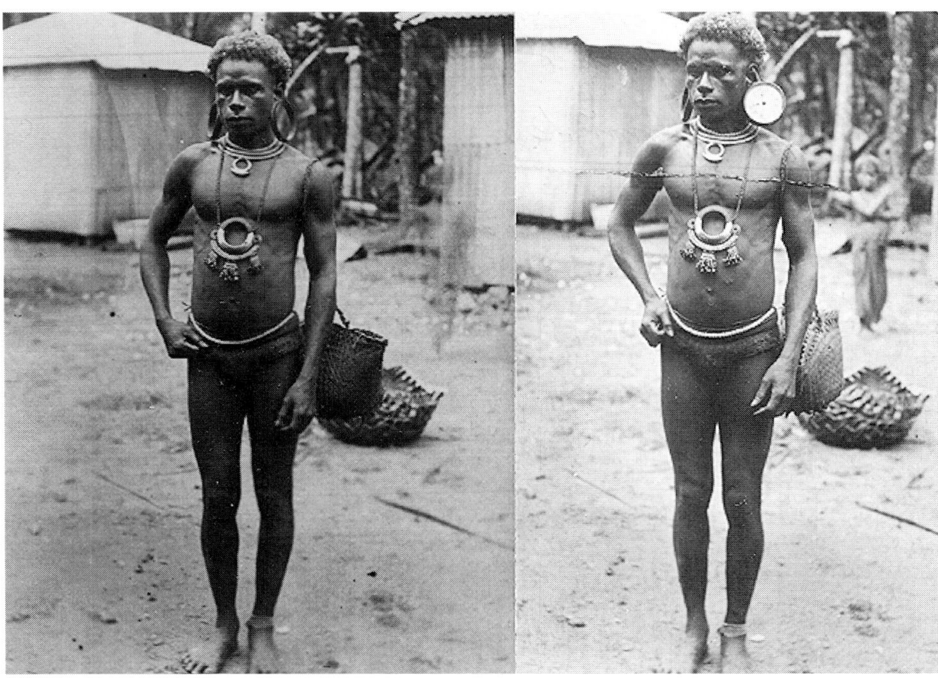

Bild 124-125. *Vor der Rückfahrt von der Salomon-Insel Bougainville machte Fellmann die obige Aufnahme. Er reiste mit dem Kopra-Dampfer „Sumatra“ unter dem Oldenburger Kapitän Schumacher zurück nach Rabaul und Raluana. Von dort brachen Fellmanns Ende 1906 nach Europa auf, für Johanna ein Abschied ohne Wiederkehr. Sie erwartete ihr fünftes Kind. Mit einem Tanzfest verabschiedeten sich die Tolai von ihr. Man sieht ihr die Bewegung an.*

Gewißheit zu haben, ob nicht schon wieder ein Baby in Aussicht ist. Ich war die letzten Wochen gar nicht wohl. Schwester rechnete schon aus, wann es kommt. Aber es stellte sich pünktlich nach 8 Tagen mein Unwohlsein ein. Ich war natürlich sehr froh, zugleich ärgerte ich mich aber auch. Heinrich wird morgen 34 Jahre alt. Dr. Hahl erhielt den Titel: „Excellenz."

Im November 1906 wird in Raluana Fellmanns viertes Kind geboren, ein Mädchen: „Liebe Mama! Das freudige Ereignis der Geburt eines kleinen, herzigen Mädchens ist gestern abend ½ 10 Uhr eingetreten. Unsere treue Freundin Frau Parkinson war zeitig genug hier. Der Doktor kam wieder zu spät ... Die Kleine wird „Novema" heißen. Das ist samoanisch. Sie ist spindeldürr und wiegt 5 Pfund, aber guten Appetit hat sie. Ich hatte gerade Fieber und mußte Quinin nehmen. Ich hatte gerade so viel Kraft, dem Baby ans Tageslicht zu verhelfen. Aber da jagte mir Frau Parkinson noch einen Schrecken ein. Als nämlich die Nachgeburt kam, sagte sie, ich solle tapfer sein. Es käme noch ein zweites Baby. Da war ich fertig."

Am 25. April 1907 notierte Johanna in ihr Tagebuch: „Heute wurden die Kinder in Kokopo geimpft. Gertrud schrie, Bubi war tapfer. Dann waren wir fast den ganzen Tag oben bei Gouverneurs. Schwester war auch da, sowie sämtliche Halfecaste-Kinder. Alle waren sehr vergnügt. Gertrud sprach mit Heinrich per Telefon. Sie hatten viel Spaß. Nächste Woche hat Frau Kolbe ihren Besuch angesagt."

Seit dem 1. 1. 1906 gab es in Rabaul und Herbertshöhe ein öffentliches Ortstelefonnetz.

5. Mai 1907: „Zu unserer großen Freude entdeckten wir heute, daß Babylein zwei Zähnchen hat: Deshalb ihre Ungezogenheit. Morgen muß ich die Neuigkeit Frau Full telephonieren. Heinrich ist im Busch."

19. August 1907: „Nach der englischen Stunde, in der wir Longfellow zu Ende lasen, setzten wir uns ins Gras und machten papalum. Donnerstag essen wir bei Frau Kolbe." 26. August: „Das Ulu-Boot kam mit Miss Mickle. Nachher hatten wir wieder englische Stunde. Wir lasen Tennyson's In Memoriam."

Der Gedichtzyklus „In Memoriam A. H. A." von Alfred Lord Tennyson enthält Elegien über den Tod eines Studienfreundes, die Tennyson von 1833 bis 1850 schrieb. Er gab damit einer Zeitstimmung Ausdruck, die von Daseinsangst durchdrungen war über die Veränderungen der Welt durch den damaligen technischen Fortschritt. Tennyson suchte Halt und Trost jenseits dieser gefährdeten Welt. Seine Memoriam-Stanzen beschwören eine ursprüngliche Welt. Zu der Zeit, als Johanna Fellmann und die australischen Missionsschwestern diese Elegien lasen, galten sie nicht mehr als modern. Erst in unserer Zeit hat T. S. Eliot wieder ihre Vollkommenheit gerühmt und sie als Ausdruck einer neuen Wirklichkeit gewürdigt.

27. September 1907: „Heute abend brachte Frau Parkinson unsere Gertrud heimwehkrank zurück. Das arme Ding war untröstlich, weil sie mich durchs Telefon sprechen wollte, mich aber nicht verstand. Sie ist vollständig bedeckt mit Mosquitostichen. Morgen kommt Missionar Helmig aus Neu-Guinea mit seiner Frau zu Besuch."

4. Oktober 1907: „Der arme Max Parkinson ist heute gestorben. Er wurde katholisch beerdigt. Die armen Eltern waren tief gebeugt, besonders er. Wir sahen ihn noch im Sarg liegen."

Max Parkinson ging in Deutschland zur Schule und starb an Tuberkulose. Er war das vierte der noch lebenden neun Parkinson-Kinder.

22. November 1907: „So sind wir denn endlich auf dem Wege nach Deutschland."

In diesem Heimaturlaub wird Else, Fellmanns fünftes Kind, geboren. Ein Jahr, bevor die Familie Fellmann nach Europa reiste, erschien am 6. November 1906 der erste ausgebildete Völkerkundler im Bismarck-Archipel: Richard Thurnwald. Im Auftrage des Berliner Völkerkunde-Museums sollte er die Iniet und Dukduk-Geheimbünde der Tolai erforschen und Ethnologica erwerben.[57]

Thurnwald unternahm zunächst eine Reise zu den Baining-Stämmen, konnte sich aber dort wenig verständigen. Johanna Fellmann schreibt am 10. Februar 1907 aus Raluana an ihre Mutter: „Schwester Auguste und Ewald kamen gerade. Ein Dr. Thurnwald kam auch zu Besuch. Wir forderten ihn auf dazubleiben. Es ist ein Gelehrter, reist im Archipel umher zwecks ethnographischer Studien." Danach folgten nur noch zwei Tagebuchnotizen Johannas. Die erste ist vom 3. April: „Ich soll nach Toma fahren zur Erholung. Dr. Thurnwald ist auch da. Er nimmt Heinrich's Zeit ziemlich häufig in Anspruch". Die zweite Eintragung vom 28. Mai ist ebenfalls kurz: „ Dr. Thurnwald war wieder den ganzen Nachmittag da, blieb auch zum Thee und jetzt zeigt Heinrich Lichtbilder in der Kirche".

In dieser Zeit befand sich Thurnwald auf dem Varzin in Toma auf 400 Meter Höhe, gut 12 Kilometer landeinwärts von Raluana. Das Gebiet war wenig malariaverseucht und ein Zentrum der Geheimbünde. Es gab dort inzwischen ein Sanatorium für Weiße. Hier geschah 1902 der Mord an Frau Wolff und ihrem Kind durch den Bikman Towakira. Seitdem gab es eine Polizeistation.Thurnwald wohnte bei Polizeimeister Fitzel. Die ungewöhnlich knappen Notizen Johannas über ihn zeigen, daß er nicht so recht „dazugehörte", weder bei den Weißen, noch bei den Eingeborenen. Er sprach ihre Sprache nicht, sondern das von den Tolai verachtete Pidgin. Viereinhalb Monate blieb er in Toma und trieb „stationäre Feldforschung." Er sagt selber: „Ohne Eingeborenensprache ist ein tieferes Eindringen ausgeschlossen." Er bemühte sich sehr um die Tolaisprache. Immerhin brachte er eine bedeutende Sammlung von Ethnologica zusammen, vor allem solche des Iniet-Geheimbundes. Er nahm auch an einer Strafexpedition teil und befragte Leute nach dem „Grund für ihre Menschenfresserei". Thurnwald: „Die Nissan-Leute meinen, daß das Verzehren von Menschenfleisch stark und intelligent mache, besonders das von Weibern hebe ihre Potenz ... ein Luxus dieser kulturarmen Menschen." In einem Brief vom 25. September 1907 schreibt er: „Ich glaube, daß Leute, die einmal das Leben hier draußen gekostet haben ... weggezogen werden aus den europäischen Verhältnissen. Europa befriedigt nicht mehr ... Heute ist wieder Vollmond, die Palmen glänzen wie mit Eis übergossen und durch die unbewegte Luft tönt nur von Ferne der Gesang der Jungen, die bei Vollmond fast die ganze Nacht draußen mit Tanz und Singen durchwachen. Es ist Erholung, wenn man aus der Hirngymnastik Berlins in dieses sprossende, treibende Leben versetzt wird."

Thurnwald machte Erkundungstouren mit zwei Polizeisoldaten, zwei Trägern und zwei Boys. Einmal traf er auf eine Gruppe von Bainings. Einige liefen fort, „aber andere waren zurückgeblieben, kleine gedrungene Gestalten mit dicken Bäuchen und funkelnden Augen, Pansgestalten, Faune! Sie waren ganz freundlich." Bis Mitte Juni arbeitete er in Toma. Seine beiden gemieteten „Jungen" beschrieb er so: Der erste war so abgrundtief stupid, daß nichts mit ihm anzufangen war und der andere so gerieben und arrogant, so verzogen durch die ungeschickte Behandlung der Weißen, daß auch mit ihm nichts anzufangen war, außerdem stahl er wie ein Rabe ... Ständige Kontrolle, ständiges Ermahnen ist immer nötig, Initiative nie zu erwarten, vor jedem ungewohnten Ereignis wird kapituliert ... selbständiges Denken völlig ausgeschlossen - alles nur Dressur."

Zwischen Johannas Tagebuch-Notizen über ihn, also zwischen April und Mai, muß Thurnwald seinen ersten schweren Malariaanfall gehabt haben. Er kam mit seinen Feldforschungen noch nicht so recht weiter, schuld seien die „Dienstverhältnisse": „Das Menschenmaterial, das man hier als Diener zur Verfügung hat, die Eingeborenen, stellen im Durchschnitt ein ganz außerordentlich minderwertiges Material dar für die Arbeit." Immerhin konnte er sich mit seinen „Jungen" in Pidgin unterhalten, nicht dagegen mit den Eingeborenen. Seine „Diener" mußten ihm alles übersetzen. Sie kennen natürlich die Meinung der Europäer über Menschenfresser und wußten, was sie hören wollen. Was Thurnwald zum Beispiel darüber schreibt, liest man fast wörtlich auch bei anderen Besuchern dieser Gegenden. Daß die Eingeborenen ihm damals noch fremd blieben, zeigen viele seiner Fotos.

Für seinen Chef in Berlin ist die Erforschung von Geheimbünden eine der „schwierigsten und zugleich dankbarsten Aufgaben der Völkerkunde". So schrieb es Prof. v. Luschan in Thurnwalds Vertrag. Gerade ihm aber traute er diese Aufgabe zu, wohl auch aus politischen Gründen. In jungen Jahren war Thurnwald im Auftrag der österreichischen Regierung beteiligt an einem Befriedungsprogramm der verschiedenen Ethnien in Bosnien.

Inzwischen hatte sich Prof. v. Luschan allerdings in einem vertraulichen Brief an Gouverneur Hahl enttäuscht über Thurnwald geäußert: „Er hat meine Hoffnungen bis jetzt nicht erfüllt." Vielleicht, weil Thurnwalds Ethnologica noch nicht angekommen waren. Dem Gouverneur legte v. Luschan dagegen Dr. Stephan ans Herz. Dr. Emil Stephan, der Johanna Fellmann operiert hatte, kam Anfang Mai 1908 um. Thurnwald, der ihn kannte, schrieb nach Hause: „Stephans Tod hat mich ebenso überrascht wie herabgestimmt. Das Nächste ist ja immer, daß man bei solchen Nachrichten an sich selber denkt."

Thurnwald hat auf Johanna Fellmann offenbar wenig Eindruck gemacht. Sie pflegte sonst über Neuankömmlinge mehr zu schreiben. Er scheint nicht in wirkliche menschliche Kontakte mit Tolaikennern gekommen zu sein, wie Schwester Auguste, den Fellmanns oder den Parkinsons. Parkinsons Werke kannte er genau. Der Gouverneur, der bei seiner Ankunft noch in Europa war, nahm Thurnwald schließlich von Juni bis Oktober auf der „Seestern" mit in das Inselgebiet. So kam er auf die Salomon-Insel Bougainville, seinem späteren Forschungsgebiet. Thurnwald blieb dort fast zwei Jahre und lernte die Sprache der dortigen Eingeborenen. Daher waren sie Menschen für ihn geworden und kein Material mehr. Dort wurde er ein erfolgreicher Ethnologe.

Am 5. Juli 1907 hatte Thurnwald in sein Tagebuch geschrieben: „Angriff der Europäer. Die einen fügen sich dem erobernden Volk, die anderen ziehen sich in unwegsame Gegenden zurück. Dort Gefahr des Verkümmerns ..." Die Akkulturierten aber, die sich gefügt hatten, schreibt er, werden am Ende die Sieger sein.

Über seine Unterhaltungen in der Buin-Sprache notierte er: „Sie drehen sich wie im Kreise herum, man kann den Leuten stundenlang zuhören, ohne daß man merkt, daß das Gespräch eine andere Wendung nimmt. Es werden dieselben Phrasen wiederholt, vielleicht einige Worte in der Aussprache variiert und darüber gelacht, und dann wird das früher Gesagte nochmals vorgebracht. Kurz, man begreift den Vorwurf der Schwarzen gegenüber uns Weißen: „Der Weiße redet wie ein Kakadu, er springt von einer Sache auf die andere."[58]

Merkwürdig bleibt, daß Ewald Class, der Bruder von Johanna Fellmann, Thurnwald nie erwähnt, obwohl er auf Bougainville erst in Kieta, dann in Buin, Stationsleiter der Firma Hernsheim war. Gerade an diesen beiden Plätzen betrieb Thurnwald seine Feldforschungen.

Vielleicht lag das an Thurnwald selber. Er hatte eine Abneigung gegenüber Händlern und vor allem Missionaren. In jungen Jahren schloß er sich in Wien der Antialkohol-Bewegung an, trat 1904 aus der katholischen Kirche aus und gründete ein Jahr später mit Ploetz und Rüdin die „Gesellschaft für Rassenhygiene", zu deren ersten Mitgliedern er Carl und Gerhart Hauptmann gewann. Im Gegensatz zu den späteren Rassenforschern gehörten Juden und Germanen für Thurnwald zur gleichen Rasse. Der Alkohol verdirbt sie beide. Saufende Händler und bigotte Missionare verderben für ihn alle Rassen. Johannas Bruder war das schwarze Schaf der Familie. Er trank gerne. Fellmanns hatten es schwer mit ihm, aber sie ließen ihn nie fallen. Am 10. Juli 1907 schrieb Thurnwald an seinen Freund Ploetz: „Die Gesellschaft hier - nun! Bier, Whisky, Sekt, Portwein, Jungen prügeln, Poker spielen, schwarze Weiber ... Abends gibt es großen Radau mit Schreien, Fluchen, Zanken, alten Kneipliedern ... abgrundtiefer Blödsinn blüht. Am nächsten Morgen Kater, der in Schnaps ersäuft wird, dann wird ein Junge mal wieder halb zu Tode geprügelt - man schämt sich oft, daß man ein Weißer ist. Und auf den Außenstationen! Da sitzt ein Kerl mit tertiärer Syphilis, der eine ganze Insel verseucht ... Schmutz, Unreinlichkeit, Verwahrlosung, Halbblutkinder ... So ist das Gros der weißen Bevölkerung, teilweise bis hinauf zum Assessor und Pflanzungsleiter."
Es war eine Zeitstimmung, in der Oswald Spengler begann, den „Untergang des Abendlandes" zu schreiben.

Einmal machte Richard Thurnwald übrigens eine Ausnahme von seiner Abneigung gegen Missionare, die er ja mit den meisten Ethnologen teilt: Er bedankte sich im Vorwort zu seinem „Reisebericht aus Buin und Kieta" bei Heinrich Fellmann für seine „freundliche Hilfe". Anfang 1908 reiste Thurnwald nach Sydney, um Kisten mit Ethnologica für das Berliner Völkerkundemuseum auf die Heimreise zu bringen. Er traf dort mit einem „sehr guten Kenner" des Schutzgebietes zusammen, nennt aber dessen Namen nicht. Genau zu dieser Zeit waren Fellmanns in Sydney und wohnten bei Dr. Brown. Sie befanden sich auf ihrer zweiten Urlaubsreise nach Deutschland. Thurnwald kaufte in Sydney weitere Ausrüstung für seinen Bougainville-Aufenthalt.

Während Fellmanns in Deutschland sind und Richard Thurnwald auf Bougainville, werden wir nun einen Zeitsprung machen. Thurnwald kam nämlich 1934 eine Generation später mit seiner Frau Hilde noch einmal nach Bougainville. Die beiden untersuchten, finanziert von der Rockefeller Foundation, die Entwicklung einiger Familien, die Richard Thurnwald von 1908 bis 1910 in Buin kennengelernt hatte. Hilde Thurnwald veröffentlichte 1937 diese Beobachtungen.[59]

Ihr Bericht ermöglicht uns, den Sprung zu verstehen, den die Steinzeitmenschen Papua-Neuguineas seit Heinrich Fellmanns Zeit bis 1934 machten. Heute regieren sie sich selber und leben seit 1975 mit einer Verfassung nach Westminster-Muster. Papua-Neuguinea ist 460.000 qkm groß und hat 3 Millionen Einwohner, deren Zahl um 2,1% jährlich zunimmt. Deutschland hat bei 250.000 qkm 67 Millionen Einwohner mit einem negativen Bevölkerungswachstum bis zu 2%. Sieht man von Neuseeland ab, dann ist Papua-Neuguinea heute der größte Inselstaat der Südsee. Kupfer, vor allem aus Lea's Bougainville, ist sein Hauptexportartikel, Kopra folgt weit dahinter an vierter Stelle. Nach Japan ist Deutschland größter Abnehmer Papua-Neuguineas. Anfang 1997 hatte der Premierminister Sir Julius Chan von Papua-Neuguinea weiße Söldner in die Inselprovinz Bougainville geschickt, um dort einen neunjährigen Aufstand zu beenden, weil er das seinen eigenen Leuten nicht mehr zutraute. Die Leute waren empört. Er trat zurück nach den Regeln der Verfassung.

Unter den Lebensläufen, die Frau Thurnwald 1934 erforschte, war: „Lea, der Emporkömmling". Er ist bezeichnend für den Weg, den die Kinder Fellmanns zurücklegten. Leas Weg begann nämlich in Rabaul. Was Frau Thurnwald über Lea erfuhr, folgt hier zusammengefaßt:

„Wir hörten, daß Lea der von der Regierung eingesetzte Obervogt des Bezirkes Kugumáru ist, und daß er von Móaci, dem Repräsentanten der alten Herrscherfamilie, als Emporkömmling gering geachtet, und gleichzeitig als Gegner gefürchtet wird. Wir hörten ferner, daß er ein intelligenter und geriebener Mann ist, der ein aufgeblasenes Selbstbewußtsein zur Schau trägt ..."

„Lea ließ sich, kaum 14jährig, von einem Anwerber nach der Hafenstadt Rabaul mitnehmen und trat dort als „Hausboy" in deutsche Dienste. Einige Jahre später brach der Weltkrieg aus, und Lea erlebte in Rabaul die Übernahme des Territoriums in australische Verwaltung. Etwa 1915 kehrte er nach Kugumáru zurück und heiratete dort die Tochter des Großhäuptlings Móaci. Emúdena war jung verwitwet und deshalb für die Hälfte des sonst für die erstgeborene Tochter eines Großhäuptlings üblichen Brautpreises zu erwerben. Es fiel Lea nicht schwer, mit Hilfe seines mitgebrachten Lohnes die 200 Faden Muschelgeld für Emúdena aufzubringen."

„Bald nach der Heirat ging er, gelockt von Geldverdienst und anderen europäischen Einflüssen, zurück nach Rabaul. Er trat jetzt in die Dienste eines britischen Beamten und blieb dort bis zum Ende des Krieges. Nach im ganzen siebenjähriger Arbeitszeit kehrte er als wohlerzogener gut pidgin-englisch sprechender und aufgeweckter junger Mann in seine Heimat zurück."

„Hier traten bald neue und große Aufgaben an ihn heran. Die australische Regierung fing an, das Hinterland von Buin systematisch zu pazifizieren und Verwaltungsbezirke einzurichten. Auf der Suche nach eingeborenen Hilfskräften erinnerte man sich Lea's als eines intelligenten und gewandten Burschen. So wurde er 1920 Obervogt an der Spitze eines großen Gebietes: 19 Siedlungen mit ca. 2000 Bewohnern (das war damals beinahe ein Drittel der Gesamtbevölkerung Buin's), eine größere Zahl Menschen, als je der mächtigste Großhäuptling unter seiner Herrschaft gehabt hatte. Dazu unterstanden ihm die 19 Dorfschaftsvögte und deren lokale Gehilfen (tultuls). Lea erhielt als Obervogt einen persönlichen tultul, dazu ein blitzend neues Fahrrad ..."

„Jetzt fühlte er sich als die rechte Hand des weißen Herrschers. Lea triumphierte, doch ein Stachel blieb in ihm zurück: Würden Móaci und die alten Männer der Siedlung, ihn, Lea, als Obervogt, als den neumodischen Großhäuptling, anerkennen? Würden sie Lea nicht als den Verräter der alten Sitten ansehen? Allzu viel Blut war deswegen schon geflossen, mehrere Häuptlinge waren erhängt oder erschossen worden ... Tatsächlich ließen es ihn besonders die alten Leute spüren, daß er kein „echter" Häuptling war. In Lea erblickten sie lediglich den vom weißen Machthaber eingesetzten Mann."

„Hier lag wohl die Wurzel seines Minderwertigkeitsgefühls: Er empfand es als Mangel, daß seiner Stellung als Obervogt der ererbte Rahmen und damit die eigentliche Anerkennung fehlte. Er suchte beides zu ersetzen durch eine gewichtige, aufgeblasene Haltung."

„Den Rückhalt, den er bei seinen Stammesgenossen entbehrte, hatte er bei den weißen Herren gesucht und gefunden - seit 15 Jahren diente er ihnen mit ergebenem Eifer und galt als der beste und zuverlässigste Vogt in Buin ... Sobald er über seine Vorväter sprach, war er bestrebt, sie als Häuptlinge zu kennzeichnen ... Als ich Lea's Verwandtschaftstafel aufnahm, verhielt er sich zurückhaltend ... Als wir zwei Tage später erneut seine Verwandten durchgingen erklärte er auf einmal, daß der Vater seiner Mutter ein Höriger war. „An mir kannst Du gut sehen", schloß er in einer stolzen Aufwallung, „daß der Sohn, dessen Mutter aus der Hörigenschicht stammt, doch ein großer Häuptling werden kann."

„Die bloße Tatsache unserer Interessiertheit an dem alten Rangsystem belebte, wie es

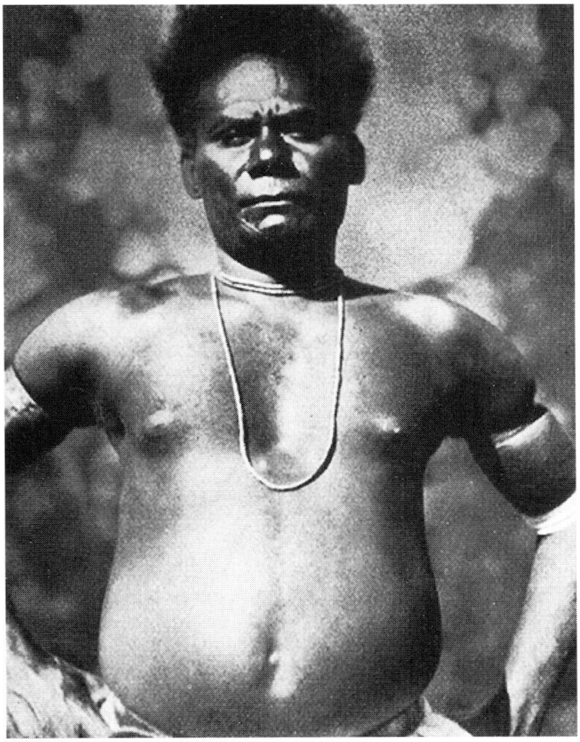

Bild 126-129. Links oben: *Bikman Lea, der Mann der neuen Zeit.*
Rechts: *Móaci aus der alten Herrscher-Familie. Unten: Leas Frau und Tochter mit Nasenschmuckstiften und Phallusstöcken tanzend, 1934.* ***Unten rechts:*** *Richard Thurnwald und Gouverneur Hahl 1908 auf Bougainville.*

schien, sein Minderwertigkeitsgefühl. Verstärkt wurde diese Sorge wohl durch seine frühere, langjährige Beobachtung der Rangunterschiede unter den europäischen Beamten und Militärangehörigen in Rabaul und durch seine Feststellung, wie wichtig die Weißen den Rang eines Menschen nehmen. Demgegenüber fiel es für Lea wenig ins Gewicht, daß mein Mann und ich im persönlichen Verkehr zwischen Häuptlingen und Hörigen keinen Unterschied machten."

„Lea hatte es fertiggebracht, in kurzer Zeit der reichste Mann in Kugumáru zu werden und zahlreiche Leute von sich abhängig zu machen. Seit Beginn seiner Laufbahn hat er sich auf den Schweinehandel konzentriert ... Er pflegte eine Anzahl seiner jungen Schweine zum Mästen an die ärmeren Hörigen zu geben, denen daran lag, Muschelgeld für den Brautkauf, oder auch australische Schillinge für die Bezahlung der Kopfsteuer zu erhalten. Für die monatliche Fütterung eines Tieres erhält ein solcher Mann von Lea 10 Faden Muschelgeld (die in Buin 10 Schilling gleichgesetzt werden). Später verkaufte dann Lea das Schwein für 100 Faden."

„Nie war Lea besser aufgelegt und willfähriger zum Erzählen, als wenn er uns anhand seiner Schweinegeschäfte nachweisen konnte, was für ein schlauer Kerl er war."

„Zwiespältig war Lea's Einstellung zur Mission. Intellektuell hatte er sich die Argumente des Paters gegen die Geisterwelt angeeignet ... Er ärgerte sich, daß die „Mission belong Popi", zu der er gehörte, den von ihr getauften Mädchen nicht erlauben wollte, Männer zu heiraten, die Anhänger der Methodisten-Mission waren ... Zweifellos war schon während der Jugendjahre in Rabaul der Grund gelegt worden zu seiner skeptischen Einstellung zur Mission. Er hatte Gelegenheit gehabt, die überwiegend gleichgültige, oder ablehnend-spöttische Beurteilung der Missionstätigkeit seitens der Beamten, Pflanzer und Kaufleute kennenzulernen. Hinzu kam seine Unlust, in Einehe zu leben. Kichernd erzählte er von dem Ärger der Mission über seine zwei und zeitweilig drei Frauen."

Zum Schluß faßte Hilde Thurnwald Lea als Persönlichkeit so zusammen: „Er ist nicht der Typus des gewalttätigen Draufgängers, sondern ein Mann, der in erster Linie seine Intelligenz gebraucht und auf Grund von Überlegungen und schlauen Tricks handelt. Brutalität zeigt er nur gegenüber den Schwachen. Stets bedenkt er seine Stellung und den möglichen Vorteil, den er unter den heutigen Verhältnissen aus ihr ziehen kann ... Mittels seiner Intelligenz und seines Ehrgeizes hat er sich der neuartigen sozialen und politischen Situation, in die er gestellt wurde, geschickt angepaßt."

Richard Thurnwald war inzwischen ein weltbekannter Ethnologe geworden. Seit Ende der zwanziger Jahre lehrte er auch in Amerika. Er führte den Begriff „Akkulturation" in die Ethnologie ein, um die es auch in diesem Buch geht. Thurnwald verstand darunter „alle Prozesse der Anpassung an neue Lebensbedingungen" unter der Voraussetzung nicht der Gleichheit, sondern der Gleichwertigkeit aller Kulturen.[60] Dieser Kulturrelativismus hatte 1948 durch die amerikanische Anthropologische Gesellschaft wesentlichen Einfluß auf die „Allgemeine Erklärung der Menschenrechte" der UN. Daß der Begriff „Akkulturation" Thurnwald später als Kulturimperialismus ausgelegt wurde, hat er nicht mehr erlebt. Thurnwald starb 1954.[61] „Akkulturation" verfiel in unseren Tagen noch dem Verdikt von political correctness. Heute öffnen sich die Türen wieder.

Heinrich Fellmann kam Weihnachten 1908 allein nach Raluana zurück.

„Die Küste war geschmückt", schrieb er Johanna, „und die Kinder sangen den alten Willkommensgesang: „Ian gogu". Die beiden australischen Schwestern, die das Mädchenheim und das Halfecaste-Haus betreuten, überreichten ihm eine englische Shakespeare-Ausgabe, die er sich gewünscht hatte, und er schenkte ihnen eine deutsche, die sie sich erbeten hatten. Schwester Auguste ließ ihm durch ihren getreuen Rossi einen Rosenstrauß überreichen. Im ersten Brief erwähnte Fellmann, daß Queen Emma, Frau Kolbe, ihn gleich zum 25. Jubiläum ihrer Ralum-Pflanzung einlud, zusammen mit dem Gouverneur Hahl. Über seinen ersten Besuch bei Parkinsons schrieb Fellmann: „Der alte, arme Richard Parkinson, wie ist er zusammengefallen und geschwunden. Er schreit oft laut auf vor Schmerzen. Sein linkes Bein ist an der Hüfte ganz ausgewachsen, wie gekrümmt und drei Zoll kürzer als das andere. Es ist eine schwammige Knochenerweiterung mit Eiteransammlung. Gestern wurde er wieder operiert. Man möchte bei seinem Anblick weinen. Er will nicht mehr länger leben. Trotzdem hat er sich so über unser Bild gefreut."

Fellmann beschreibt hier vermutlich das Spätstadium einer Frambösie, an der wohl auch der rheinische Missions-Präses Bergmann 1904 starb. Fellmann war einer der ersten, der das Spätstadium dieser Tropenkrankheit beschrieb, ohne es zu kennen. Im Sekundärstadium kommt es bereits zu Knochenwucherungen mit Entzündungen, die Jahre später in das dritte Stadium mit Knochenzerstörungen übergehen. Das führt zu Invalidität. Seit dem Zweiten Weltkrieg hat die Weltgesundheitsorganisation WHO die Frambösie so erfolgreich bekämpft, daß sie heute selten geworden ist.

Die Stadien der Frambösie waren zu Fellmanns Zeit noch nicht bekannt, obwohl die Ähnlichkeiten von Frambösie und Syphilis immer wieder gesehen wurden, auch von Robert Koch. Im Gegenteil, Koch schreibt 1902: „Die Südsee-Framboesie ist ein ansteckendes Leiden. Das Überstehen derselben ... verschafft Immunität ... Die Bewohner solcher Gegenden kennen dies Verhalten der Krankheit, sie wissen, daß jedes Kind dieselbe einmal durchmachen muß. Auf den Fidschi-Inseln werden die Kinder ... regelrecht damit geimpft."

Nach den „Medizinal-Berichten über die Deutschen Schutzgebiete 1909/10" war Richard Parkinson einer von vier toten Weißen des Jahres. Frau Pearson und ihr Kind, über deren tragisches Ende Sie noch lesen werden, waren zwei weitere. Parkinson starb dem Bericht zufolge nach 30 Tropenjahren im 65. Lebensjahr an einer „tuberkulösen Hüftgelenksentzündung". Über die Frambösie sagen die „Medizinal-Berichte" zu dieser Zeit nichts im Bismarck-Archipel. In anderen Kolonien wird von „ungeheuren Ziffern" berichtet, so aus Kamerun. In der Jahresstatistik fällt die Frambösie unter „Hautkrankheiten". Vergleicht man alle Behandlungsfälle des Jahres 1909 im Bismarck-Archipel, dann sind unter den Weißen 15% mögliche Frambösie-Fälle und unter den Farbigen 43%. Bei der Behandlung wird nie das Arsen erwähnt, das Fellmann einnahm, sondern es heißt meistens: „Heilung erfolgte prompt mit Quecksilber und Jod." Nicht erwähnt wird in den Berichten, daß dies erste Stadium der Frambösie auch von allein abheilt. Selten kennen wir deshalb, im Gegensatz zu Fellmanns Frambösie, den Zusammenhang von Krankheits- und Therapiebeginn.

Zum Spätstadium gibt es aus Ostafrika 1909 einen Hinweis von dem Regierungsarzt Dr. Grothusen, ebenfalls in den „Medizinal-Berichten": „Ich möchte hier eine Ansicht intelligenter Schwarzer anführen: Sie behaupten, daß die Frambösie häufig nach Jahren mit einem ganz charakteristischen Endstadium ausheile ... am Fuß oder Unterschenkel entstehe ein großes granulationstumorartiges Geschwür, aber fast nur bei Erwachsenen." Diese Beobachtung ist eine der interessantesten Beiträge zur Geschichte der Frambösieforschung.

Für Robert Koch war die Frambösie noch eine Kinderkrankheit. Fellmanns eigene Frambösie ist ihm daher nicht aufgefallen. Die neben der Frambösie von Koch 1902 beschriebene „Tinea" könnte der von Johanna Fellmann oft beschriebene „Rote Hund" gewesen sein. Er besteht aus schuppenden, juckenden Knötchenringen, die bei Weißen rötlich aussehen. Heinrich Fellmann schickte Robert Koch auch davon ein Foto.

Als Koch im Jahre 1900 Fellmanns in Raluana besuchte, war der Frambösie-Erreger noch nicht entdeckt. Erst 1905 stellte sich heraus, wie sehr er der Syphilis-Spirochäte ähnelte und erst, als 1909 das organische Arsen-Präparat Salvarsan entwickelt war, ließ sich damit auch die Frambösie sehr erfolgreich behandeln. Die Eingeborenen in den Tropen bekamen dadurch zum ersten Mal Vertrauen zur europäischen Medizin. Nach wenigen Behandlungswochen verschwanden nämlich, für jeden sichtbar, die sehr schmerzhaften Himbeergeschwüre.

Medizingeschichtlich von Bedeutung sind drei Hinweise in den Briefen Johanna Fellmanns an ihre Mutter aus der ersten Hälfte des Jahres 1900. Damals war Robert Koch in Papua Neuguinea, um die Malariabekämpfung voranzubringen, was übrigens nicht gelang. Am 15. Februar schreibt Johanna: „Mein armer Liebling macht mir wirklich Sorge, die Geschwüre wollen gar nicht besser werden, immer kommen neue hinzu. Ich bade ihn jeden Tag in warmem Seifenwasser, er nimmt auch Arsenik ein. Es macht ihn so sehr elend." In diesen Tagen war Koch zum ersten Mal von Friedrich-Wilhelmshafen nach Rabaul gekommen und kündigte seinen Besuch bei Fellmanns an. Nach Johannas Tagebuch traf er sich mit Heinrich Fellmann am 13. Mai und am 5. August in Raluana. Der 5. August war der Tag vor Kochs Abreise aus Deutsch-Neuguinea. Kochs amerikanischer Biograph Thomas D. Brock nennt 1988 als Abfahrtsmonat den Juni 1900.[62]

Über den Verlauf von Fellmanns Frambösie geben zwei Briefe vom April und August 1900 Auskunft: Am 13. April 1900 schreibt Johanna: „Heinrich hat seit Wochen Eiterbeulen am ganzen Körper, die sehr schmerzhaft sind. Er sieht drollig aus, in dem er nur mit einem Hemd und einem lavalava bekleidet ist, da er nichts fest Anliegendes vertragen kann!"

Im August notiert Johanna: „Heinrich geht es wieder gut trotz der vielen Arbeit. Die Geschwüre kommen an einigen Stellen noch wieder, aber sie belästigen ihn weiter nicht. Ich muß mich so wundern, daß ich sie nicht auch bekam." Johanna war zu dieser Zeit schwanger.

In seinem Bericht aus Kävieng auf Neu-Mecklenburg schrieb der Regierungsarzt Dr. Runge 1909: „Die großen Beingeschwüre waren wie immer eines der häufigsten Leiden auch unter den freien Eingeborenen. Sie wurden durch antiluetische Mittel ... oft mit Erfolg bekämpft. Sie spielen eine Hauptrolle bei der Dezimierung des Eingeborenenbestandes Neu-Mecklenburgs." Als drei Jahre später Missionar Ernst Boettcher nach Omo bei Kävieng kam, als einer der Nachfolger Fellmanns, bekam auch er Frambösie. Er beschrieb sie in seinen bisher unveröffentlichten Erinnerungen eindrucksvoll.

Einen direkten Hinweis auf Kochs Interesse an der Frambösie gibt es bei Fellmann nicht, außer dem späteren Dankbrief Kochs für die Frambösiebilder. Aber Johannas Bemerkung, Heinrich habe Arsenik eingenommen, zeigt, daß die alte Fowler'sche Lösung aus anorganischem Arsen bei Frambösie von ihm benutzt wurde. Koch, der damals noch nicht in Raluana war, kann sie ihm nicht empfohlen haben.

Über den Grund für seine Arbeit schreibt Koch: „Auf meinen Reisen in den Tropen habe ich nirgendwo so viele Hautkrankheiten gesehen wie in Neu-Guinea ... vor allem die Framboesia tropica ... Sie ist vielfach beschrieben, aber es fehlt noch an guten Abbildungen und ohne solche ist es trotz der besten Beschreibung nicht möglich, sich eine richtige Vorstellung ... zu machen. In der mir vorliegenden Literatur habe ich wenigstens keine Abbildungen finden können... Mir war es selbst nicht möglich, Photogramme herzustellen, da mein Apparat funktionsunfähig geworden war, aber durch das liebenswürdige und sehr dankenswerte Entgegenkommen der Herren ... Missionar H. Fellmann (Raluana) und Plantagenbesitzer Parkinson (Ralum) bin ich in den Besitz von fünf Photogrammen gekommen." Das erste von zwei Fellmann-Fotos, das Koch ausführlich beschreibt, ist hier abgebildet. Das vintage print Fellmanns finden Sie in der Ausstellung.[63]

In Fellmanns erstem Brief nach seiner Rückkehr hört man die Trauertöne der Einsamkeit, die er nun oft seinem Harmonium mitteilt in den drei kommenden Jahren: „Ach Liebling, ich kann Dir nicht sagen, wie mir war, als ich wieder in unserem Bett schlief, auf der gewohnten Seite, ohne Dich, ohne die Kinder."

Sein zweiter Brief vom 17. Januar 1909 zeigt die andere Seite. Er beschreibt die erste Fahrt zu seinen Stationen: „Erst auf der Heimfahrt von Nodop bei leichtem Wind wurde es sehr schön. Auf diesen Touren fühle ich mich wieder glücklich. Überall schallt es: Pellmann! Pellmann! aus dem Busch, wenn ich lande. Wenn es Frauen sind, die mich erst für irgendeinen whiteman halten, stieben sie davon, aber wenn sie mich erkennen, geht das Gekicher und Geschnatter los. Vorigen Sonntag hat der alte Abraham eine Rede gehalten und gemeint, jetzt, nachdem er meine Predigt wieder gehört habe, sei er glücklich, ich solle sie überall halten. Der mich vertreten habe, sei auch ein guter talatala, aber er könne ja ihre Sprache nicht."

Am 18. 1. 1909 begann der Unterricht an der ersten Deutschen Schule in Rabaul, für die der Gouverneur Fellmann anwerben wollte. Fellmann stiftete dafür ein Harmonium. Eine Regierungsschule für Eingeborene bestand seit 1906 mit bis zu 100 Schülern. Fellmann zählte 16 einheimische Schüler, die schon das Alphabet schreiben konnten. Ihr wurde jetzt eine Druckerei, Tischler- und Schlosserwerkstatt angeschlossen. Fellmann hatte schon sechs Jahre früher als Präses der Methodistischen Mission 199 Dorfschulen eingerichtet, in denen 1906 bereits 5493 Kinder unterrichtet wurden von 220 Lehrern, die aus Samoa oder Fidji kamen oder einheimisch waren.[64]

Bei seiner Rückkehr 1909 hatte Fellmann in seiner Raluana-Schule 27 bis 28 Schüler, Carl Schwob unterrichtete im Internat 20 Jungen und die beiden australischen Schwestern 25 Mädchen, dazu im Halfecaste-Haus noch 6 bis 10 Kinder. Der Unterricht wurde in der Tolaisprache, in englischer und später auch in deutscher Sprache erteilt. Er umfaßte Lesen, Schreiben, Rechnen und Religion. Fellmann ließ seine Schüler auch zeichnen. Dabei ermunterte er sie, ihre Welt darzustellen. So zeichneten sie Palmen, Lebensbäume, Haie, Kasuare, Geister, Dukduk-Tänzer, Schlangen, Auslegerboote. Die Tolaikinder, denen Fellmann Bleistift und Papier in die Hand gab, zeichneten ihre Welt in jenem anthropomorphen Symmetriestil, den wir heute auf den Kultgegenständen der Eingeborenen in unseren Museen bewundern. Es gibt auch Zeichnungen im Röntgenstil der Aborigines. Mehrere dieser Schreib- und Zeichenhefte sind erhalten geblieben und in der Ausstellung zu sehen.

Fellmann ließ die Kinder auch das ihnen Fremde zeichnen: Dampfer, Pferde, Kirchenglocken, Weiße in Tropenanzügen oder Gewehre. Der Unterschied im Zeichenstil ist bemerkenswert. Man braucht nur Hai und Pferd zu vergleichen. Die Haie sind beseelt und begeistert, die Pferde, die sie ja ursprünglich nicht kannten, Totgeburten. Die Reiter sind eher Witzfiguren, dasselbe, was die Eingeborenen für die meisten Weißen waren. Fellmann schrieb oft die Namen der Gegenstände neben die Zeichnungen, auf Tolai und Deutsch. Er fragte die Kinder und verschriftlichte ihre Benennungen. Er hat auch ein Stereofoto von zweien seiner Schüler mit ihren Zeichenheften gemacht. Sie sehen es in der Ausstellung. Die Zukunft Papua-Neuguineas begann nicht zuletzt mit diesen Kindern Fellmanns.

Gleich nach der Eröffnung der Deutschen Schule im Januar 1909 gab es eine stürmische Sitzung im Gouverneursrat, dem Fellmann angehörte. Es ging um die vorgesehene Erhöhung der Zolltarife, die von den Händlern und Pflanzern abgelehnt wurde. Sie warfen Dr. Hahl vor, die Zollvorlage über ihre Köpfe hinweg und ohne ihnen ein Wort zu gönnen, durchgesetzt zu haben, obwohl Hahl ihnen dabei ein Mitspracherecht zugesichert hätte. Das bestritt der Gouverneur. Der Rat trat für ein Jahr zurück und verklagte Dr. Hahl. Heinrich Fellmann war 1908, im Jahr des Streites, zwar in Deutschland, aber er stellte sich aus Solidarität auf die Seite des Gouverneursrates

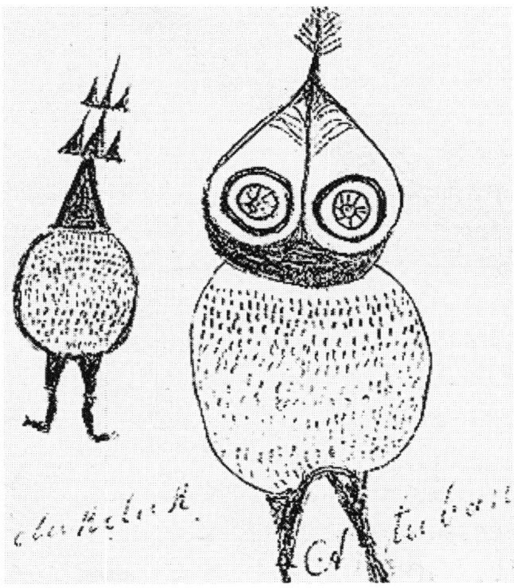

130-134 *Zeichnungen der Schüler Fellmanns 1907 in Raluana. (s.S. 196)*

und damit gegen Dr. Hahl. Tatsächlich war die Zollvorlage aber gar nicht zustimmungspflichtig und letzten Endes entschied Berlin. Der Gouverneur verklagte nun seinerseits den Gouverneursrat. Jetzt studierte Heinrich Fellmann die Rechtslage und die Protokolle der Sitzungen des Jahres 1908. Er erkannte rasch den Irrtum des Rats, zog seine Unterschrift zurück, bat aber um ein Urteil des Gerichts, auch über sich selber. Ohnehin wurden seine wirtschaftlichen Interessen durch die neuen Zölle kaum berührt.

Gegen die Ratsmitglieder beantragte der Staatsanwalt je 100 Reichsmark Geldstrafe, ersatzweise 10 Tage Haft. So lautete dann auch das Urteil. Gegen Fellmann wurde das Verfahren eingestellt. Hahl hatte gesiegt und mit ihm Fellmann. Dr. Hahl saß seitdem fest im Sattel. Fellmann blieb ein enger Berater des Gouverneurs. Oft berichtete er in seinen Briefen von Unterredungen, zu denen er von Hahl gebeten wurde. Manchmal kam der Gouverneur auch nach Raluana zu Vieraugengesprächen.

Schon seit 1903 gab es Gouverneursräte in allen deutschen Kolonien. In Neuguinea stand hinter den Auseinandersetzungen fast immer die Arbeiterfrage. Der Jurist Hahl vertrat die Rechte der angeworbenen Eingeborenen wie ein Anwalt. Die Pflanzer mußten die dreijährigen Arbeitsverträge und die Entlohnungen genau einhalten. Hahl ging jeder Klage eines Eingeborenen nach. Die Pflanzer wußten, daß er sich Eingeborener als Ratgeber bediente, vor allen des Bikman Tonkinkin, dem Nachbarn Fellmanns. Er konnte lesen und schreiben, war in Berlin gewesen und Methodist geworden. Tonkinkins Sohn lernte im Hause Fellmanns, um, wie der Vater sagte, „zu wissen, wie ihr den Tisch deckt". Die Pflanzer hielten Tonkinkin für gefährlich. Er hatte zweifellos 1902 vom Mord an den Wolffs gewußt, aber er war es auch gewesen, der den Gouverneur vorher gewarnt hatte. Tonkinkin war ein Vorläufer Leas.

Die Pflanzer konnten ohne die eingeborenen Arbeiter nicht existieren. Queen Emma, ihr Vater Jonas Coe, Hernsheim, Godeffroy oder Forsayth wurden reich, weil sie Arbeiter für Kokosplantagen anwarben. Erst als sie dafür streng kontrollierte Verträge abschließen mußten für jeden einzelnen Eingeborenen, lohnte sich dieses Geschäft immer weniger. Das Ende des Sklavenhandels im Bismarck-Archipel begann mit der Gründung der ersten Pflanzung in Ralum durch Queen Emma. Das war aber nicht das Ende der Arbeiter-Anwerbung. Nach den Jahresberichten des Gouvernements gab es 1898 1500 nichtansässige Kontraktarbeiter auf den Pflanzungen, 1901 waren es 2.500, 1903 3435 und 1913 10.848 bei gezählten 152.000 Eingeborenen und vermuteten 300.000. Aber nicht nur um die Arbeiterfrage ging es im Gouvernement. Es ging auch um die Paradiesvögel. Nach Kopra waren sie die größten Exportartikel. Seit 1908 waren in Europa Paradiesvögel bei den Frauen begehrt. Da die Kokosplantagen in den ersten Jahren noch keinen Ertrag hatten, hielten sich die Pflanzer mit der Paradiesvögel-Jagd über Wasser. Erstmals 1909 wurden für 65000 Mark Paradiesvögel aus Deusch-Neuguinea ausgeführt, 1913 waren es fast 1,3 Millionen Mark gegenüber gut 6 Millionen Mark Kopra-Export. Dabei spielte die Zollerhöhung des Gouverneurs eine große Rolle.[65]

Von Gouverneur Hahl gibt es eine Beschreibung einer eigenen Arbeiter-Anwerbung, als er 1904 mit dem neuen Regierungsdampfer „Seestern" vor der wenig berührten Nordküste Neupommern/New Britains lag: „Ich fuhr mit zwei Booten langsam am Strand entlang. Plötzlich brachen aus dem Dickicht der Uferwaldung einzelne Männer hervor, winkten uns zu, und gaben uns zu verstehen, daß sie auf den Dampfer wollten. Ich ließ mir die Lage des Dorfes bezeichnen und begab mich dorthin. Dort konnte ich wahrnehmen, daß die schwerbewaffneten Alten und die Frauen die Jungen davon abzuhalten suchten, mit uns zu gehen. Die Kunde vom Dienst bei den Europäern war wohl auch in diese Gegend gedrungen, so daß die Jugend nach Abenteuern verlangte. Ich kehrte zurück, um nicht Streit unter die Bewohner zu tragen. Anders war es, als ich nach vier Monaten unbehelligt in dem Dorfe Waviai landete und die früher Angeworbenen nach ihrer Kontraktzeit zu ihren Angehörigen an Land bringen ließ. Der Erfolg war ein durchschlagender. Von allen Seiten strömten nun andere junge Burschen herbei und ließen sich anwerben."[66]

In seinem nächsten Brief vom 1. Februar 1909 beschreibt Fellmann den Tod des jungen Otto Parkinson. Der Brief beginnt: „Mein liebes, teures Herz! Es ist zwar eigentlich Zeit zu Bett zu gehen, Du, meine Einzige. Ich denke an Dich. Nun komme ich schon wieder ins „flirten" und wollte Dir doch heute Abend das Traurigste mitteilen: Vor einigen Stunden hat man Otto Parkinson begraben. Er hat sich selbst durch Opium den Tod gegeben und zwar in seinem Elternhause. Zufällig mußte ich dabei sein. Als ich ankam, war Frau Parkinson eben in eins der Eckzimmer gegangen, kam aber sofort wieder heraus und führte mich zum alten Richard Parkinson. Wir plauderten dann ein paar Minuten, bis Frau Parkinson wieder kam und sagte, sie wisse nicht, was sie mit Otto machen solle, seine Lippen seien so blau. Sie bemerkte, er habe Opium genommen, ziemlich viel. Ich machte gleich eine gehörige Dosis Ipecacuana (*ein Brechmittel, das auch gegen Amöbenruhr angewendet wurde*) zurecht und ging selbst in's Zimmer. Er war schon nimmer bei Bewußtsein, obwohl er atmete und auch sein Puls stark und kräftig ging. Das ließ mich hoffen, aber merkwürdigerweise erbrach er sich nach dem Mittel nicht. Wir schleppten ihn hinaus. Er hat ein ganzes Glas voll genommen ... Scheinbar war eine Magenlähmung bereits eingetreten. Da konnte höchstens noch Auspumpen helfen. Doch wollten wir noch warmes Senfwasser eingießen. Sein Puls ging allerdings jetzt schwächer. Ich blieb bei ihm, seine Hand haltend, während seine Mutter das Senfwasser bereiten wollte. Als sie kaum weg war wurde der Puls sehr schwach und stockte. Als sie zurückkam war ihr Otto nicht mehr. Ich sagte nichts, aber sie fühlte es instinktiv und rief: „He is gone, Mr. Fellmann, he is gone!" Ich konnte nur noch erwidern: „Yes, Mrs. Parkinson, he is no more." Es war etwa sieben Uhr abends, er saß im Stuhl auf der Veranda im Mondschein. Es war eine traurige, schreckliche Szene. Frau Parkinson war mit den kleinen Kindern allein und drinnen lag der alte Parkinson, auch schon mehr wie eine Leiche aussehend. Vom einen ging ich zum andern und suchte zu trösten, aber da versagen Menschenworte. Gegen 8 Uhr ritt ich nach Hause, tiefbewegt." Heinrich Fellmann fährt fort:

„Der arme thörichte Junge hatte sich in allerlei Schwierigkeiten gebracht. Schon seit einiger Zeit ist er nicht mehr beim Gouvernement. Noch kürzlich bei Kaisersgeburtstag forderte er Pieper!, der ihn natürlich auslachte. Bei E.E. Forsayth hatte er eine Schuld von etwa 200 Mark, die er seinen Eltern verheimlichte und die er unter Androhung der Einklagung bezahlen sollte. Mit Kapitän Meinken hatte er eine Gerichtssache in zweiter Instanz. Jetzt scheint sein Vater ernstlich mit ihm geredet zu haben, und das hat ihn wohl zur Verzweiflungstat veranlaßt. Er hat seiner Mutter noch gesagt, er verlasse sie jetzt, und er glaube, er habe das Mittel gewählt, das alles am einfachsten verlaufen lasse. Wenn er ein Feigling gewesen sei, solle sie ihm vergeben. Sie verstand das erst nicht, bis sie den starken Opiumgeruch merkte. Wie leid muß einem doch die arme Frau Parkinson tun, die öffentliche Meinung hat sich, besonders Frau D.'s wegen, die die unglaublichsten Geschichtchen geliefert haben muß, gegen die Familie gekehrt. Dazu ist der alte Mann ihr Tag und Nacht eine große Last. Aber sie ist rührend lieb gegen ihn, unverdrossen wie immer. Ob nicht das traurige Ende Ottos ihm den Todesstoß gibt? Doch genug davon."

Bei den „unglaublichen Geschichten" ging es um Liebschaften der schönen Parkinson-Töchter mit weißen Männern. Mit Frau „D" könnten die Frau des Regierungsarztes Dempwolf gemeint sein. Es gab nur fünf Ehen mit schwarzen Frauen in der Kolonie, aber viele Weiße hatten eine „Eingeborenen-Ehe". So gab es 1914 bei 1000 Europäern 102 Mischlingskinder. Der Gouverneur hatte das Recht, Mischlingskindern Europäerstatus zu verleihen. Queen Emma und ihre Schwester Phoebe Parkinson waren aber nicht melanesisch, also schwarz, sondern samoanisch, zudem hatten sie einen weißen Vater. Samoaner galten als die „Germanen der Südsee". Ihre Schönheit, ihr wirtschaftlicher Erfolg und der beginnende „Rassismus" der Weißen, das alles steckte hinter den „unglaublichen Geschichten". Das führte in Australien dazu, daß Europäer mit Mischlingsfrauen bei der Einreise eine Kaution von 2000 Mark hinterlegen mußten. Das war aber nur in Australien so. Heute gehören deutschstämmige Mischlinge wie die Moeders in Madang zu den führenden Familien.[67]

Was bisher über den Tod Otto Parkinsons bekannt war, lautet so: „Er hatte gute Schulen besucht in Deutschland und war Mitarbeiter von Gouverneur Hahl. Aber nach Bekanntwerden seiner Schulden beleidigte ihn ein Offizier mit dem Hinweis auf sein „Kanakenblut". Darauf ging er nach draußen und erschoß sich unter einer Kokospalme."[68]

Auch beim Tod von Ottos Vater Richard Parkinson, dem ersten Ethnologen des Bismarck-Archipels, können wir jetzt durch Fellmanns Briefe story von history unterscheiden. Die bisher gültige Version lautete: Er fiel aus seiner Kutsche und verletzte sich tödlich. In Fellmanns Brief vom 8. 7. 1909 steht nichts von einer Kutsche: „Nachmittags stieg ich noch einmal auf den Berg und besuchte Herrn Parkinson, der vorgestern ins Krankenhaus transportiert wurde und morgen operiert werden soll. Drei oder vier Ärzte werden dabei sein und man glaubt, er kann die Operation überstehen und dann sogar nach Sydney reisen. Der Arme drückte mir beim Abschied so fest die Hand. Er hat immer nach Dir gefragt, so oft ich ihn auch besuchte." Am 25. 7. 1909 schreibt Fellmann seiner Frau: „Heute Vormittag haben wir den armen Herrn Parkinson zu Grabe getragen. Die Operation ging gut vorbei, aber dann setzte ein Kräfteverfall ein und gestern um ½ 2 schlummerte er friedlich ein. Er hat ja unsäglich viel ausgestanden. Von Matupi aus telefonierte ich noch einmal, aber da mußte mir Frau Parkinson mitteilen, daß er kurz vorher verschieden war. Ich hatte die Beerdigung mit einer sehr großen Teilnahme. Der Gouverneur sagte am Grabe einige Worte. Frau Parkinson bat mich am Ende um meine Rede." Sie ist handschriftlich in englischer Sprache erhalten.

Mit Richard Parkinson starb einer der letzten, der die Menschen in Neuguinea noch ursprünglich erlebte, fotografierte und beschrieb. Wie nach ihm nur noch Fellmann gelangen ihm dort Fotos an authentischen Orten und unter sprachlichem Kontakt und fast ungestellt. Fellmann, dem Lügen ein Greuel war, log auch in seinen Fotos nicht. Darin war er sich mit Parkinson einig. In der Nachfolge Parkinsons gelang es ihm sozusagen nebenher, jene ungewöhnlichen Stereo-Aufnehmen von der Ankunft der Dukduk-Leute in ihren Masken am Strand vor Raluana zu machen. Sie sehen sie erstmals in dieser Ausstellung. Parkinson und Fellmann fotografierten nicht mit versteckter Kamera und schon gar nicht aus einer privilegierten Kameraposition. Unter ihren Bildern - es sind Hunderte - gibt es daher noch wirkliche First-Contact-Aufnahmen.

Am Tag nach der Beerdigung Parkinsons schrieb Fellmann seiner Frau: „Ich bin jetzt so oft und viel bei Dir in Gedanken und male mir immer aus, wie schön und herrlich es wäre, wenn Du mir auf dem Schoß sitzen könntest, und ich Dir einen Kuß geben könnte und das nicht immer nur in Gedanken tun müßte. Aber laß mich Dir noch etwas erzählen. Gestern war Schwester Auguste's Geburtstag. Sie hatte außer Gouverneur's und Thiel nur mich eingeladen. Schon vormittags gingen wir hinauf nach Palaupai und verbrachten im engen Kreis den Tag als alte Bekannte. Dieser freie Tag tat mir außerordentlich gut. Schwester hatte in Ermangelung unserer Kinder Parkinsons kleinen Bubi und den Rudi kommen lassen, damit die kleine Berta Hahl Gesellschaft hatte. Ich machte zum Andenken zwei oder drei Aufnahmen, eine davon ganz heimlich, mit Gouverneur und Thiel unterm Mangobaum schlafend. Thiel, das Karnickel, wachte natürlich auf. Ich machte jedoch ein Zeichen, damit er nichts verriete und knipste rasch."

Dieses Bild erhielt Hermann Hiery bei der Vorbereitung seines 1995 erschienenen Werkes über „Das Deutsche Reich in der Südsee" von Berta Anspach geb. Hahl. Es ist bei Hiery auf Seite 37 abgebildet. Frau Hahl konnte dazu nichts Näheres sagen, außer, daß sie ihren Vater wiedererkannte. So entdeckt man oft Fotos aus dem Bismarck-Archipel, die von Fellmann gemacht wurden in anderen Sammlungen. Fellmann war ein begehrter Fotograf, er wurde immer wieder um Abzüge von seinen Glasplatten gebeten, die er selber anfertigte. So gab er 1905 Abzüge dem Kirchenhistoriker Carl Paul und 1909 Herrn Full bei seiner Versetzung nach Südwest-Afrika, der sie für eine wissenschaftliche Arbeit brauchte. Ebenfalls 1909 bat ihn Schwester Auguste - bei den Kindern hieß sie Tante Palaupai - um Fotos, weil sie ihre Memoiren schreiben wollte. Auch Dr. Browns Erinnerungen enthalten Fotos von Fellmann. So sind auch zahlreiche der erhaltenen Neu-Mecklenburg-Fotos von Fellmanns früheren Missionsreisen in andere Sammlungen gekommen, ebenso seine Fotos von den Salomon-, Matthias- und Admiralitäts-Inseln. Oft wurden sie unter fremden Namen veröffentlicht. So fand ich Fellmann-Fotos, die er selber in Raluana noch einmal von den Glasplatten abzog in den Foto-Sammlungen des Linden-Museums in Stuttgart und in dem Völkerkunde-Museum in Berlin. In einem Brief erwähnt Fellmann auch, daß er Herrn Thiel, dem Chef von Hernsheim und Co., zahlreiche seiner Fotos gab, damit er daraus Postkarten machen lassen konnte für den Verkauf. „Alle Postkarten", schrieb er an Johanna, „die Du nun bekommst, werden Dir bekannt vorkommen." Seitdem beschenkte die Firma Hernsheim Fellmanns Schulkinder zu Weihnachten besonders reichlich.

Fellmann vertraute seinen Briefen auch damals Heikles an. So hatten manche Weiße Beziehungen zu melanesischen Frauen. Da diese schwarz sind im Gegensatz zu den polynesischen Samoanerinnen, galt das bei vielen Weißen, seit dem ersten Jahrzehnt unseres Jahrhunderts, als Rassenschande. Wer Halbblutkinder zeugte, machte sich erpreßbar. Der Kreis um die Ärzte Dr. Wendland und Dr. Dempwolf gehörte zu diesen Kritikern. Am Ende dieses ersten Jahrzehnts steht jener Umschwung, der den Arzt Prof. Eugen Fischer im Anhang seines weltberühmten Buches über die „Rehobother Baster" Namibias plötzlich zu einem Rassisten machte. In diesem berüchtigten Anhang erklärte der spätere Direktor des Kaiser-Wilhelm-Instituts für Rassenhygiene in Berlin, daß Rassenmischung zum Untergang der weißen Rasse führen müsse.[69]

Hahl war als kaiserlicher Richter anfangs noch unverheiratet. Er kam 1896 kurz vor den Fellmanns nach Neuguinea. Als Gouverneur heiratete er später die Freiin v. Seckendorff-Aberdar. Prof. Hiery zeigte später Hahls Tochter Berta das Foto eines Weißen mit einem melanesischen Mädchen, das ein Halfcaste-Mädchen auf dem Schoß hat. Frau Hahl erkannte in dem Weißen ihren Vater. Was Heinrich Fellmann in seinem Brief vom 2. 11. 1901 über Hahls voreheliche Verhältnisse schrieb, hatten wir schon gehört. Der Verbleib des Halfcaste-Kindes ist nicht bekannt. Dazu hat Fellmann geschwiegen.

Beide Missionen, die katholische und die methodistische, betreuten verlassene Halbblutkinder der Kolonie. Das methodistische Halfcaste-Haus wurde von Fellmann eingerichtet. Als Fellmann 1897 kam, sprach Hahl von einem „bedeutsamen Wechsel: In Raluana, dem Hauptsitz der Mission, zog Herr Heinrich Fellmann mit Frau ein ... Der gute und freundliche Geist, der die nachbarlichen Beziehungen der Siedler lenkte, darf ihrer Wirksamkeit wesentlich mit zugeschrieben werden." Vor allem habe Fellmanns Wirken „zu bestem Einvernehmen zwischen der europäischen und der eingeborenen Bevölkerung geführt". Genau das war ja Hahls politisches Ziel.[70]

Fellmann ist in den fünfzehn Jahren in Neuguinea offenbar nie wirklich in Lebensgefahr gekommen, obwohl er oft auf seinen Missionsreisen, die er immer barfuß und unbewaffnet machte, durch unberührte Gebiete kam. Der Mensch wird nur gefährlich, wenn er lügt, war seine Meinung, sonst kann man sich mit jedem verständigen. Und so verhielt er sich. Eine Lüge war für ihn ein Greuel. Er durchschaute Lügner offenbar rasch. Er wurde dann hart und jedenfalls einschüchternd. Als Fellmann im August 1909 in Kabanga, ganz im Osten seines Missionsgebietes, auf Tolai traf, die im flachen Mangrovenwasser mit einer Stange etwas unter Wasser hielten, erkannte Fellmann, daß es ein Mensch war, ein Baining aus dem Bergland. Er trat dazwischen, aber der Mann war schon tot. Er sei hier angetrieben, sagten die Leute. Ihr lügt, sagte Fellmann, der Mann ist gerade ertrunken. Die Tolai zogen sich zurück, obwohl Fellmann ganz alleine war. Als das Missionsboot zurückkam, erfuhr er, daß an der Südküste ein

Weißer ermordet worden sei. Fellmann entschloß sich, dort hinzugehen, um eine Missionsstation einzurichten ...
Während der Woche war Heinrich Fellmann in seinem Missionsgebiet auf der Gazelle-Halbinsel Neu-Pommerns und in Neu-Mecklenburg ständig unterwegs. Beide Gebiete umfassen ungefähr 20 x 50 km. Die wenig erschlossenen Stationen besuchte er zu Schiff und zu Fuß, die anderen zu Pferde. Zwischen Neu-Pommern und Neu-Mecklenburg (heute New Britain und New Ireland) liegen wie Trittsteine die Neu-Lauenburg-Inseln, heute Duke of York-Islands. Fellmann besuchte sie oft, denn die zweitgrößte, acht Quadratkilometer umfassende Insel Ulu gehörte der Mission. Sie unterhielt dort eine Kokosplantage mit 150 eingeborenen Arbeitern. Fellmann verkaufte deren Kopra-Ertrag meistens an Queen Emmas Firma Forsayth. Das deckte etwa zwanzig Prozent der Kosten der Mission, die 1909 159 900 Reichsmark betrugen. Fellmann unterstanden damals als Chairman oder Präses sieben weiße Missionare, vier weiße Schwestern und neben zahlreichen farbigen Lehrern fünfundsiebzig Lehrerstudenten. „Dazu kommen die sprachlichen Aufgaben", schreibt er am Ende des Jahres 1909 an Johanna: „Es wäre für mich eine große Enttäuschung, wenn ich auf diesem Gebiet meine Absichten nicht zur Ausführung bringen könnte. Das war es doch ganz speziell, weswegen ich glaubte, noch einmal nach hier gehen zu müssen."

Fellmann setzte dabei die Bemühungen seiner Vorgänger Dr. Brown und Chambers fort, die Teile der Bibel in die Tolaisprache (Kuanua) übersetzten und an einem Wörterbuch zu arbeiten begannen. Fellmann bemühte sich besonders um eine Schriftsprache des Tolai. Auch mußte er neue Worte finden für ihnen Unbekanntes, denn die Tolai hätten in die Arche Noah ganz andere Tiere gesetzt als wir. Sollte er aus einem Lamm Gottes, das sie nicht kannten, ein Schwein machen, das Haustier Neuguineas? Wie sollte er das Missionsboot nennen, eine Pinasse mit einem Motor? Die Leute schlugen „Pipi" vor. Wenn man das Wort oft genug wiederholte, entsprach es ja ungefähr dem Geräusch von Fellmanns altem Diesel. Sollte er in das Alphabet ein „F" aufnehmen? Die Leute konnten es nicht sprechen. Sie sagten: Pellmann. Jeden Tag führte er Gespräche und lernte dabei ihre Welt immer besser kennen, wie auch sie die seine. Als ihn der Vorstand der australischen Kirche 1912 nach Sydney holte und nicht nach Deutschland entließ, geschah dies zur Fortsetzung seiner Tolai-Übersetzungen. Fellmann nahm dafür Iona To Gigi mit nach Sydney. Ein Jahr später erhielt er für diese Arbeiten zum 25. Regierungsjubiläum Kaiser Wilhelm II. ein Stipendium von 1200 Pfund.

Dies ist erstaunlich und geht sicherlich auf den Einfluß des Gouverneurs Hahl zurück, denn Fellmann wurde immer wieder von Pflanzern und von nationalen Kreisen im Reich angegriffen wegen seiner Bevorzugung der Eingeborenensprachen. Man unterstellte ihm dabei als Deutschem den Eingeborenen statt Deutsch die englische Sprache beizubringen. Fellmann wehrte sich gelegentlich so, wie in dem Brief an den Herrnhuter Missionsdirektor Buchner vom 6. 11. 1905: „Es tut mir sehr leid, daß vollständig unwahre Behauptungen an maßgebender Stelle vorgebracht werden, wie die, daß unsere Missionare dem Pidgin-English den Vorzug gäben. Auf keiner unserer Missionsstationen wird Pidgin-English gelehrt. Im Gegenteil haben wir uns bestrebt, durch Verbreitung des Gazellendialektes der Tolai in Predigt und Literatur eine brauchbare lingua franca zu schaffen. Dagegen blüht das Pidgin-English auf allen Handels-, Pflanzungs- und Regierungsstationen. Der einzige Vorwurf, der unserer Mission gemacht werden kann, ist die Nichterteilung des Unterrichts im Deutschen."

Als Fellmann Ende 1896 nach Sydney kam, hatte die Synode seiner Kirche gerade beschlossen, daß Tolai die lingua franca im Bismarck-Archipel werden solle. Die Weißen, die alle Pidgin sprechen konnten, lehnten Tolai ab. Wer es sprach, wie Hahl, Fellmann, Queen Emma oder die Parkinsons, war den Pflanzern verdächtig. Die Tolai waren stolz darauf, daß die Bibel nicht ins Pidgin, sondern zuerst in die Tolai-Sprache übersetzt wurde. Die Mission bevorzugte die Tolaisprache aber nur bei den Tolai. So haben Fellmann und Boettcher auch die Sprachen Neu-Mecklenburgs übersetzt. Sprachen gehörten für sie zur kulturellen Individualität der Menschen. Sie wollten nicht Sprachen globalisieren, sondern das Christentum.

Wie es weiterging mit den Kindern Fellmanns und ihrer Sprache, wissen wir durch einen Forschungsbericht des sprachwissenschaftlichen Instituts der Universität München aus dem Jahre 1978. Damals war Dr. Ulrike Moser für sechs Monate bei den Tolai, vor allem in Rabaul und Raluana. Die Deutsche Forschungsgemeinschaft hatte diese Feldforschungen finanziert. Frau Moser schrieb dazu an Heinrich Fellmanns Tochter Liselotte: „Ich glaube, daß es nicht nur für die Sprachwissenschaft, sondern auch für die Geschichte wichtig wäre, wenn das Wirken Heinrich Fellmanns nicht in Vergessenheit geriete ... In Raluana erinnert man sich noch gut an ihn. Wann immer ein Tolai erfuhr, daß ich Deutsche bin, sagte er: Ah, wie Mista Pellmann! ... Ein Volk, das in der Steinzeit gelebt hat und plötzlich zivilisiert wird, muß ja für unzählige Dinge auf einmal neue Ausdrücke erfinden. Ihr Vater dürfte bei diesen Neuschöpfungen durch seine Bibelübersetzungen eine hervorragende Rolle gespielt haben."

Dazu paßt vielleicht, daß 1964 vor der ersten Wahl zum House of Assembly der Bikman To Patet Tokaul zu einem Kandidaten sagte: Die Tolai werden dich wählen, wenn du dich für die deutschen Methoden einsetzt.[71] Für uns klingt das erstaunlich, aber für die Tolai sind wir ein Bestandteil ihrer Geschichte.

Frau Moser, die 1976 das erste Mal die Tolais besuchte, wurde auf Veranlassung des Bischofs Saimon Gaius zu vielen Gemeinde- und Kirchenrats-Sitzungen mitgenommen. „Es fiel mir sehr viel schwerer, fließend Tolai sprechen zu lernen, als ich gedacht hatte", berichtete sie. „Ich wählte das Dorf Raluana, weil die Kirche im Dorfleben eine große Rolle spielt und weil die Bibel hier übersetzt worden ist ... Ich wohnte mit drei siebzehnjährigen Mädchen in einer Hütte zusammen ... Meine erste Informantin hatte einen Papua aus dem Hinterland zum boyfriend, was nach Tolai-Sitten schlicht ein Skandal ist und mir deshalb erheblichen Ärger bereitete."

Die von den Tolais bewohnte Küste ist heute 50 Kilometer lang und ebenso breit. Von den 80.000 Tolais, die meist in Dörfern leben, wohnen nur wenige in der Hauptstadt. Es waren meistens Regierungsbeamte und Geschäftsleute. Mehrmals täglich verkehrten Busse zwischen den Dörfern und Rabaul: „Die Tolai zählen heute in wirtschafts-

Bild 135. *Königin Elisabeth II. und Bischof Sir Saimon Gaius 1974.*

Ende 1967 entstanden in Papua Neuguinea die ersten politischen Parteien. Alle traten für Unabhängigkeit und Demokratie ein. Besonders erfolgreich war die Pangu Pati Michael Somares, der 1977 zum Premierminister gewählt wurde.

Bei den Tolai auf der Gazelle-Halbinsel zeigte sich sofort ein Problem, das auch in Afrika bis heute ungelöst ist: Föderalismus in einem Staat mit Hunderten von Stämmen und Sprachen, oder Zentralstaat. Die meisten postkolonialen Staaten gaben sich mehr oder weniger zentralistische Verfassungen, weil die tonangebende einheimische Intelligenz stammesübergreifend denkt, die Menschen vor Ort sich aber stammesverbunden fühlen und allenfalls föderalistisch handeln. So verbuchen die Zentralisten Anfangserfolge, aber der Rückschlag ist regelmäßig föderalistisch.

Anfang 1997 trat der zweite Premierminister Papua Neuguineas Sir Julius Chan zurück, weil er nicht fertig wurde mit dem Sezessionswillen der kupferreichen Insel-Provinz Bougainville. Bei den Tolai hatte die Pangu Pati einen schweren Stand seit den ersten Selbstverwaltungen. Es kam zu Mord und Totschlag. Das war die Zeit, als sich 1968 die Methodisten und die reformierten Kongregationalisten zur United Church of the Islands Region zusammenschlossen. Bischof wurde ein Tolai aus Raluana: Saimon Gaius. Die Kirche ist der Vermittler im Streit geworden. Einerseits war sie tief verwurzelt in den Dörfern mit ihren 420 kleinen und kleinsten Kirchen und Schulen, andererseits waren unter den Lehrern und Predigern viele Intellekutelle. Bischof Saimon Gaius wurde ein besonders geschickter Vermittler zwischen den Föderalisten, den Zentralisten und denjenigen, welche stammesübergreifende Selbstverwaltungen ganz ablehnten.

Als Königin Elisabeth II. im Februar 1974 nach Rabaul kam, ein Jahr vor der Unabhängigkeit Papua Neuguineas, nahm sie an einem Gottesdienst von Saimon Gaius teil, dem geistlichen Nachfolger Heinrich Fellmanns.

und bildungspolitischer Hinsicht zur Elite des Staates Papua-Neuguinea. Selbst unter den ältesten Tolais gibt es so gut wie keine Analphabeten. Von den Jugendlichen besuchen 60% die Highschool", stellte Frau Moser fest und machte dann eine bemerkenswerte Beobachtung: „Obwohl die Tolais wohl das zivilisierteste Volk des heutigen Staates Papua-Neuguinea sind, halten sie sehr stark an ihren Traditionen fest. Die alte Gesellschaftsordnung mit ihren Clans, geheimen Männerbünden und Heiratsklassen ist so gut wie unangetastet, in den village courts wird nach altem Recht rechtgesprochen, das traditionelle Muschelgeld genießt höheres Prestige als die nationale Währung, europäische Kleidung ist zumindest im Dorf verpönt, Heiraten zwischen Tolais und Nicht-Tolais sind selten ...

„Obwohl Englisch Schulsprache ist", berichtete Frau Moser, „wird das sprachliche Verhalten der Tolai wesentlich durch ihr Selbstbewußtsein anderen Völkern Papua-Neuguineas gegenüber bestimmt. Untereinander reden Tolais immer Tolai, selbst Regierungsbeamte im Büro am Telefon. Pidgin-Englisch wird höchstens bei Streitereien gebraucht, wenn einer der Kontrahenten durch die Verwendung des Pidgin signalisieren will, daß er seinen Gegner als Fremden betrachtet. Infolgedessen gilt es als Beleidigung, wenn ein Tolai einen ihm fremden Tolai aus Versehen in Pigdin anredet. Englisch dagegen genießt hohes Prestige, da es die Sprache der als überlegen empfundenen Weißen ist und seine Kenntnis unabdingbare Voraussetzung für white-collar-jobs in der Stadt ist."

In Raluana zählte Frau Moser 1978 400 Einwohner, etwa viermal so viel wie zu Heinrich Fellmanns Zeiten. Unter Saimon Gaius, der aus Raluana stammt, und seit 1969 erster Bischof der Islands Region Neuguineas ist, gab es 1974 420 Kirchen, 71.757 methodistische Kirchenmitglieder und 13.961 Sonntagsschüler.[72] Frau Moser hält das Tolai für geeignet, „für alles Neue aus vorhandenen Wortstämmen Wörter abzuleiten, oder einfache Umschreibungen zu bilden". So heißt „tata" sprechen, „tatata" Radio, oder „nur" heißt vertrauen, „nurnur" Glaube. Sie fand noch viele Ausdrücke aus der Zeit der Bibelübersetzung Fellmanns, die meisten wurden aber nur noch von konservativen Sprechern gebraucht. Nach wie vor ist für die Tolai ihre Sprache ein Ausdruck für Gruppenidentität.

In der Ausstellung sehen Sie zwei Schönschreibhefte in der Tolaisprache von Elias Tolavuvur und Demas to Kaviula. Beide waren Schüler von Heinrich Fellmann.

Die beiden letzten Briefe Fellmanns aus dem Jahre 1909 enthalten eher persönliche Mitteilungen. George Bernard Shaw hat gesagt, Geschichte beginnt da, wo man die Nase der Kleopatra nicht mehr sieht. Aber manchmal würden wir etwas darum geben, könnten wir sie sehen. Auf manch Ungereimtes könnten wir uns dann doch noch einen Reim machen.

So berichtete am 17. Dezember 1909 Fellmann seiner Frau vom Schicksal der Pearsons, des australischen Missions-Ehepaares auf Piniquidu in Neu-Mecklenburg. Sie waren auf dem Weg von ihrer Station nach dem gut 100 Kilometer entfernten Hauptort Käwieng, wo Frau Pearson entbinden wollte. Unterwegs bekam sie Wehen und gebar im Wald ihr Kind. Es setzte Regen ein, und sie mußte drei Tage durch den Tropenregen getragen werden. Das Kind starb. Frau Pearson bekam Fieber. Ihr Mann konnte auf der Pflanzung von Charley Oström eine Karre auftreiben. Als sie schließlich nach weiteren 80 Kilometern in Käwieng ankamen, war auch Frau Pearson tot. Fellmann schreibt: „Ich fürchte, daß er nun nicht mehr lange auf seiner Station bleiben kann. Er hat auch das Recht, nächstes Jahr in Urlaub zu gehen."

Am 24. Dezember 1909 schreibt Heinrich Fellmann seiner Frau zum letzten Mal in diesem Jahr. Es ist sein Geburtstagsbrief, Johanna wird 33 Jahre alt: „O könnte ich Dich in meinen Armen haben und an mich drücken. So schöne Jahre sind es, und wir können sie nicht zusammen genießen. Als kleines Geburtstagsgeschenk schicke ich Dir dies Album mit meinen Aufnahmen von den Salomon-Inseln." Auch dies Album hat sich erhalten. In der Ausstellung sehen Sie daraus einige Fotos.

Im neuen Jahr, am 21. Januar 1910, zog das kaiserliche Gouvernement um, von Herbertshöhe nach Rabaul. In Herbertshöhe wurden die bisherigen Gebäude abgebaut. Am gleichen Tag schreibt Fellmann, daß die Firma Forsayth nicht vollständig verkauft wurde. Ein Teil blieb in den Händen von Queen Emmas Sohn Coe Forsayth. „Er will mit Kolbe nicht mehr zusammen sein. Emma Kolbe und ihr Mann kommen für einige Zeit wieder nach hier. O, da muß ich Dir auch gleich erzählen," fügt Heinrich hinzu, „daß Graf Schwerin, der Zahlmeister auf ‚Sigismund', hier in Arrest ist wegen eines Fehlbetrages von 13.000 Mark. Er drohte, sich eine Kugel durch den Kopf zu schießen. Jetzt soll er mit der ‚Waldemar' nach Hause abgeschoben werden. Hat eigentlich der Photograph wirklich Dein Bild ausgestellt? Weißt Du, ich wollte lieber, daß Du mich darauf anschaust. Wenn ich davor stehe, meine ich immer, ich müsse sagen: Sieh mich doch an, Liebste! Bist Du übrigens schlanker geworden?"

Anfang März 1910 kehrte Fellmann nach einer sechswöchigen Missionsreise von Neu-Mecklenburg/New Ireland zurück. Wieder beschreibt er sie in einem langen Brief. Er habe viel fotografiert mit Pearsons Apparat, auch eine Leichenverbrennung. Er beschreibt sie.

Auf der Rückfahrt benutzte er ab Käwieng wieder den kleinen Kopradampfer „Sumatra", der im Bismarck-Archipel von Station zu Station fuhr. Der Schriftsteller Norbert Jacques, Erfinder des „Dr. Mabuse", kam auch in Käwieng an Bord.[73] „Der Kapitän der ‚Sumatra' war ein schweigsamer Oldenburger", schrieb Norbert Jacques, der dessen Namen nicht nennt, (er hieß Schumacher) und fährt fort: „Er sah aus wie ein gemästeter homerischer Held, schwer und breit, mit einem buschigen blonden Vollbart um das große Gesicht. Seine Schweigsamkeit war biblisch schön und bedeutend. Sein ganzes Wesen lag auf dem Schiff, wie die wortlosen Tiefebenen Deutschlands, so stumm, so unverrückbar. Die Mannschaft bestand aus Eingeborenen, eine ethnologische Mustersammlung: Krank, häßlich und verseucht." Jacques beschrieb auch die Passagiere, Händler, Missionare, Halbblutdamen, Abenteurer, ein breughelsches Panoptikum beim Untergang des Abendlandes. Sein Buch wurde viel gelesen. Heinrich Fellmann ist ihm nicht aufgefallen. Vielleicht schrieb der gerade an Johanna. Im nächsten Brief berichtete Johanna ihrem Mann vom Halley'schen Kometen, Heinrich hatte ihn aber noch nicht gesehen. Johanna war verunsichert wegen der verbreiteten Weltuntergangsstimmung. Heinrich schreibt ihr: „Natürlich tritt das Ende irgendwann ein, aber niemand weiß Tag und Stunde." Der 17. Mai, schrieb er, würde es bestimmt nicht sein. Er rät ihr, mit den Kindern darüber zu sprechen. Leute, die immer sagen, sie wüßten alles, hätten jedenfalls selten recht.

Am 2. April versucht Heinrich seine Frau zurückzulocken. Er schreibt auf einem Briefbogen des Gouverneurs: „Hahls sind zur Heimfahrt gerüstet und sprechen bestimmt von ihrem Wiederkommen. Berta ist sehr gewachsen, wohl größer und schlanker als unsere Gertrud. Sie geht in die Deutsche Schule und macht gute Fortschritte. Das ganze Leben hier hat sich fabelhaft entwickelt, und der Gouverneur schwärmt immer noch von Dir und sagt, Du sollst doch wiederkommen, schon, damit ich länger bliebe." Johannas Familie hält eine Rückkehr aber der Kinder wegen für unverantwortlich. Sie könne nicht mit fünf Kindern zurück zu den Wilden ...

Im nächsten Brief schreibt Heinrich, er könne es allein nicht mehr drei Jahre lang aushalten, höchstens eins. Seine Kräfte schwänden, es dauere jetzt länger, bis er sich nach Fieberanfällen erhole. Käme sie zurück, würde ein neues größeres Missionshaus gebaut, er habe schon nach Sydney geschrieben. Die zwei oder drei älteren Kinder solle sie beim Schwager Rexroth in Deutschland lassen. Am Ende des Briefes rät er Johanna dann aber wieder ab, zu kommen. Das Problem seien eben doch die Kinder und wenn noch mehr kämen.

Am 13. Mai schreibt er, Frau Parkinson habe das Abschiedsessen für den scheidenden Hernsheim-Chef Max Thiel gegeben, der seit 1895 im Bismarck-Archipel war. Er gehe in die Zentrale nach Hamburg. Thiels Abschied sei ihm schwergefallen. Thiel habe versprochen, wie vorher auch der Gouverneur, Johanna in Stuttgart zu besuchen. „Erwähnen will ich noch, daß ich seit 14 Tagen den Kometen ganz herrlich sehe, morgens zwischen 4 und 5 Uhr. Beonders schön ist der Schweif, er zieht sich über ein Viertel des Himmelsgewölbes, die Venus in nächster Nähe strahlt dabei in wunderbarer Pracht."

Im Juni erhält Johanna von der Missionsleitung aus Sydney eine Kabelnachricht: Die Reise für sie und zwei Kinder würde bezahlt. Aber Johanna schickt Heinrich ein Kabel zurück: Komme nicht. Heinrich ist verzweifelt. „Ich ging am Abend in meine Zimmer und schluchzte beim Überdenken Deiner Mitteilung. O, was gäbe ich, lieber Schatz, wenn Du nur ein Stündchen auf meinen Knien sitzen könntest zu einem Gedankenaustausch und einer Liebkosung, nach der ich mich so sehne ... Sind Rexroth's nicht doch noch bereit, wenigstens zwei Kinder zu nehmen? Kann es nicht in diesem Herbst noch sein? Bis Ende 1911 oder Anfang 1912? Ach, Schatz, mir ist's zu lang." Johanna ist es auch zu lang, aber in ihrem Brief sagte sie dasselbe, was sie an Heinrichs Brief so getroffen hatte: Wir müssen vernünftig sein, der Kinder und weiterer Kinder wegen.

Da beide keine Lösung wissen, gibt es nur dies: Weitermachen, und im nächsten Brief informiert Heinrich Fellmann seine Frau wieder über seine Arbeit, schreibt, daß

Schwester Auguste Hertzer, die Johanna gerade ein Kabel geschickt hatte, mit dem einen Wort: Komm!, ihr Haus auf Palaupai, ihre Drachenburg, verpachten möchte. Ihre Pflanzung Tatarana will sie verkaufen für 80 bis 90.000 Mark. Frau Parkinson hätte 60.000 geboten. Schwester Auguste bot die Pflanzung auch Fellmanns an für die Mission. Sie besaß noch drei kleine Pflanzungen von je 20 bis 30 Hektar. Im gleichen Brief schreibt Heinrich, daß er ein Anatomiemodell und ein Mikroskop für das George-Brown-College auf Ulu bestellt hätte. Am Ende des Briefes kommt er aber noch einmal auf den Anfang zurück mit einer Strophe von Goethe:

Feiger Gedanken
Bängliches Schwanken
Weibisches Zagen
Ängstliches Klagen
Wendet kein Elend
Macht Dich nicht frei.

Darunter schreibt er: Komm!

Im August 1910 reiste Fellmann mit der „Sumatra" nach Bougainville. Sie ist mit vierzehn Passagieren übervoll. Er besuchte seinen Schwager Ewald Class und machte viele Aufnahmen in Buin und Kieta. Der Brief ist zehn Seiten lang.

In Buin bahnte sich damals die Entstehung der größten Plantage Deutsch-Neuguineas an durch die australische Gesellschaft Burns. Zunächst hatte James Burns versucht, Queen Emmas Firma Forsayth zu kaufen, die aber dann an den Hamburger Rudolf Wahlen ging, der früher für Hernsheim arbeitete. Wahlen vereinigte die Firma Forsayth mit der Neu-Guinea-Compagnie. Heinrich Fellmann schrieb die Neuigkeit seiner Frau am 14. 9. 1910. Burns versuchte, in Bougainville 10.000 Hektar bei Buin zu kaufen. Gouverneur Hahl genehmigte ihm 1000 Hektar, 5000 war die Höchstgrenze für Plantagengesellschaften. Das Reichskolonialamt gestand Burns - wohl aus politischen Gründen - 10.000 Hektar zu. Burns erfüllte die Auflagen: 3 Millionen Mark Kapital und Kultivationspflicht. Er zahlte 5 Mark pro Hektar. Queen Emma besaß knapp 2000 Hektar, aber im Gegensatz zu Burns mit erntereifen Kokospalmen. Das bedeutete für sie 380.000 Mark Jahreseinnahmen allein an Kopra. Vergleicht man damit die Preisvorstellungen von Schwester Auguste, versteht man Heinrich Fellmann, der sie für überhöht hielt.

Das Ende des Jahres schließt Fellmann für seinen Verantwortungsbereich ab mit einem Kontostand von 15.807 Mark. Das Jahr 1910 hatte 7000 Mark Kirchenspenden von seiten der Eingeborenen gebracht, eine Zunahme von 10% gegenüber dem Vorjahr.

Johanna und Heinrich wechselten am 27. 12. den letzten Brief des Jahres 1910. Johanna hatte in ihrem Weihnachtsbrief geschwärmt von ihrem Wiedersehen und geschrieben „wie schön es sein wird, wenn wir unsere zweiten Flittern verleben". „Oh, wie ich mich darauf freue!" antwortete Heinrich und fügte hinzu: „Ein kleines Lächeln konnte ich nicht unterdrücken, als ich Dein leise mir ins Ohr geflüstertes Geständnis nach einem Baby vernahm. Das kann ja in Erfüllung gehen. Ich dachte zwar, wir dürften mit unseren Fünfen zufrieden sein, aber ich will mich auch nicht wehren. Ich küsse und umarme Dich in aller Wärme meines Herzens. Heinrich."

In seinem Brief vom 10. 1. 1911 teilt Fellmann mit: „Schwester Auguste will immer noch Tatarana verkaufen, wenn nicht an unsere Kirche, dann an Dr. Dempwolf oder an Gouverneur Hahl. Forsayth scheint in sehr schlechter Laune zu sein und sich jetzt zu ärgern, daß er so billig (3 Millionen) verkauft hat. Sie sind sich wohl auch ihrer Zukunft nicht ganz sicher, wie sie mit Wahlen auskommen. Wahlen ist jetzt in Gunantambo eingezogen. Queen Emmas Sohn ist ja auch noch da. Zwischen Forsayth und Wahlen gibt es vielleicht eine gerichtliche Auseinandersetzung. Er hat einen neuen Stationsvorsteher, Herrn v. Horn. Sie nennen sich jetzt Forsayth-Gesellschaft."

„Sonntag Nacht, am 14. 1. 1911. Liebste, die letzten paar Minuten des zu Ende gehenden Tages widme ich Dir. Es ist etwas Wunderbares um diese Macht des Menschen, mit den Gedankenfäden die Welt zu umspannen und sich im Nu mit seiner Liebsten zu verbinden, während diese Zeilen Dich erst in Wochen erreichen am anderen Ende der Welt."

Am 9. 2. 1911 schreibt er: „Heute Abend will ich zum Abschiedsessen von Herrn und Frau Kolbe, zu dem ich geladen bin." Am folgenden Tag berichtet er darüber: „Gestern mußten wir auf dem Wege zu Frau Kolbe umkehren. Wir kamen in furchtbare Böen. Wir haben uns deshalb von Frau Parkinson einen Wagen geliehen ... Ihre Geschwister veranstalteten die Feier für sie, und es war eine große Gesellschaft da. Das Essen war nach Samoaner-Art am Boden unter einem langen Schutzdach auf Blättern angerichtet. Es hatte jedenfalls den Vorzug der Originalität. Frau Parkinson verlas eine kleine Rede, die ich ihr englisch aufgeschrieben hatte, und gegen Schluß sagte ich ein paar Worte, weil es niemand anders tat, und ich als einer der Ältesten von allen vorgeschoben wurde. Frau Kolbe ist furchtbar gealtert. Trotz der Augenoperationen scheint sie doch nicht gut zu sehen. Es ist nicht anzunehmen, daß sie lange mehr leben wird. Sie lud mich ein, doch einmal nach Gunantambo zu kommen, aber es war mir in dieser Woche bei dem schlechten Wetter nicht möglich. Mit diesem Dampfer fährt sie schon wieder weg. Wenn ich an Bord gehe mit Deinem Brief, werde ich sie ja noch einmal sehen. Am Sonntag waren wir bei Engelhardt. Seine Wunde am Bein war wenigstens verbunden. Er ist ganz der alte. Ich ging dann rüber nach Ulu, des Kopraverkaufs wegen. Forsayth hat uns für die Tonne 335 Mark geboten, ein sehr guter Preis bei dem gegenwärtigen Markt."

„Ich ritt am Samstag nach Kabakaul auf die Station der Forsayth-Gesellschaft. Herr v. Horn, früherer Rittmeister, ja sogar eine Zeitlang Kammerherr bei Seiner Kgl. Hoheit Prinzregent Luitpold von Bayern, ist dort Stationschef. Er ist ein gebildeter Mensch, in manchem ein Sonderling, der sich in der Gesellschaft um nichts kümmert. Er findet seine Befriedigung in der Arbeit als Pflanzer. Das gesellschaftliche Leben habe er genossen und sei es satt. Wir führten eine ganz anregende Unterhaltung, denn er war schon in Süd-West, der Kapkolonie und Australien."

Bild 136 und Stereobild 137/46. *Festlicher Abschied Queen Emmas am 9. 2. 1911 vor ihrer Abreise nach Europa (Seite 210). Ihr Besitz liegt in dem Palmenwald des unteren Bildes. Im Hintergrund der Vulkan, der 1995 Rabaul verschüttete.*

Das obere Bild wurde von Heinrich Fellmann aufgenommen, zwei Jahre vor Emmas und Paul Kolbes Tod in Monte Carlo. Es geht zurück auf ein vintage print, das Fellmann damals von der Glasplatte herstellte, die heute beschädigt in der Mitchell Library in Sydney liegt. Auf einem späteren Glasplatten-Abzug konnten Robson („Queen Emma") und Gash/Whittaker („Pictural History of New Guinea" Seite 86, 1975) deshalb wohl nicht mehr Queen Emma an der Starbrille erkennen, die sie trägt. Sie sitzt links neben der mit einer Kette geschmückten Frau, neben der rechts der katholische Bischof Couppé sitzt. Fellmann kreuzte auf dem Abzug den Bischof an, ebenso wie seinen späteren Nachfolger Paul Wenzel (siehe dazu Lebenslauf IV: Queen Emma). Queen Emma war 1911 infolge ihrer diabetischen Retinopathie und eines Zuckerstars fast erblindet. Immerhin konnte sie 1913 vor ihrem Tod aus Monte Carlo mit Mühe noch zwei Briefe schreiben.

Im April erhielt Heinrich einen traurigen Brief von Johanna. Am 12. Mai 1911 schreibt er in seiner Antwort: „ Ich glaube bestimmt, lieber Schatz, daß uns der liebe Gott ein Wiedersehen schenkt und Gedanken niederzuschreiben für den Fall, daß dies nicht sein sollte, das kann ich nicht - der Gedanke daran macht mir die Augen zu feucht. Aber ich kann Dir sagen, daß der letzte Gedanke, den ich in einem solchen Fall zu fassen fähig wäre, ein Gebet für Dich und die Kinder sein würde. Gut ist es jedoch immerhin, wenn ich ein Testament mache."

„In Verbindung mit diesem Passus Deines Briefes", fährt Heinrich Fellmann fort, „machst Du einige Bemerkungen darüber, daß ich in letzter Zeit öfters unserer Wiedervereinigung Erwähnung tat. Du sagst: ‚Ich weiß wohl, an was Du dabei denkst', und daß es den Anschein erwecken könne, als sei dies das Hauptsächlichste usw. Als ich dies las, machte es mich recht unglücklich. Ich wollte zuerst darauf nicht antworten, aber eine immer zunehmende Unruhe, die mir sogar den Appetit raubte, zwingt mich doch, darauf zurückzukommen. Ich komme dann eher wieder ins Gleichgewicht. Also Liebste, ich gestehe zu, daß ich beim Gebrauch jenes Wortes, wenn auch nicht ausschließlich, doch auch und lebhaft daran gedacht habe. Ich halte das für kein Unrecht, Schatz. Wenn es öfter geschah, als angebracht, so tut es mir leid, und ich werde mich in Zukunft mehr beherrschen."

Am 17. Juni 1911 beschreibt Heinrich Fellmann wiederum in einem langen Brief seine neuerliche Missionsreise nach Neu-Mecklenburg/New Ireland. Er ging diesmal von Namatanai aus nach Osten um Neu-Mecklenburg herum. Dieser Teil wurde damals von Weißen noch sehr wenig bereist. Mehrere waren hier zu Tode gekommen, auch Dr. Emil Stephan.

Am 5. August ergänzt Fellmann: „Mit meinem Brief habe ich eine Anzahl kleiner Bildchen von der Neu-Mecklenburgtour eingeschlossen. Ich hatte einen kleinen Stereoskop-Apparat, der nur 40 Mark kostete, mit dem ich sie machte." Dies war eine der ersten Reise-Stereoskop-Kameras, die damals aufkamen.

Da Johanna ihm viel von Krankheiten berichtet hatte, schreibt er: „Eßt Ihr nur fleißig Obst. Es ist viel besser, das Geld wandert zu den Obsthändlern als zu den Apothekern ... Unsere Orangen schmecken vorzüglich. Da morgen Frau Gouverneurs Geburtstag ist, schicke ich ihr ein Körbchen von unseren Orangen."

Am 17. Juli 1911 stürzte Heinrich Fellmann in Ulu beim Einrichten der neuen Sägemühle. „Es hätte mir beinahe das Leben gekostet", schreibt er. Er fiel von einem Baum auf einen abgebrochenen Ast, der ihm in seine „männlichen Besonderheiten" fuhr. Seine Leute hielten ihn an den Beinen hoch, weil er ohnmächtig wurde. Ein schwarzer Ball entwickelte sich in seiner Hose, die aufgeschnitten wurde. Sie brachten ihn mit der Pinasse nach Rabaul zum Arzt. Der sprach von Hodenquetschung. Nach 14 Tagen konnte er wieder etwas gehen. Konsul Wahlen, für den gerade das erste Auto Deutsch-Neuguineas, ein Mercedes, angekommen war, lud Heinrich Fellmann zu seiner ersten Fahrt ein. Den Wagen fand er gut, aber nicht den Weg. Fellmann schreibt am 27. 8. 1911: „Ich fuhr wieder mit Consul Wahlen im Auto nach Rabaul. Es dauerte ¾ Stunde von Raluana aus. Mit der Pinasse hätte ich 1 ½ bis 2 Stunden gebraucht."

Inzwischen hatte Schwester Auguste doch noch eine ihrer Pflanzungen verkauft: „Sie hat Tatarana für 40.000 Mark an Frau Parkinson verkauft. Sie wohnt wieder auf Palaupai. Es ist eine respektable Summe, mich wundert, wie Frau Parkinson die erschwingen kann. Freilich zahlt sie vorläufig nur die Zinsen." Das Geld war als Hypothek eingetragen, als „unkündbar". Das aber bedeutete, daß sie niemals einen Anspruch auf einen Pfennig vom Kapital hätte, wie Heinrich Fellmann ihr klarmacht. „Sie glaubte, nach 20 Jahren müßte alles abbezahlt sein. Wie sie den Vertrag unterschreiben konnte, weiß ich nicht. Ich wies sie auf den Fehler hin. Nun müssen sie wohl einen Nachvertrag machen, und es ist gut, daß sie es mit Frau Parkinson zu tun hat und nicht mit einem Menschen, der sich schließlich einfach weigern würde."

Schwester Auguste hat noch bis 1934 auf Palaupai gelebt. Sie wurde am 26. Juli 1855 geboren. Von 1887 an war sie als Krankenschwester in Afrika, seit 1891 in Neuguinea, seit 1899 auf Palaupai, das sie mit Hilfe Heinrich Fellmanns baute. An ihrem Grabe standen der alte Rossi, dem sie einst bei einer Stammesfehde das Leben rettete. Reverend Margett geleitete sie „nach 43 Jahren aus diesem Land in ein anderes, wo Alter und Schmerzen unbekannt sind". Ein Flugzeug stieg auf und bewegte die Flügel als letzten Gruß. Alle sahen noch lange nach oben, als sie begraben war.

„Herr Reddin, unser neuer Missionar in Omo, ist ein enthusiastischer Mann", schreibt Heinrich Fellmann Mitte 1911. „Er behauptet schon jetzt, eine Übersetzung nach Markus in den Omodialekt fertig zu haben. Jetzt haben auch die Popis dort angefangen. Boluminski prophezeite ihm, daß er in 18 Monaten keinen Schüler mehr haben würde."

Der Distriktchef Franz Boluminski von Neu-Mecklenburg war katholisch, was ihm aber nicht viel bedeutete. Als er 1913 tot vom Pferde fiel, hat ihn Reddins Nachfolger Ernst Boettcher beerdigt.

Im September 1911 bat Dr. Hahl nach einer Gouverneursratssitzung Fellmann um einen Zeitungsartikel. Eine Zeitung in Deutschland hatte die Ratsmitglieder spöttisch kritisiert. Fellmann schrieb auf 17 Oktavseiten einen Gegenartikel.

Kurz darauf folgte die Sitzung des Frauenbundes, den Schwester Auguste leitete. Fellmann und der Gouverneur waren auch dazu gebeten.

Am 7. Oktober 1911 wurde die evangelische Gemeinde Rabaul gegründet. Sie hatte 50 Mitglieder. Hahl und Fellmann hatten die Statuten entworfen. Fellmann wurde zum ersten Pastoren gewählt. „Ich bin froh", schreibt er am 8. 10. 1911, „daß ich das als Schlußstein meiner Tätigkeit noch miterleben kann."

Das Jahr 1912 war das letzte Jahr Heinrich Fellmanns in Neuguinea. Am 12. Januar 1912 berichtet er Johanna: „Ich war seit Weihnachten sehr beschäftigt, dadurch, daß ich eine Übersetzung des Markus-Evangeliums, die Mr. Reddin für den Omobezirk im dortigen Dialekt lieferte, durchsah. Obwohl ich ja selbst kein Kenner des Dialektes bin, sah ich bei einem oberflächlichen Blick doch gleich, daß Fehler vorhanden waren, wie überhaupt der Bildungsgang, das mangelhafte Sprachtalent, seine geringe Sorgfältigkeit und vor allem sein zu kurzer Aufenthalt im Gebiet mir nicht die geringste Garantie für annähernde Richtigkeit und Solidität der Arbeit gaben ... Es stellt sich nun heraus, daß meine Befürchtungen nicht nur begründet waren, sondern weit übertroffen waren von der Unvollkommenheit der Übersetzung ... Drei Omo-Jungen, die den Dialekt beherrschen, sind meine Helfer, und ich gehe gründlich auf die Sache ein. Es wäre ein Unglück gewesen, wenn das Evangelium so gedruckt worden wäre." Eine Woche später, am 19. 1. 1912, heißt es: „Heute bin ich mit der Revision des Markus fertig geworden."

Inzwischen war ein Brief von Johanna gekommen, der jene Degenerationsangst ausdrückte, die damals in Europa verbreitet war, die ja auch Richard Thurnwald bedrängte. Johanna fragte ihren Mann nach seiner Meinung über ein viel diskutiertes Buch. Der Verfasser wollte beweisen, daß durch das Sexualverhalten eine Züchtung besserer Menschen möglich wäre. Man solle erst am 7. Tag nach der Regel wieder mit dem Verkehr beginnen. Das stünde auch in der Bibel. In diesem Fehlverhalten läge ein Grund für den immer deutlicher werdenden Untergang der Menschheit infolge Zunahme der Degenerationen. Fellmann warnte seine Frau, dergleichen ernst zu nehmen. Wie kommt es, fragte er sie, daß aus manchen heruntergekommenen Familien dann gute Kinder hervorgehen? Solche Leute richteten sich doch bestimmt nicht nach den Rezepten des Verfassers.

Wieder hatte Johanna viel von Krankheiten in der Familie berichtet. Fellmann wunderte sich: „Es tut mir leid zu lesen, daß Stephanie wegen Halsweh ins Bett mußte. Es kommt einem ganz komisch vor, denn Deutschland halten alle für das Land der Gesundheit, und doch erhält man immer Krankheitsberichte ... Bei uns gab es auch eine Aufregung: Ein Weißer wurde von einem Arbeitsjungen ermordet, und Otto hat gestern eine giftige Spinne gebissen. Das Wetter ist auch furchtbar, die Böen sehr stark. Trotz des Nordwest mußten wir nach Matupi. Die Wellen schlugen ins Boot. Dann versagte auch noch die Maschine. Zum Glück brachte ich sie wieder in Gang."

„Unsere letzte Kircheneröffnung", schrieb Heinrich Fellmann in seinem letzten Brief vom Sydney-Dampfer „Prinz Sigismund" am 10. 4. 1912, „gelang zur festgesetzten Zeit. Iona Togigi wich in den letzten Tagen gar nicht von meiner Seite. Dadurch war es mir sehr erleichtert. Alle beneideten ihn, daß er mit mir nach Sydney ging, die Bibel zu übersetzen. Ich hatte natürlich alle Missionsleute eingeladen ... Im ganzen etwa zehn bis zwölf, so daß wir mit uns allen zwischen 25 und 30 Personen in der Kirche und beim Essen waren. Das kalte Büffet hatten Rossi und Walter sehr gut gemacht. Bis gegen 1.000 Eingeborenen waren zusammengeströmt, und zwölf Tänze wurden am Nachmittag aufgeführt. Alle hatten sich schön gemacht, und Freude prägte sich auf allen Gesichtern aus. Abends war Gesanggottesdienst mit Ansprachen von Rupeni und William Tauffa. Einzelne Dörfer hatten Chöre gebildet, und ich war erstaunt über manche der Darbietungen. Die Schule von Karavia mit Esekaia Levi als Lehrer an der

Spitze trug sogar zwei deutsche Lieder vor, die sie selbst eingeübt hatten. Abends hielt ich meine Abschiedsrede an die Lehrer. Dann kamen noch verschiedene Eheschließungen und Taufen. Von der ganzen Umgebung waren sie herbeigeströmt."

Fellmann übergab dann sein Amt als Chairman an William Cox. Danach hatte er noch einen Malaria-Anfall. Am 30. März war die Abschiedseinladung bei Konsul Wahlen im Beisein des Gouverneurs. Er taufte noch Hahls zweite Tochter Carola. Es folgte die Abschiedsfeier bei Frau Parkinson mit sechzehn Gästen. Ihr Schwiegersohn, Herr Schultze, hielt die Rede. Dabei mußte Phoebe Parkinson weinen. Sein Schwager Ewald war auch gekommen und bat wegen der geliehenen 1000 Mark um Aufschub.

Schließlich kam der offizielle Abschied, bei dem Gouverneur Hahl eine Rede hielt, auf die Fellmann antwortete. Dr. Hahl erinnerte daran, daß Heinrich Fellmann zur gleichen Zeit Präses wurde wie er Gouverneur. Und er erinnerte an Johanna. Am Ende sagte er, Heinrich Fellmann habe im besten Einvernehmen gestanden mit der europäischen wie der eingeborenen Bevölkerung. Er wußte - und er hat das 1937 in seinen Memoiren noch einmal wiederholt -, daß dies die eigentliche Leistung Fellmanns war. Für Schwarze und Weiße und für uns alle war Heinrich Fellmann ein Glücksfall.

Über die letzten Stunden schreibt Fellmann: „Ostermontag vormittag fuhren wir nach Rabaul. Unten am Strand standen viele Leute, um mir noch einmal die Hand zu drücken, eine große Zahl war nach Rabaul gekommen, wo sie einen letzten Abschieds-Gottesdienst wünschten. Ich hatte mir zu diesem Zweck die Markthalle vom Gouverneur ausgebeten. 500 bis 600 Menschen waren zusammengekommen, ganz Rabaul war in Bewegung. Die Schar begleitete mich dann kurz vor Abfahrt des Dampfers an Bord. Nach allgemeiner Anschauung waren noch nie so viele Leute auf der Lloydbrücke. Man hat die Leute dessen nicht für fähig erachtet und solche Anhänglichkeit und Dankbarkeit ihnen nicht zugetraut. Auch für mich war es eine Offenbarung. Lieder wurden gesungen, als sich der Dampfer langsam von der Brücke entfernte. Schwester Auguste hatte mir eine Rose geschickt."

Nachtrag: Fellmanns kehrten erst 1923 von Australien nach Deutschland zurück. Zwei Kinder wurden ihnen dort noch geboren, 1915 und 1917: Liselotte, die bis heute den Nachlaß bewahrte, und Irene. Neben dem Neuen konnte Heinrich Fellmann noch das Alte Testament zur Hälfte ins Kuanua, in die Tolaisprache, übersetzen.

Im Bismarck-Archipel änderte sich durch den Krieg nicht viel. Die Australier besetzten es 1914 zwar gleich, ließen aber bis über das Kriegsende hinaus die Deutschen unbehelligt. Sogar deutsche Gesetze galten weiter. Nur die Regierungsbeamten mußten die Kolonie verlassen. Ging der Erste Weltkrieg so an Neuguinea vorbei? Nicht ganz. Es gibt ein Ereignis, bei dem sich dieser Krieg der Weißen wie in einer Nußschale als Parallelaktion in der Südsee wiederholte. Von deutscher Seite wurde über dieses Ereignis geschwiegen. Es gibt nun in den unveröffentlichten Memoiren des methodistischen Missionars Ernst Boettcher eine Schilderung dieser Geschichte. Sie ist unparteiisch, weil Boettcher als Deutscher ausgesprochen national gesinnt war, andererseits aber zur australischen Mission gehörte, die davon betroffen war. Es ging um den Präses dieser Mission im Bismarck-Archipel, den Australier William Cox. Er war seit 1912 Heinrich Fellmanns Nachfolger. Es ist derselbe, dessen neugeborenes Kind Johanna Fellmann 1905 das Leben rettete.

Das Ereignis spielte sich im Oktober 1914 kurz nach Kriegsbeginn ab in Neu-Mecklenburg/New Ireland. Boettcher war damals dort Missionar. Er schreibt im Typoskript S. 290-295: „Neu-Mecklenburg ist eine 400 km lange und 8-20 km breite Insel. Sie hat die Form einer Keule. Meine beiden Bezirke Omo und Piniqidu bilden an dieser Keule den langen Stiel. Von Namatanai bis Cape George reicht der bis 20 km breite Keulenknauf. Namatanai wurde bekannt durch die unrühmliche Prügelgeschichte, von Deutschen vollzogen an dem Leiter unserer Mission Reverend William Cox auf der Missions-Station Halis. Dort wehte Ende 1914 noch immer die deutsche Flagge, obwohl Rabaul schon längst besetzt war. Nun erhielt Mr. Cox vom neuen Gouverneur die Mitteilung, daß die deutschen Missionare ihre Tätigkeit weiterführen könnten, wenn sie den Neutralitätseid ablegen würden. Mr. Cox reiste daraufhin an die Westküste von Süd-Neumecklenburg, um Namatanai in einer etwa siebenstündigen Wanderung zu erreichen."

„Weiter nördlich an der Westküste hatte ein patriotischer deutscher Pflanzer ein Motorschiff festgehalten und den englischen Kapitän gefangengenommen. Dieser Engländer schickte nun per Boten einen Brief an Mr. Cox, der damals auf Ulu stationiert war, und den er gut kannte: Er möge seine Befreiung veranlassen. Mr. Cox wußte von der Sache nichts. Der Brief wurde nämlich in Namatanai dem Boten abgenommen. In den Augen der patriotischen Deutschen Namatanais war Mr. Cox, der der deutschen Regierung gegenüber den Neutralitätseid geleistet hatte, ein Verräter. Mr. Cox kam nun ahnungslos durch die Regierungsstation Namatanai und ging auf die etwa eine halbe Stunde davon gelegene Missionsstation Halis. In Namatanai war er beobachtet worden. Nachmittags kam der dort stationierte Arzt auf die Missionsstation, um nach einem kranken Mädchen zu sehen, das er in Behandlung hatte. Er hatte aber noch eine andere Absicht. Er trug, wie Frau Missionar Wenzel mir sagte, im Rockärmel einen kurzen Knüppel, um damit Mr. Cox zu verprügeln. Das unterblieb auf Veranlassung des Missionars. Der Arzt erfuhr dabei aber den Zweck des Kommens von Mr. Cox, daß er nämlich Missionar Wenzel den Neutralitätseid gegenüber den Australiern abverlangen wollte. Wenzel aber war Soldat gewesen, dachte an seinen Fahneneid und verweigerte die Unterschrift. Später, als ihm klar wurde, was dies zu bedeuten hatte, leistete er wie seine drei anderen deutschen Kollegen und auch alle anderen Deutschen den verlangten Neutralitätseid."

„Die Deutschen in Namatanai kamen zur Beratung zusammen, dabei floß viel Alkohol. Sie gerieten immer mehr in Hitze und gegen Abend machten sie sich miteinander auf, um dem „Verräter" Cox eins auszuwischen. Missionar A. Wenzel, der von der schwülen Luft gegen Mr. Cox hörte, hätte ihn nun am Nachmittag auf die Gefahr aufmerksam machen und zur sofortigen Heimreise bewegen müssen, obwohl Mr. Cox von seiner Fußtour sehr müde war ... Wenzels wollten dem müden Mann noch die Nachtruhe gönnen, und so blieb er. Als es dämmerte, kam ein Polizeisoldat zu Missionar Wenzel und teilte ihm mit, daß der Kiap auf dem unten vorbeiführenden Regierungsweg auf ihn warte. Er habe ihm eine wichtige Mitteilung zu machen. Wenzel ging nun auf dem Serpentinenweg den steilen Hügel, auf dem die Station so einzigartig schön liegt, hinab und traf mit dem Stationsleiter B. zusammen. Nach der Unterredung eilte Wenzel den steilen Weg wieder hinauf, schon von innerer Unruhe getrieben. Aber als er hinaufkam, nach dreißig Minuten Abwesenheit, war alles still und dunkel. Er sah niemanden, hörte nur jemanden erbärmlich stöhnen. Er rief nach seiner Frau, die hatte einen Nervenschock. Er ging dem Stöhnen nach. Es war inzwischen Nacht geworden, aber keine Lampe brannte. Da fand er Mr. Cox schrecklich mißhandelt vor."

„Der Arzt war mit noch etlichen Deutschen dagewesen, sie hatten ihn aus dem Hause geholt, über einen Waschzuber gelegt, an Händen und Füßen festgehalten und erbärmlich verprügelt. Von den Knien bis zu dem Rücken hinauf war der arme Mann blau und schwarz und brauchte danach lange Zeit ärztliche Behandlung, bis er wieder ganz hergestellt war. Missionar Wenzel gab ihm sofort Begleiter mit für die Westküste, weil er befürchtete, ihm könne auch das Schiff weggenommen sein. Als sie hinüberkamen, lag die „Litia" aber noch da, und er fuhr nach Rabaul zu den Ärzten."

„Die Regierung ergriff sofort Maßnahmen und ließ Namatanai besetzen, die betreffenden Deutschen gefangennehmen und vor ein Kriegsgericht stellen. Es wurde gegen sie auf Prügelstrafe erkannt. Der Arzt öffnete sich im Gefängnis die Pulsader, um sich der Schmach, als Reserveoffizier verprügelt zu werden, zu entziehen. Er wurde aber beobachtet und so der Selbstmord vereitelt."

„Mr. Cox besuchte uns später mit dem Generalsekretär Wheen aus Australien. Wir dachten mit gemischten Gefühlen an jenen schauerlichen Abend, den jeder Deutsche aufs tiefste bedauerte ... Der Arzt in Namatanai hat sicher oft einer solchen Verprügelung beigewohnt, denn es war Vorschrift, daß dabei ein Arzt oder Heilgehilfe zugegen war. Als Arzt auf einen solchen Gedanken zu kommen, einen Missionssuperintendenten persönlich zu verprügeln und so unmenschlich mit etwa vierzig Hieben, wo er doch wußte, daß schon bei fünfundzwanzig Hieben Eingeborene nicht bei Bewußtsein bleiben, das hatte wohl auch der Alkohol fertiggebracht."

„Das australische Kriegsgericht verurteilte, nachdem die Schuld der Deutschen erwiesen war, alle zu einer Prügelstrafe mit einem Bambusrohr. Der Arzt erhielt 30, die anderen 25 Hiebe. Die Vollstreckung war öffentlich und geschah am 30. November 1914 um 10 Uhr morgens. Sie wurde auch fotografiert und das Foto veröffentlicht, zuletzt noch nach dem Zweiten Weltkrieg, diesmal mit dem Titel: Gegenseitiges Heimzahlen der Weißen."

Lange bemühten sich die Fellmanns nach dem Krieg um ihre Rückkehr nach Deutschland. Die Regierung hatte die Ausreise genehmigt, aber die Menschen wollten ihnen keine Fahrkarten verkaufen.
Gleich nach seiner Rückkehr bat der Rektor der Münchner Universität Heinrich Fellmann zu einem Vortrag in das Auditorium Maximum. Es ging um die Wegnahme der

deutschen Kolonien nach dem Versailler Vertrag. Viele Studenten waren voller Haß gegen die ehemaligen Kriegsgegner. So hatten es Fellmanns umgekehrt auch in Australien erlebt. Fellmann fragte die Studenten: „Sind Kolonien für unser Volk eine Lebensnotwendigkeit? Werden nicht vielmehr Kolonien, deren Emanzipation sich anbahnt, den sie besitzenden Völkern zum Verhängnis?"

Das leuchtete damals nur wenigen ein. Die einen beklagten den geraubten Handel und hätten doch wissen können, daß unser Export in die Südsee 1913 nicht größer war, als der von Wollstrümpfen nach Kanada. Die anderen beklagten den geraubten „Kulturauftrag", die „edlen Wilden" zu erhalten, von denen aber schon keiner mehr auf diesen Titel Wert legte. Nein, die Zukunft gehörte schon damals den Kindern Fellmanns.

Stereobild 138/47-139/48. *Die Kinder Papua Neuguineas*

Stereobild 140/49-141/50. *Die Kinder Papua Neuguineas um 1900*

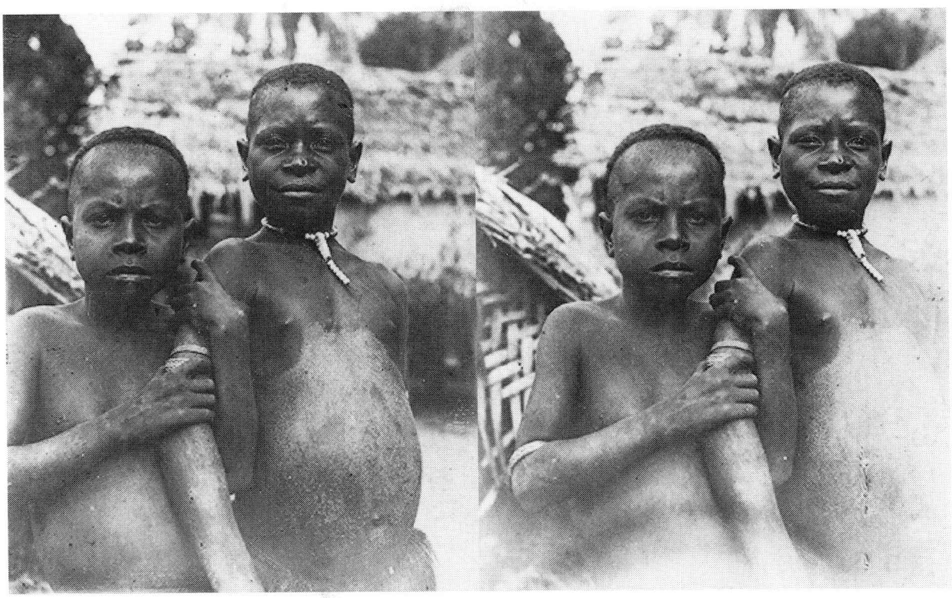

Der Junge rechts mit Tinea imbricata, der bertreiteten Hautkrankheit, die Robert Koch neben Malaria und Frambösie in Papua Neuguinea 1900 erforschte.

Stereobild 142/51-143/52. *Die Kinder Papua Neuguineas um 1900.*

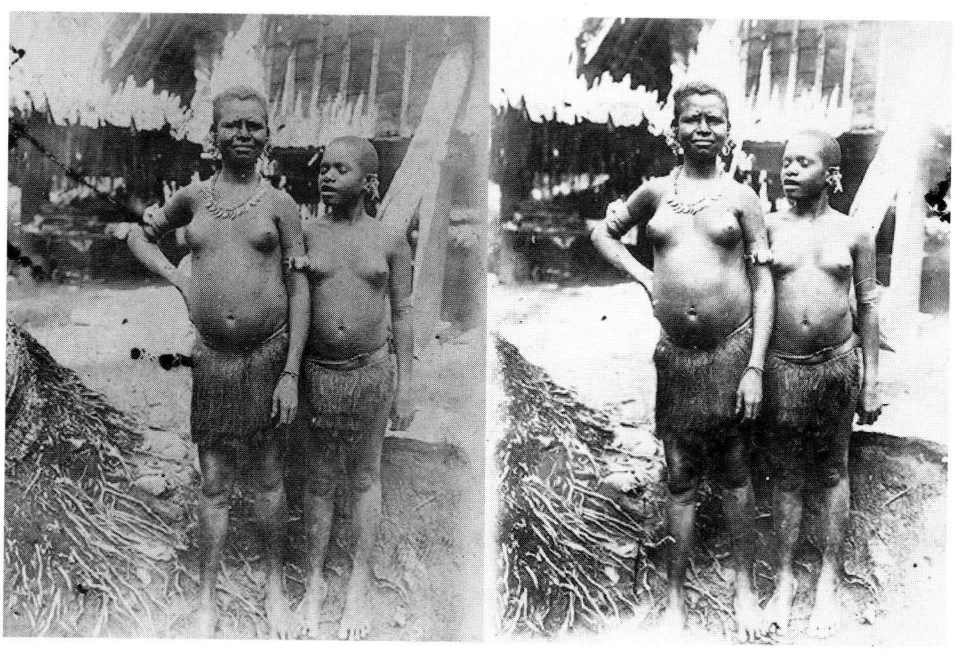

***Bild 144 und Stereobild 145/53.** Die Kinder Fellmanns. Unter ihnen sind auch die Zeichner der Kinderbilder. Mädchenklasse in Raluana. Zwei Schülerinnen in der ersten Reihe sind auch auf dem Stereobild zu sehen.*

Bild 146. *Jungenklasse um 1900.*
Stereobild 147/54. *Die Kinder Fellmanns.*

Literatur

1) Hernsheim, E., „Südsee-Erinnerungen 1875-1880", Hamburg 1883.
2) Stephan, Dr. Emil, „Vermessungsfahrten der „Möwe" in Neu-Mecklenburg 1904, Mitteilungen a.d. Schutzgebieten III, Berlin 1907, S. 27 f.
3) Wolff, „Das Recht auf Grund und Boden im Schutzgebiet Neuguinea", Ztschr. f. Kolonialpolitik 1906, S. 464-501.
4) „Tingting bilong mi Papua-Neuguinea", Schriftenreihe Inst. f. Auslandsbez., Bd. 8, S. 37.
5) Lévi-Strauss, Claude, „Rasse und Geschichte", Frankfurt 1972.
6) Forster, Georg, „Die Reise um die Welt", Frankfurt 1983, S. 272.
7) Fischer, Hans, „Heilserwartung, Geister, Medien und Träume in Neuguinea", Frankf. 1987, S. 166.
8) Spengemann, Friedrich, „Auf weiter Fahrt", Bremen 1950, S. 7 f.
9) Oesan, Wanda, „Die deutsche Südseefischerei auf Wale im 19. Jahrhundert", Glückstadt 1939. Zwischen 1839 und 1869 gab es 60 deutsche Walausfahrten.
10) Warneck, G., „Missionsstunden", Bd. 2, XVIII, S. 276 f.
11) „Tamo Russ", Reisetagebücher von N. N. Miklucho-Maklaj. SWA-Verlag, Berlin 1947.
12) Fischer, Dora, „Unter Südsee-Insulanern". Das Leben des Forschers Mikloucho-Maclay, mit Maclays Zeichnungen, Leipzig 1955.
13) Fischer, Hans, a.a.O., S. 15 f.
14) Stagl, Justin, „Nicolai Mikloucho-Maclay oder das Dilemma des Ethnographen ...", Ztschr. f. Ethnologie 114 (1989), 195-207.
15) Breuer, Stefan, „Der archaische Staat. Zur Soziologie charismatischer Herrschaft", Berlin 1990, S. 54 f.
16) zit. nach Fischer, Dora, a.a.O., S. 431 f.
17) „Bigman" ist englisch, „Bikman" Pidgin, diese heute offizielle Sprache Papua-Neuguineas besteht vorwiegend aus englischen Worten und melanesischer Grammatik.
18) Threlfall, Neville „One Hundred Years in the Islands", Rabaul 1975, 3. u. 4. Kapitel.
19) Brown, George, „Pioneer-Missionary and Explorer. An Autobiographie", London 1908, S. 247-249 und 273.
20) Schütte, Heinz, „The Six Day War of 1878 in the Bismarck Archipelago", Journal of Pacific History 24 (1989).
21) Brown, a.a.O., S. 291. Siehe auch die Version im Lebenslauf IV über Queen Emma.
22) Menzel, Gustav, „Die Rheinische Mission", Wuppertal 1978, S. 74 f. Der heute noch lebende Verfasser, ein später Nachfolger Fabris in der Missionsleitung, hat dazu gesagt: „Hier verläßt Fabri den Boden der Heiligen Schrift und verfällt einer Deutung, die ihre Parallele in der Auffassung der weißen Südafrikaner hatte."
23) Alle Zitate dieses Kapitels „Gumbo und die Missionare der Toteninsel" sind aus: „Berichte der Rheinischen Missions-Gesellschaft", die monatlich erschienen und dann zu Jahresbänden zusammengefaßt wurden. Die bei mir vorhandenen zweiundsechzig Bände von 1849 bis 1921 haben durchschnittlich 300 Seiten. Hier wurden die einlaufenden Berichte der Missionare, zu denen diese verpflichtet waren, in Auswahl und verkürzt veröffentlicht. Sie kamen aus Afrika, Indonesien, China und Neuguinea. Über Neuguinea haben zusätzlich noch die Missionare Hoffmann und Kunze Erinnerungen geschrieben, die ich benutzte.
24) Kunze, G., „Im Dienste des Kreuzes", Barmen 1925. Für die Beschreibung der Ereignisse auf der Insel Dampier von 1890 bis 1895 habe ich neben den Missionsberichten vor allem diese des Missionars Kunze benutzt.
25) Obricht, Andreas J., „Panoptismus in Papua-Neuguinea", Frankfurt 1995, S.180 f. u. 240 f.
26) Robson, R. W., „Queen Emma. The Samoa-American Girl, Who Founded an Empire in 19th Century New Guinea", Sydney 1973. Robson schrieb die verläßlichste Biografie über Emma Coe-Forsayth.
27) Dutton, Geoffrey, „Queen Emma of the South Seas", Melbourne 1976. Dutton schrieb eine romanhafte Biografie über Queen Emma, die viele der zeittypischen Anekdoten und Legenden über sie enthält. Aber auch Dutton hält sich an Robson, so zitiert er aus den unveröffentlichten Tagebüchern von J. L. Young. Ich habe Robson und Dutton benutzt.
28) Dutton, a.a.O., S. 252 u. 143 f.

29) „Nachrichten über Kaiser-Wilhelms-Land und dem Bismarck-Archipel der Neu-Guinea-Compagnie", Berlin 1888, S. 154-158.
30) Hiery, Hermann Joseph, „Das Deutsche Reich in der Südsee 1900-1921", Veröffentlichungen des Deutschen Historischen Instituts London, Bd. 37, Göttingen 1995, S. 44.
31) Hahl, Albert, „Gouverneursjahre", Berlin 1937, S. 163 f.
32) Wolff, a.a.O., S. 580.
33) Hahl, a.a.O., S. 89.
34) Dutton, a.a.O., S. 176.
35) Amtsblatt für das Schutzgebiet 1906.
36) Amtsblatt für das Schutzgebiet, 5, 1913.
37) „Medizinal-Berichte über die Deutschen Schutzgebiete „1909/10", S. 498, Berlin 1911.
38) Holtsch, Maria, „Die ehemaligen deutschen Südseekolonien", Marburg, Phil. Diss., Berlin 1934, S. 52.
39) Gash, Noel und Whittaker, June, „A Pictoral History of Neu Guinea", Melbourne 1975, S. 52 f.
40) Wo in bezug auf Engelhardt kein Zitat-Nachweis erfolgt, stammen die Belege aus der Sammlung von Dieter Klein.
41) Hoffmann, Albert, „Lebenserinnerungen eines rheinischen Missionars", Bd. 1, Wuppertal-Barmen 1948, S. 293.
42) Threlfall, a.a.O., S. 78.
43) Burger, F., „Unter den Kannibalen der Südsee", Dresden 1923, S. 97/98.
44) Schmieg, Reinald, „Alfred Leber, Begründer der Deutschen Tropenophthalmologie", Med. Diss., Düsseldorf 1992.
45) Reuther, Manfred, „Emil Noldes Reise in die Südsee", in „Paul Gauguin, Emil Nolde und die Kunst der Südsee", Mainz 1997, S. 168.
46) Reuther, a.a.O., S. 172.
47) Nolde, Emil, „Briefe aus den Jahren 1894-1926", Hamburg 1967.
48) Nolde, Emil, „Welt und Heimat 1913-1918", Köln 1990, S. 145.
49) Purrmann, Hans, zit. nach „Paul Gauguin, Emil Nolde und die Kunst der Südsee", Mainz 1997, S. 31.
50) Hans Fehr, Emil Nolde, „Ein Buch der Freundschaft", Köln 1957, S. 85 f.
51) Threlfall, a.a.O.
52) Steenken, Helmuth, „Die Basterstaaten im Süden Afrikas", Namibiana 13, Windhoek 1997, S.16 f.
53) Hiery, a.a.O., S. 117.
54) Hiery, a.a.O., S. 55.
55) Hahl a.a.O., S. 167 .
56) Hahl, a.a.O., S. 174 f.
57) Darstellung folgt Thurnwalds Brief-Tagebüchern. Sie wurden 1971 dem Berliner Völkerkunde-Museum von Thurnwalds Witwe übergeben und von Melk-Koch, Marion unter dem Titel „Auf der Suche nach der menschlichen Gesellschaft: Richard Thurnwald" herausgegeben.
58) Thurnwald, Richard, „Im Bismarck-Archipel und auf den Salomon-Inseln 1906-1909", Zeitschr. f. Ethnologie, Bd. 42/1910.
59) Thurnwald, Hilde, „Menschen der Südsee", Stuttgart 1937, S. 74-103.
60) Thurnwald, Richard, „The Psychology of Acculturation", Anthroplogist, 34/557-569/1966.
61) Schlesier, K.H., „Zum Weltbild einer neuen Kulturanthropologie", Ztschr. f. Ethnologie, Bd. 105, 180, und Gothsch, Manfred, „Die deutsche Völkerkunde und ihr Verhältnis zum Kolonialismus", Baden-Baden 1983.
Köhler, Michael „Akkulturation in der Südsee" Frankfurt 1982, Europäische Hochschulschriften Bd. 7. Köhler untersucht die Karolinen, vieles gilt auch für Melanesien, das Hiery a.a.O. mit einbezieht.
62) Brock, Thomas D., „Robert Koch. A life in Medecine and Bacteriology", New York 1988, S. 250.
63) Koch, Robert, „Framboesia tropica und Tinea imbricata", Arch. Dermat. 59 (1) 3/8 mit Tafel I bis V, 1902.
64) Hahl, Albert, „Deutsch-Neuguinea" Berlin 1936, Schriftenreihe der Deutschen Kolonialgesellschaft.
65) Die Jahresberichte der Neuguinea Compagnie seit 1886 und die des kaiserlichen Gouvernements (für 1913/14 liegt nur ein Entwurf vor) gehören zu den wichtigsten Quellen Papua Neuguineas. Erstmals ins Englische übersetzt worden von Peter Sack und Dymphna Clark, Canberra 1979.
66) Hahl, a.a.O., S. 182 f.